民國政壇見聞錄

李晉／口述
秦嶺雲／筆錄
蔡登山／編

目次

民國奇人李晉（組紳）和他的回憶錄

蔡登山

第一次聽聞李組紳的大名是多年以前看曹聚仁的《聽濤室人物譚》一書，其中有一則〈我與李組紳老人〉，曹先生談到過李組紳很早就想寫回憶錄，曾找過他，要他來寫，談過幾次，他覺得這位老人有些囉唆，對於他這個賣稿為生的人，若要筆錄他的回憶錄頗為費時。因此他勸李老用錄音機錄了下來，等他來整理，但大概李老也不慣用錄音機，也不曾動手過，這事就這樣拖了下來。而這回憶錄後來由李老口述，由秦嶺雲筆錄而成，在香港的雜誌連載過，但從未結集出過書。

根據秦嶺雲、芝翁的資料，得知李組紳單名一個「晉」字，是浙江寧波人。他與著名的「小港李家」是同縣而不同村，同姓而非同宗，也就是說截然無干。他是天津大買辦葉星海的外甥，李徵五的姪兒。民國初年畢業於北洋大學（今天津大學），畢業後不從政而從商，從事和洋商有關的生意。一九一八年，出資與葉星海、李組才、曹汝霖、陸宗輿合夥創辦利濟貿易公司，是天津最早的外貿公司。寧波人善於經商，更加上他的個性，樂於結交，而資力又足以肆應一切，於是紮下良好的基礎。由於他中西學問，俱有根源，真知灼見，不同凡俗，又具有高度熱情，謀人以忠，出錢出力，稀鬆平常，甚至捨己耘人，亦所不顧。因此交遊益廣，除商界以外，舉凡當時的政界、新聞界、金融界的重要人士，都有深交。辛亥那年因緣際會他與黎元洪見面，等到後來黎元洪入京，李組紳以一個商人身份，跌蕩十丈京華中，周旋於達官顯要間，既非謀臣，亦非策士，但影響力卻不容小覷，有時甚至參與密勿。在袁世凱跋扈之時，把黎元洪玩於股掌之上，而當洪憲醞釀之際，黎元洪總算是一個大節無虧的人物，這其間的進退拿捏，李組紳給予他的建議獨多。民國十一年，黎元洪給吳佩孚攛掇著二次出山，當時內閣總理，黎元洪派顏惠慶代理，也是出於李組紳的獻計。後來顏惠慶因有小誤會，臨時變卦，表示不幹，黎元洪頓陷窘境，其間「月下追韓信」一幕，也是李組紳憑其三寸不爛之舌把顏惠慶說得回心轉意，免得黎元洪成了光桿總統。

在北洋人物中，黎元洪總算是廉潔自好的一位。據說他一生的積蓄約近六十萬元，資產項目，備載小冊，經常帶在身邊，即其如夫人黎本危亦難看到，卻給李組紳看過。黎元洪後來退隱津門後，頗事營運，將一半積蓄投入李組紳所辦的礦業中，推心置腹，有如家人。民國十七年六月，黎元洪在天津逝世，其時李組紳方在南方，聞訊傷慼難禁，亟亟北行，匍匐致奠。黎夫人視如子姪，許以孝服成禮。據秦嶺雲說，李組紳在晚年與他談及此陳年往事，猶自傷慼不置，而於穿白袍與紮白腰帶的殊遇，則引為生平榮幸。

李組紳後來成為華北礦業的巨擘，當時礦業界有「南劉北李」的稱謂，劉就是劉厚生，北票煤礦公司的董事長，他找來地質學家丁文江當總經理。翁文灝曾回憶道：「一九二一年，丁君就任北票煤礦公司之總經理，從事開發熱河大部分之煤礦。為專心致力於公司事務起見，丁文江堅辭地質調查所所長之職，並推薦我接所長。丁文江任北票煤礦總經理後，對於該礦之發展，細心規劃，兩年後每日產量竟達兩千噸以上，想到當初的該礦的資本的規模，實在感嘆丁文江辦事能力之強。」而以資歷而言，李組紳在礦業界的盛名，可當得起「老行尊」而無愧，劉厚生比起他還稍後些。李組紳辦的是六河溝煤礦，煤質甚佳，適於煉焦，年產約五十萬噸。在其全盛時期，李組紳在漢口設一鐵廠，以煤煉鐵，俾盡其利。

民國八年南開改設大學，次年李組紳和嚴範孫、張伯苓商定，於南開大學文理商三科之外，另設礦科，學制與一般大學相同，惟在寒暑假中，師生下廠進礦，從事實習。一面又商得美國福特公司創辦人亨利・福特的同意，准由南開大學選派優秀的畢業生，前往該公司的屬下各廠礦學習，吸取最新技術，所有出國的手續及經費，均由礦科的董事會撥付。因為這礦科，在整個組織上，算是南開大學之獨立科系，除每年貼南開大學三萬元外，其他所需經費，完全獨立，另在校外設有董事會，綜綰其事，推翁文灝為董事長，而李組紳自居其副。辦了多年，成材頗眾，南開大學礦科為中國近代工礦業培養了早期英才，甚至包括中國近代物理學大師吳大猷，最初也曾就讀南開大學礦科。但當時中國礦業尚在萌芽時期，礦科學生出路不大，經費又由私人支持，故難以為繼，乃於民國十五年停辦，改設電工科，吳大猷才轉入物理系。

在北洋軍閥中，李組紳獨讚美馮玉祥一人。因為自從馮玉祥用了李組紳的建議而營救出羅文榦後，他對馮玉祥大有好感；再經過幾次率直諍言，也都為馮所接受，交情又深了一層。儘管馮之所為，如倒戈盜寶，反覆無常，為世詬罵；但據秦嶺雲說，如果有人在李組紳面前向他提到這些，就等於冒犯了他，他一定會為馮氏辯駁，非得讓他滔滔地說個暢快不會讓你走。只因為馮玉祥那股子陰沉險詖的德行，對李組紳卻是言聽計從，因此他對於馮之關切，操心計慮，周密懇摯。例如民國十四年初，奉張與馮之鬥爭已白熱化，馮向段祺瑞請開去本兼各職，出洋遊學，其意原是負氣拿翹，但段祺瑞卻以邊區防務來責成他，馮乃野心勃勃之人，對於邊區貧瘠之地，非意所愜。但李組紳對他說，西北雖苦，比在首善之區，處必爭之地，總強得多了。天高皇帝遠，關起門來，有什麼不好做的。偌大陝甘等省，別的不說，開爿銀行，應不是難事，果能走通此路，以後也就夠你招兵買馬了，總好過沒有地盤，受人排擠的好！楚漢相爭時，劉項相約，先入關者為王，今時雖非昔比，而天然形勝是不會走樣的。人傑地靈，處處可以發跡，何須揀精擇肥。況且吳佩孚方擬挾蕭耀南、孫傳芳以再起，萬一奉直聯手對付你，兩面受敵又怎麼辦？這番話，想得周到，說得透徹，馮玉祥的心竅也就給打開了。於是他接受任命，將部隊開向西北去。以後馮在西北設銀行，發行鈔票，又發行流通券，徵這徵那，鴉片煙土亦在搜刮之列，餉源較裕，實力自增，西北軍得以壯大起來，成為問鼎中原的資本。李組紳的一席話是起了些作用的。

馮玉祥和李組紳可說是稱兄道弟，但遇到十萬火急的要錢關子，什麼都不顧了，照樣是勒派徵賣的一套。當馮在五原誓師，鼓勇東近之際，六河溝煤礦便又受到一次大災難，所有存煤，統統被徵發變賣，移充軍費。後來李組紳向馮質問此事，馮初恧然；繼則諉稱係其部下時任運輸司令的許驤雲所為，他本人並不知情；終則羊入虎口，皮骨無存，撈不回半點分文。所以六河溝煤礦雖為李組紳一生心血之所注，但結果反成了累己累人，吃力而不討好。

又民國十六年八月間，孫傳芳擬乘機挽回已墮之勢力，勾結直魯軍南下，襲取南京，一時情勢險惡異常。馮玉祥將電報攤給眾人看，把手向桌角一擊，說：「局勢演變至此，咱沒法不暫時撤退。」大家面面相覷，李組紳卻說：「總司令，您得幹呀！如果直魯軍南下，你又西撤，北伐之舉豈不前功盡棄？還談什麼革命？」馮把手一攤道：「咱實力不過如此，你又不是不知道，獨木難支，怎能把孤注盲目地一擲？」李組紳說：「黃花崗之役，他們有多少人？難道說你今天的實力，還趕不上他們？你開口服從國民黨，閉口服膺國民革命，事到臨頭，還是一味保全實力！」馮給他這一激，也氣沖沖地反駁：「依你之見又當怎樣呢？你說！你說！」李組紳脫口說道：「直魯軍已成弩末，最多只是一股子蠻勁在前傻衝，諒他不會提防到這邊來，你如密令前方部隊，銜枚疾進，給他個冷不防攔腰截擊，豈不合了兵法所謂『出其不意攻其無備』了嗎？不然的話，你是退卻了，跑了，難道全部人馬還願意再跟著你去西北？」這些話說得相當正確，暗和兵法的攔腰猛擊，於是馮玉祥要他再說得具體一點，李組紳說：「就現勢來衡量，你可以叫石友三率部出大名，韓復榘部出河間，兩部同趨德州；一面再密令鹿鍾麟出歸德，兜頭迎擊。這麼一來，縱然起不了大作用，預料直魯軍的攻勢，可以給你吸住，至少也可減輕南京方面所受到的壓力了。」馮以嘲笑口吻說：「可是你這諸葛亮算漏了，咱一出動，你能肯定的說那張作霖不會附我之背？」李組紳毫不遲疑地答道：「你忘了呢？前兒個劉治洲不是被派去太原了麼？只須要他策動閻百川（錫山）的山西軍，出兵堅守石家庄，奉軍的兵力也就給絆住了。這一點，我相信閻錫山一定會同意的；相信在較短時間裡，也可以守得來。」馮又問：「那湖北的唐生智呢？你說會不會在後面搗咱們的蛋呢？」李組紳接著說：「直魯軍是彼此相同的敵人，饒他唐孟瀟也不至或不敢起我們的手的。為防他趁火打劫，不妨把現駐豫境信陽許昌一帶的靳雲鵬旅，和駐在豫東的龐炳勛所部對調一下，讓龐擋住唐生智，正是銖兩悉均，諒可無虞，靳原為吳佩孚舊部，調駐鄭州附近，雖不是馮系隊伍，也就不能不聽命於你了。」馮心中一想，果然是一盤好棋，便說：「甭說啦，咱這回就聽你的啦！」真的就把直魯軍在濟南及徐州東面，給牽制住了，無法南下援助孫傳芳。八月下旬，孫傳芳以五個師又三個混成旅兵力，在龍潭棲霞山一帶七次偷渡，終被革命軍一一予以擊滅，是為北伐史上有名的龍潭之役。

李組紳痛心於內憂外患之紛至迭乘，那些年間他積極投身於賑濟工作。由西北大旱災而成立的陝甘三省賑濟委員會，由漢口大水而成立的長江水災賑濟委員會，他均有參加；領導人雖為朱子橋（慶瀾）先生，而實際工作大半是由他在主持。及「九一八」事變發生，正值旱災粗了，水災續發之際，朱子橋以救東北為第一要務，馳往北平，組織義勇軍，於賑務自難兼顧；所遺事務，一股腦兒統交李組紳代理主持。李組紳在此數年中，拋棄本業，一心救人，邪寒盛暑，親歷災區，輾轉於礫石飛潦之間，與旱魃老蛟相搏鬥，自認為做了一件有意義的事。

「一二八」淞滬戰役發生，李組紳參加上海市臨時救濟會實地工作，對於搶救難民，至為積極。王一亭、聞蘭亭等推他向工部局日領事館交涉，開放外白渡橋，從天通庵附近各里弄，搶運出難民三千餘名，結果圓滿達成任務。許世英亦以沿蘇州河一帶與華界毘連，英國兵營把它封閉了，應請工部局向其交涉，從速開放，俾使對岸的難民，得以進入租界，以苟性命，這事也由李組紳去找工部局總辦鍾斯協商。最後達成協議暫行開放烏鎮橋，所有沿蘇州河對岸難民，准由該橋進入租界。至於在真如、南翔一帶，設置收容所一事，則推由潘公展、陸京士負責辦理。

一九四九年後，他寓居香港，已屆高齡之年，生活殊蹙，但其心境豁然，從容不迫，豪情勝慨不減當年。據秦嶺雲說他豪飲健啖，甚少疾病，從未患過腸胃症，更未鬧過高血壓。一九六六年二月十二日，猶去沙田友人處吃炒麵，飽啖而歸。次日晨起，談笑晏如，偶需飲料，其夫人出房代取，回房時見已與世長辭了。為時之短，不足兩分鐘，未煩一醫，未服一劑，撒手人間，去得爽快，一如其人。

《民國政壇見聞錄》寫了三十五篇，全書十六萬字。談到的人物均為民國初年政壇赫赫有名之士，如黎元洪、顏惠慶、顧維鈞、羅文榦、馮玉祥、王寵惠、鄭毓秀、孫蕣齋、唐紹儀、袁世凱、曹汝霖、王正廷、錢新之、蔣介石、孔祥熙、張宗昌、朱子橋、許世英等等，所談之事更是整個民國，甚至北洋軍閥間的種種內幕，李組紳曾告訴秦嶺雲說：「我所談的一些往事，都是身歷其事、耳聞其聲的經過。雖年湮月遠，手頭又乏參考書，其間人名、時間容有記憶不清之處，但其真實性無可置疑。」這其中有許多卻從未經人道之談，其珍貴處也就在此。

掌故學家瞿兌之認為宋以後之正史，多是鈔錄些諛墓之文，一傳之中，照例是某某字某某，某處人，某科出身，歷官某職，幾乎成了一種公式，千篇一律，生氣全無。他大為感嘆地說，這樣的史還能算史嗎？他說：「我們讀《史記》、《漢書》，覺得史家敘述一個重要人物，每從一二小節上描寫，使其人之性情好尚甚至於聲音笑貌躍然紙上，即一代興亡大事亦往往從一件事故的發生前後經過著意敘述，使當時參加者之心理與事態之變化都能曲折傳出，而其所產生之結果自然使讀者領會於心。」從來歷史只是冠免堂皇的官書，必須參照野史，才能明瞭其真實底蘊。唯有如此，事情的曲折隱微，人的性情風格，才能知道多一點。因為許多為正史所不載的事件，常需藉助這些野史掌故瑣細零碎的資料來細加鈎稽，這些資料在很多情況下卻是構成重大事件的重要環節，因此它常可以疏通史傳記載之疑難，補正史書之不足。《民國政壇見聞錄》的意義也就在此。

第一章
我與黎元洪、顏惠慶一段因緣

李晉先生為我國礦業先進。他曾參加革命，但從未服官。他向無意於政治，但以友誼立場，獻可替否，則偶然地亦為入幕之賓。本編是他從北洋政府談起與其有關的歷年事故，純屬於側面資料，自與史話有別。但正因其為側面資料，卻多為未經人道之談。從來歷史只是冠免堂皇的官書，必須參照野史，才能明瞭其真實底蘊。因此，筆者認為本編頗足為談近代掌故者的參考。

李先生告訴筆者說：「我所談的一些往事，都是身歷其事、耳聞其聲的經過。雖年湮月遠，手頭又乏參考書，其間人名、時間容有記憶不清之處，但其真實性無可置疑。電影業自綜合體發明後，有所謂『身歷聲』者，恰與我當年在那一環境的情形相同，亦適合你（指筆者）採為此一筆錄的總題目本編所記述的一切，皆為李先生以第一人稱的語氣而由筆者所記的筆錄。

一、陪王寵惠由巴黎返國

一九二四年，我去歐洲，考察鋼鐵事業，以德意志、比利時、盧森堡為重點。第一次世界大戰後，這三國的礦業和煉鋼業都有長足的進步。就中盧森堡的專家Arend原是漢冶萍的設計工程師，比利時的專家Lafever原是開灤與六河溝兩煤礦的工程師，都是我的好友。而盧森堡的工業設施，適合於我國初步建設鋼鐵業的借鏡者尤多。我很希望在技術上得到他們的指導和合作。在我既經抵達該國，磋商略有成議後，我即往遊巴黎。

適老友王亮疇（寵惠）已先抵此，並正接到段執政下之國務總理許世英及外交總長王正廷的電報，促其回國。同時，我亦接到他們由駐法公使館來的電報，託我在巴黎面向王氏勸駕。而當時我國駐比公使王景岐、駐德公使魏宸組、中東路督辦王景春等彼時又皆遽集巴黎，連同駐法公使陳籙，正在紛向王亮疇以歸國為請。亮疇在各方敦促下，未便過拂眾意；但他提出條件，必須由我陪行回國。我為公誼、私交，經過一番考慮後，只得放棄盧森堡方面的洽談，而與亮疇於是年年底前取道西伯利亞歸國。

亮疇因何被召歸國？又因何浼我陪行？後文自有交代。我現在須將我在出國前所經營的礦業和鋼鐵業補說一番。在文章上看來，這是生硬的事實，平鋪直敘，不免流於枯寂沉悶。但當年政局的搖擺不定，與我國發展重工業之不易，於此可覘一斑。又於近年中共報紙不時提到的石景山煉鋼，恰為一重要註腳。頗值得留心我國鋼鐵業發展過程者作為參考。

二、為了開鐵礦你爭我奪

遠在一九二三年，北洋政府商業部顧問安德生（瑞典人），和地質調查研究所所長丁文江，於宣化府龍關山發現鐵礦。所掘出的礦石，成蓮蓬式。提煉以後，質量、份量，成分均高。文江知我向營礦業，囑我申請該處礦權。我以茲事體大，乃就商於陸閏生。陸氏為當時大總統徐東海（**世昌**）的門生，因與東海商洽。東海亦有意興辦實業，唯須由其公子緒直出面申請，而以我為申請連署人。經呈准農商部後，組織龍關公司，資本額定為一百萬元，由徐世昌、黎元洪、陸閏生、曹潤田、張新吾（**農商部參事，當年華北火柴業領袖**）、朱鐵生（**徐世昌的帳房**）等和我分別認定。一面成立董事會，推徐世昌為董事長，張新吾為總經理，而我則被推為常務董事之一。旋由張新吾陪同安德生等前往覆勘。他倆在京綏鐵路下花縣車站落車後，安德生忽又發現距車站甚近之煙筒山地帶遍處是鐵，其成分亦為赤鐵礦——雖較龍關稍次，但藏量則較龍關為豐。而就交通言：龍關距下花縣車站尚有百餘里之遙，此則離車站不遠，極為便利。他倆於回北京後，因向公司建議，即由龍關公司出面，再向農商部申請合併開採。

這原是順理成章的事，卻不料竟鬧出一番尷尬局面來。事因農商部江次長，與梁士詒為廣東同鄉，他知道這消息後，便慫恿梁士詒去函農商部要求承辦。同時，這消息又給王克敏探到了，他又慫恿馮河間（**國璋**）以卸任大總統、河北大紳士的資格，逕電徐世昌，請領礦權。利之所在，你爭我奪，直鬧得徐大總統迎拒兩難，躊躇莫決。

其時段合肥（**祺瑞**）任國務總理，為了謀求解決之法，乃倡為「鐵礦產國有」之說，即由官商合辦，各籌資本二百五十萬元，共為五百萬元。官股由財政、交通兩部撥繳，商股則由龍關鐵礦公司與梁士詒、馮國璋三方合籌足額，俾能利益均沾。並將原來之龍關公司，改名為龍煙鐵礦公司，擴大董事會，仍推徐世昌為董事長，張新吾任總經理，而我則退居普通董事，以常務董事讓給梁士詒。馮國璋因遲遲未見認股，遂自動退出。段合肥為了要符合官商合辦體制，於總經理外，另委陸閏生為督辦，京綏鐵路局局長丁士源為會辦。至此，龍關和煙筒山的礦權乃告確定。

三、另覓廠基擇定石景山

關於建廠事項，原定煙筒山附近為廠址。委託美國鋼鐵設計公司設計，裝置二百五十噸化鐵爐兩隻及其他設備。這在當時我國礦業中，規模類屬宏大，但實質上的困難亦即由此發生。因京綏鐵路南口一帶的火車山洞，其高度、闊度均不適合於此類龐大機器的運輸，原定廠址，必須改變。所以，又迫得另起爐灶，重覓廠基。經在多處勘察後，始擇定了石景山地方。因其間地質全屬天然石基，建造廠屋、安裝機器，均不須打樁。既與京漢鐵路的長辛店車站相距甚近，又與京奉鐵路的豐臺站、京綏鐵路的清華站及沙河站亦可岔道接通。如由該三站敷設支線，則龍、煙兩處由京綏路運來的礦石，井陘和六河溝煤礦由京漢鐵路運來的煉焦煤斤，皆可直達廠中；即使不繼，尚可利用開灤煤礦。其在產品運銷方面，又可利用京奉鐵路運往天津、秦皇島等處海口。四通八達，吞吐自如。至此，廠基問題乃告解決。

各項準備，次第展開。試製鋼鐵出品，尚能符合標準。而由焦煤提煉的化工材料，亦頗可觀。但因政局動盪，徐世昌下臺，黎元洪復職，公司人事又須另做安排。為了遷就局勢，董事長改由黎大總統接任，但此舉又為河北人士所不諒解。至於由段合肥所委辦、會辦，原無須此等官樣排場，當時由我向黎元洪建議撤銷，又終不免開罪於人。我只能急其所急，以和緩外間氣氛為先。乃請嚴慈約出任副經理，意在借重乃父嚴範孫（修）的清望，藉以減輕地方上的摩擦。

其時內戰正在醞釀之中，京綏、京奉、京漢各路，軍運頻繁，交通時斷時續，公司業務遂大大受到影響，但開支仍須設法支持。乃由總經理張新吾與日本三井接洽，由公司每年供給日方礦砂五萬噸至十萬噸，取得其預繳鐵價，照市論值，即以百分之二釐半為佣金，定期五年；其條件比之漢冶萍售與日方礦砂價格的硬性規定為勝。這在公司為渡過難關的權宜處置，但在股東間則不免因此發生歧見。我以環境如此，又為準備將來重振旗鼓計，乃乘桴浮海，遠赴歐陸鋼鐵中心做考察之行。

四、由徐世昌談到袁世凱

轉過話頭。我再補說上開那段期間內的人物瑣事和政治動態。當時的徐世昌總統，其先世原為浙江鄞縣楊徐（村名）人氏，後由海道去津經商，遂居天津；旋又往河南省營生，乃在河南落籍。故他和袁項城（世凱）的關係，除總角交外，尚兼鄉誼。據說，項城在孩提時，已自頭角崢嶸，氣宇不凡，極為其伯父端敏公（袁甲三）所鍾愛。端敏於蕩平捻匪後，論功晉爵，勳業丕顯，於其回籍掃墓、修葺宗祠時，大排筵席，演戲慶賀。

項城時才四五齡，端敏抱置懷中，據座觀劇，正演《捉放曹》戲文。項城見那白臉孔的先將白鬍子（呂伯奢）殺死，後又將其滿門斬訖，大為不解。袁甲三乃將前情後節，約略說明，並告以先是誤殺，後是故殺。項城急噭然發問：「怎樣不把黑鬍子（指陳宮）一併殺卻？」甲三聽到此話，自揣以一乳臭未乾的孩童，做此奇詰，大為驚愕，不禁兩手一鬆，項城頓自懷中墮地。

甲三原擬立項城為嗣，即因此語，改擇其三哥世廉過繼。以故世廉後來得以蔭生應試，先領鄉薦，再捷春闈，官至山東東昌府知府。甲三於赴漕運總督任時，曾指項城語其生父，必須嚴加管教。袁府設有家塾，教授子姪。徐世昌附讀袁氏家塾中，故與項城自幼相識。其後世昌以科甲正途出身，而項城則以捐納入仕。兩人生平事蹟，各有千秋，以後我有補充，目前僅為逗引一下。

五、晤黎元洪推薦顏惠慶

徐世昌下野後，黎元洪復職。我於是年六月二日，忽承黎氏約在天津，不恥下問，徵詢愚見。我於此公，一向知無不言，言無不盡。既承殷殷垂訊，我自侃侃而言。我首先指出：

「這次總統復職，洛陽（指吳佩孚）已先輸誠，全國亦表擁戴，自是天與人歸，大慰喁喁之望。但軍閥專橫，政客播弄；太阿倒持，早成積重難返之勢。復職以後，舉措之間，倘有不慎，恐將轉為盛名之累！」

黎氏聽罷，搓著雙手，插嘴說道：

「這便是我請你來津的本意，你看怎麼辦呢？」

我說：「依照鄙意，總統復職以前，必須致電洛陽，聲明此次是依法復職，不是依力復職，嚴杜軍人干政。待經取得他的諾言後再行入京，否則，政由寧氏，祭則寡人，這味兒也就難受。一面明告國會，復職只為補滿以前的任期，唯冀《天壇憲法》三讀通過，大法完成，即便解職，依法選舉新總統接任，不願蟬聯，免得將來發生齮齕。關於內閣總理，在國會未復會前，其人選須由總統選任，絕不可受到任何牽制。以前府院之爭，殷鑑不遠，萬不宜再蹈覆轍。」

黎氏聽到此處，大為動容，旋以總統人選見詢。此時，我已忘其所以，脫口而出道：

「顏惠慶（駿人）最為合宜，但只是過渡性質。」

黎氏又趕緊接問道：「這話怎講？」

我說：「東海被目為非法總統，這話由國人說說，作為攻擊資料，那還罷了。但如被日本人借為口實，將使國家不利。因巴黎和會我方代表拒絕簽字，以及華府九國會議收復權利均是東海任內經辦事件，如果自認非法，那麼在這期間對內、對外的一切措施，似乎均有問題，豈不授人以柄？駿人為現任外交總長，如能由其出任閣揆，既可於無形中消泯所謂『非法』、『合法』的痕跡，而總統復職時，由其輕車駕熟，引導外交團，蒞站迎迓，入宮覲見，國際間的聯繫亦自達到。一舉數得，故我認為他最合宜。但這只能在國會未復會前行之。一待國會復會，只能依照《臨時約法》向國會另行提名總理人選，故我說是暫局。」

黎氏經我這番分析後，認為中肯，接連拍著大腿，邊拍邊喊道：「準這樣辦！準這樣辦！就煩你約駿人來此一談吧。」

最後，我又向黃陂進言道：「自來國會與總統間的不愉快事件，多由組閣及各部人選所引起。此次復職後，最好總統只提出總理人選，其他閣員，悉由提名總理自行與國會折衝，總統不參加意見。如果第一次所提總理人選，國會不予通過，則總統另提人選，免多爭執。平時總統亦宜儲備總理級人才，聘充顧問，到府辦公，參知政事，以免閣揆更遞時物色不易。」

黎氏又談到參謀總長不與內閣同進退一點，我即乘機又建議道：「平政、審計兩院亦應獨立。如現任審計院長莊思緘、平政院長汪大燮，均屬清正骨鯁之士，總統應加倚畀，由平政院評士分巡各地，考察政令良窳、民間疾苦，所有瀆職、溺職、浮支、濫耗等一類弊端，統由兩院嚴加覆核，待以時日，庶政才能走上軌道。」黃陂聆罷，亦自頷首稱是，我即辭出。

六、吳景濂多嘴惹出麻煩

我當時由天津銜命回京，轉約駿人去津謁晤黎氏，駿人初有難色。他以本身是所謂非法的徐任閣員，與黃陂（指黎元洪，以下同）又無深切關係，出而組閣，認為未便。我乃以此時必須由其組閣的理由詳細告知，駿人以國家為重，始允由我陪往天津與黃陂洽定後，先行回京。至此，黃陂復職後的閣揆，乃告內定。但此中經過，數十年來絕無第三者得聞。至於黃陂所以不遺葑菲，下詢愚見，自另有故，以後再說。

六月五日午後，當時的中俄交涉督辦王正廷（儒堂）來我寓所，接談之下，王氏即通知我：「黃陂已經到京，明晨復職。眼前東廠胡同（黃陂官邸）車馬盈門，我倆理當往賀。」我於聞訊後，大為驚奇。回想日前在津所談，難道黃陂於短時間內都已辦妥？既承儒堂相約，道賀自不可省。因即同車馳往黎邸，則林長民、谷鍾秀、張耀曾、李根源、吳景濂、張伯烈、高恩弘、張國淦等均已在座，單不見顏惠慶一人。我與儒堂正在申賀間，黃陂一見我面，劈頭便說道：「來得正好，正要找你。駿人組閣，原是你建議的。現在他不肯幹了，你得負責，必須設法挽留才好。」

黎氏這幾句話，說得上不沾天，下不著地，滿頭霧水，連我也莫名其妙。滿座目光，又皆集中於我，不禁令我有些毛躁。當時，我便頂住他的話頭說道：

「我當時只是貢獻意見，國家大事，怎輪得我有所主張。這時要我挽留，我非公府幕僚，又非政府大員，區區之身，又怎能充當代表？」

此時，黎氏便面對王正廷說道：「你倆同來，煩你陪他（指我）去跑一趟。」儒堂亦自婉辭，不敢承命。

至此，張國淦忽挺身而前，以祕書長地位，出任總統代表，持同任命狀，囑由儒堂和我陪他同去。張氏在途中，才告我以個中曲折：原來，黃陂蒞京時，駿人已經部署妥洽，並通知外交團到站迎接，一切如儀。迨黃陂到達官邸坐定，眾議院議長吳景濂忽爾羼言道：「總統既經決定復職，這國務總理得找伍廷芳復職才是。因總統離職時他是任總理的，他亦得隨同復職。」景濂這番說話，不知是否即景生情，還是有心試探，卻迫得這位毫無機變的菩薩總統不由不「哦！哦！好！好！」地接腔下去。駿人當時在場，懷疑事有中變，於是當面請辭，拂袖而去。就事論事，駿人並沒有錯啊！

七、一幕蕭何月下追韓信

顏惠慶官邸在北京東堂子胡同，我們趕到時，天色已是不早，駿人已先去海淀孫慕老（**寶琦**）家。及我們再趕到孫寓，則已鐘鳴七下。是日恰為慕老生辰，老人家誤會我等是遠道趕往祝壽的，當堂大表歉意。我等於道賀後，始將來意說明，並挽慕老合力敦勸。駿人為慕老的妹婿，此時正在內客廳裏，乃由慕老將他拉出與我等相見。駿人表示道：「黎總統復職是依法的，伍廷芳復職也是依法的，如我橫梗期間，豈不使總統大大為難？何況我所應承的事，都已辦到。我與黃陂只在津門一面，關係極淺。我原為前任閣員，自當與東海（**指徐世昌**）同去。」詞簡而決。我雖經再四環請，終未能使其打消退志。慕老為緩和緊張局面，拉我等入席吃麵，駿人則踅回內客廳。帶我等壽麵吃完，則駿人已先不別而行，離開孫寓開溜了。

此時我等如「蕭何月下追韓信」般忙從海淀匆匆回城，再奔往顏寓，則駿人到家亦僅坐定。我等正在開始繼續敦勸之際，高恩洪自稱奉黃陂之命，坌息而至。高氏一開口便說道：「這次黃陂應允復職，是由我等跪地懇求而來。如果因你（**指顏惠慶**）拒絕組閣，發生變化，這責任便得由你擔負。」高氏出言吐語，全帶責備口吻。駿人此時不免反脣相譏，略謂：「總理人選，北京也就夠多了。你高總長就是一個，由你擔任，豈不極好！」高恩洪一聞此語，大起咆哮道：「總統又不曾要我做，你怎可向我開這玩笑？如果不是黃陂吩咐，我才不管此閒事呢！」一時間舌劍脣槍，越發鬧成僵局。張國淦見雙方對立，均難下臺，乃挽高氏之手向著儒堂和我說道：「這事全仗你倆，我和高總長回府覆命吧。」一面將任命狀交付我手，一面拉著高氏而去。

八、有事面談又見電報來

至此，駿人竟躲進內室，與我等避不見面，由外交次長沈瑞麟（**稔宸**）出而款洽。我因高氏一鬧，不免意興闌珊，但回味高氏的說話，又不禁靈機一動。我因和沈次長說：

「這次的事，駿人是無辜牽涉，我亦無辜牽涉。不過，黃陂之復職，確是由跪求而來。黃陂之請駿人組閣，也確出於萬分誠意。黃陂過去之任湖北都督，以及項城死後之接任總統，老實說來，都是被人抬著而走，這次亦復如是。他既乘興而來，難保不因敗興而返。萬一真個跑回天津，這後果可就嚴重。東海退位，黃陂復職，對北京外交團方面的通知是由駿人經辦的。如果有變，不知在國際間如何交代，這是其一。自從項城稱帝後，擾攘多年。到此露出一線曙光，洛陽（**指吳佩孚**）和各省於黎既肯推尊，即南方亦有意推讓，確是難得局面。如果有變，不知對全國如何交代，這是其二。照眼前局勢演變，內閣無人，黃陂絕不會復職。即使復職，命令無人副署，也就不成其為總統。做寓公易，做總統難，黃陂知難而退，亦是意中之事。將來揭開內幕，這責任完全落在駿人頭上。縱有百口，恐無解釋機會。我請你將這番話轉達駿人，希望他從長計議。」

沈次長授我委託去後，隔了半晌，旋來外廳，將我所持的任命狀取去，不久又出外廳，交還與我，則任命狀上面在顏惠慶的姓名下，已由顏氏本人註明了「外交總長暫代國務總理」字樣。這才大功告成，如釋重負。我和儒堂正欲興辭而出，沈次長復將我衣袖拉住說道：「駿人有話，請代轉告黃陂，他至多暫代一月。」我笑向沈次長說：「這個無妨，如果他只允暫代三天，亦無不可。但無須由我轉達，駿人明天便須到府，由他當面去說好了。」

其時已是深夜十一時。儒堂因一天奔馳，急於歸寓，半途離去，乃由我一人回到黎邸。在大廳邊沿見到黃陂雙手抄在背後，沿著大菜檯子低頭踱步，大有繞室徬徨之概。我雙手捧上任命狀向他呈繳，告以責任已盡，總算不辱使命，但聲明以後絕不敢在總統跟前妄發議論了。

此後，我不僅未嘗到過公府，且離開北京，前往河南安陽整理礦務。不料，是月二十八日突接電報，文曰：「奉諭：盼李晉君星夜來京，有事面談，饒漢祥印。」這為何而來？去與不去？留待下回再說吧。

第二章
顧維鈞謀任外交總長的一幕

本文上節說到，黎元洪於復任總統後，我因不慣於接近官場，旋即離開北京，遠赴河南安陽，整理礦務。不料，隔不多久，黎總統的祕書長饒漢祥突又拍來急電，促我星夜赴北京，並說明是黎總統有事和我面談，一時頗令我躊躇莫決。提起饒漢祥其人，大概中年以上的讀者對之不致陌生，饒氏為我國近代駢文大家。黃陂（指黎元洪，以下同）開府湖北時，他便被任為祕書長。所有黃陂對外一切通電，大都出其手筆。駢四儷六，典麗裔皇，以悲天憫人之懷，做垂涕而道之語。家傳戶誦，能使人盪氣迴腸。黃陂入北京後，饒氏曾一度出掌湖北民政。黃陂此次復職，公府祕書初為張國淦。張氏不久轉任農商總長，饒世重長幕僚。以故黃陂電召，係由饒氏奉諭轉達。

一、饒漢祥說明拍電原委

我接到饒漢祥的來電後，大費踟躕。自維學識不足，經驗有限，一向安於小就，並無大志。自從辦理礦務後，即以全力貫注於實業一途。對於政治門徑、各方情勢，自知了解不夠，隔閡殊多。其間雖因涉跡京華，不免於冠蓋往來。固亦止於友誼過從，未敢自做標榜。上次因建議顏惠慶組閣之事，引起無謂猜測，已具戒心。曾在黃陂跟前，聲明以後不再多事。此時忽奉電召，為本身計，自以不去為宜。但念黃陂於我，向承青睞有加。而其謀國公忠，則我有其特深的認識。今既來電，重以「星夜來京」字樣。事機緊迫，可想而知。如果過拂其意，於公、於私，都屬說不過去。一念轉移，忘其譾陋，因即連夜搭車，趲程北上。

我於六月二十九日傍晚到京，未及回寓，即趨東廠胡同黃陂官邸。其副官長唐仲寅適在外廳，見我即說：「總統剛從公府返邸，適問猶以老兄消息為問，請即進見。」旋引我同入內廳，則黃陂與饒祕書長均在座間。他倆向我慰勞一番後，先後表達電召本意。饒先見告，大意謂：「事因顏總理代閣時，原與總統約定，以維持一個月為度。現在轉瞬屆滿，重提前約，辭意甚堅。總統與顏相處雖暫，而彼此推誠相與，府、院之間，翕然一體，深慶得人。尤以顏氏處理政務，通達穩健，最為總統激賞，倚畀甚重。因此，約期屆滿，仍自望其蟬聯。現在正向國會及南北各方疏通，未經就緒以前，盼能加以維繫，以待總統安排。想到顏氏受命之初，原由閣下勸駕。所以，特地把你從安陽找回，再向顏氏代達總統懇切慰留之意。……」等語。

二、顏惠慶答允暫請病假

我以上次進言，雖蒙黃陂採納，然已惹到滿身麻煩，可一而不可再。當即表示：「我與顏氏原無深切交情。以前在津所陳，其動機完全是就事論人，著眼於國家權益之上。當時，顏氏原屬無心出岫，亦正因著眼於國家權益，故不得不勉承其乏。其間雖曾發生誤會，總算不辱使命，渡過內閣難關。現在時間迫促，形勢微妙，奉命慰留，恐其未必收效，深愧無以報命。」這一席話，在我言出由衷，但未足抵消饒祕書長囑令勸勉之切。重以我在總統跟前，亦自未便堅持。於無可推卸下，我不得不遵命姑且一試。

興談至此，已是上燈時分。事之解決，雖尚僅為腹稿，而依情度勢，似已具有端倪。黃陂意境頗佳，堅留我等同進晚餐，於花園內假山間設席。晚風徐動，涼意襲人。暮色四圍，繁星在望。由適間的緊張討論轉為輕鬆意態，主客之間，同感歡洽。是夕所備者為西餐（**彼時猶呼為「番菜」**），最後一道凍品，為黃陂特嗜的奶油玉米。我於餐畢告辭後，回寓休沐，不意突為病侵，上嘔下泄，通體發高熱。諒因天熱長途，勞頓之餘，飲食不慎所致。而身負重命，深感焦灼。乃於次晨（**三十日**）電話邀約王儒堂（**正廷**）兄來寓面談，請其代向顏氏轉答總統懇留之意，盼能共體時艱，勿萌去志，同以大局為重。王氏去後，至午間時分，即由電話中回報謂：顏總理於總統慰留誠意，已經諒解。現擬託病提出辭呈，總統可予病假，准其暫時離京休養，閣揆薦由司法總長王寵惠（**亮疇**）暫行兼代。又據告知，亦經與亮疇接洽應允。所有經過，並經代為轉報總統。我接到這個電話，以事態至此可以告一段落，引為深慰。

三、黎黃陂表示莫名其妙

至三十一日，我雖熱度漸退，而病態未消，仍留寓休養。詎在午後三四點鐘左右，交通部技監顏德慶排闥而來，一見我面，坌息而道：「你是怎麼攪的，老二從北戴河有電話來，總統改派唐紹儀組閣，王寵惠聲言代唐而不代顏。老二問你，到底是怎麼一回事？」（**案：顏氏昆仲，惠慶排行居二，兄弟間多即以此相稱，德慶為惠慶介弟。**）原來，駿人在與儒堂洽定後，即一面遞上辭呈，一面便去北戴河休養。其後變化，他在京外已先得知，我猶蒙在鼓裏。我因向德慶說道：「此事後來並非由我經手，全託儒堂接洽，此中消息，在你未說以前，我尚毫無所聞。眼前我能辦到的，只有先去公府，問明黃陂，然後才能將實情奉告。」

於是，我即趕往懷仁堂，晉謁總統，探詢改提唐紹儀組閣緣由。我初見黃陂時，詞湧氣溢，不免流於激越。詎黃陂反加詰詢道：

「你要問我！我正要問你呢！我初以為你們都說妥了，哪知王寵惠忽提出要我任命唐紹儀為國務總理，並稱他只能代理唐閣。你覺得奇怪，我才莫名其妙呢！」

我說：「那就讓我向亮疇問個明白？」

至此，黃陂不禁嗒然說道：「這不必了。國會已經復會。內閣不容久懸，時機緊迫，我於王寵惠的意見無法不予接受，業經去電南方，徵求唐的同意。這回我這牛鼻子是給他拴上了，朝東向西，我得讓他牽著走。你就可憐可憐我這老頭子，不必向他多事了吧。」

黃陂繼續又說道：「至於顏總理方面，我很抱歉，希望你代我致意，以後我會好好地安排一下的。」

我在聽罷以後，也自索然。當由我將經過情形轉告德慶，並請其代向乃兄轉答。

四、顧維鈞動腦筋當外長

此後，我因健康欠佳，又因黃陂囑我對於此重公案不要多事，所以我也落得安心靜養，一概不聞不問，只就報端獲知各項消息。某日閱報，見到如下一段新聞：「唐少老（紹儀）不肯北上，總統改提王寵惠為內閣總理，已由國會通過，正式組閣；同時，顏惠慶已辭去外交總長，由顧維鈞繼任；財政總長則由羅文榦接充」云云。因羅文榦與亮疇，一向私交甚好。一時之間，府（公府）、院（國務院）、會（國會）三方，就其表面看來，似皆妥協，相與融洽。

及後顏惠慶由北戴河回京，和我談及前事。他說：「少川（顧維鈞）未免過於急躁了。我調他來京，原本決定請其擔任外交總長的。此次亮疇組閣，我得安然卸任仔肩，而外長一席，亦恰合我的原意而落到少川身上，值得欣慰。」

唯據我以後從旁聽到的消息，原來這次亮疇組閣，其中另有如下一段內幕：亮疇原已答允儒堂之請，暫代顏閣的，後忽生變，其中自有原因。事緣當時我駐英公使顧維鈞，其時已奉顏惠慶電召回京。顏氏所以要將顧公使調回，係擬在其本人將來真除總理之後，即以外交總長一席予顧出任，且曾與顧說明。顧氏原為顏的得意門生，又為唐少老的快婿。其在外交界之聲望，其初亦由於唐、顏雙方之提攜。此時顧氏的心理，以為奉調回京以後，外長一職，尚無確切下文，中心不無介介。亮疇在北京城內獅子胡同住宅，原屬顧的私宅。顧回京後，亦即住此。當儒堂那次受我之託，往與亮疇接洽代理顏閣時，即在獅子胡同私邸長廊下面談。虛堂晝靜，嚮屧聲沉，以為左右無人，大是談心佳處。他倆又都嗜杯中物，時屬炎天，滌煩、解暑，啤酒自屬雋品。於是，彼此對酌，酒酣耳熱，不覺縱聲高論。此一機密大事，遂在言者無心、屬垣有耳的情形下，已被隔室內的顧維鈞聽個正著。在顧氏當時計較之後，認為顏氏繼主內閣，總統雖自屬望甚殷，但國會未必肯予通過。而顧氏本人雖承顏總理面許外長一席，屆時仍有隨著顏氏落空的可能。不如乘機向亮疇抬出唐紹儀來，以唐氏個人資望與當時政治環境，南北兩方，必能一致推尊。至於國會方面，其時顧氏與議長吳景濂等往還頗密，亦可代亮疇聯繫。為了個人的遠大前程計，此實為一捷徑。重以代閣之事，原由儒堂與亮疇接洽，倘成事實，將來外長一席，儒堂或將捷足先登。如不將成議予以推翻，在顧氏本人將有向隅之嘆。因此，顧氏乃抓住時機，在國會難得通過這一點上大做文章，盡量慫恿亮疇，堅持代唐而不代顏。亮疇本屬好好先生，遂於不知不覺之中，採納了顧氏的建議。如此這般，致鬧出此一突然而來的變化。

此項內幕，雖然言之鑿鑿，但亦可能為猜測之詞，亦未可知。唯就其後的政情發展而言，此一變化，於黃陂關係甚鉅。若使那次顏閣得以蟬聯，則局面又將不同，黃陂或不致有再度被逼下野的狼狽矣。

五、羅案爆發急煞黎黃陂

此幕揭過。不久又見報載財政總長羅文榦被總統扣押之說，黃陂且被指謫為違法等新聞。我於此類政治上的玩意，早不在意，自亦漠然視之。某夜九時許，黃陂貼身侍衛丁氏（已忘其名）忽來求見。我詢其何以夜間到訪，他說：

「您老沒有見報嗎？羅總長的案子直是鬧得不可開交了。」

我答：「報自見過。這是大事，和你我都不相干。你提做甚？」

他說：「話不能這麼說。總統為了此案，焦灼徬徨。剛才自公府回邸，是我多嘴，向總統提起您老，怎的許久不見了。總統連說：『正是！正是！你就去把他找來。』因此我奉命趕到府上。無論怎樣，您老就去一趟吧！」

我說：「這事我亦無從為力。你還是回去上覆總統，說我身體還未痊可，不能出門為是。」

丁侍衛見我推辭，不禁結結巴巴地說著：「莫這麼說，莫這麼說！您老就可憐可憐我們這班伺候總統的人吧！您老有所不知，自從羅總長的案子鬧出後，總統沒有好好地睡過一宵。他老人家不睡，我們只好陪著熬夜，已有兩晚未曾闔眼。您老去和總統談談，也許可以讓他安定一下，那就給我們幫忙不少啦！」

經他這麼一說，我又無法推託。其時已是深夜十一時矣，因囑丁侍衛於翌日下午黃陂退公回邸後派車來接，以後的事，待我見過總統再做交代。

第三章
財政總長羅文榦的縲絏之災

筆者按：上文所說當時的財政總長羅文榦所惹起的案子，是指其經辦奧國庚子賠款及隴海鐵路比國借款案。事緣我國參加第一次歐戰後，對於每年應付給奧國之庚子賠款，因彼此已成敵國，即予停付，由海關將撥抵該項賠款的關餘，依例移交匯豐銀行保管。其後，我國因參戰獲得勝利，羅總長乃向海關及匯豐銀行交涉，將該項餘款提回。又隴海鐵路原係向比國借款興築，自歐戰發生後，比國自顧不暇，借款因而停頓。其時亦由羅總長向比國交涉續借。此兩案正在辦理間，忽有人舉發羅總長違法擅權、瀆職受賄。而當時的黎元洪總統又是位忠厚老實人，對於處理此案，未及詳細考慮，竟將羅文榦加以拘留，軒然大波，於是引起。

李晉先生其時留京未去，又被黃陂（指黎元洪，以下同）延往公府，有所諮詢。以下記述皆為李先生口述此一案件之經過情形。

一、丁侍衛車次說羅案

次日下午五時，黃陂的侍衛丁某依時駕車來接。丁侍衛在車次，向我略述羅案經過梗概。他說：

「前兩天參議院長張亞農（**伯烈**）來公府與總統密談頗久，當時總統且令我們值勤人員避開（**按張亞農原是黃陂的親信**）。他們所談的便是羅總長違法受賄案，但因聲音太低，我們聽不清楚。張議長離開時，只聞總統向他說：『此事口說無憑，似難過問。最好由你們連同證據，備具咨文，來府告發，方可查辦。』張議長答：『是！是！我當去向他（**意指眾議院議長吳景濂**）商議。』第二天傍晚，張、吳二人連袂來見總統，在密談之前，總統又令我們離開，所以無法知道他們談了些什麼。迨張、吳二人辭出後，我們看見總統的神色嚴肅緊張，大家只好屏息以待，誰也不敢多說半句話。總統悶悶地用過晚餐後，即匆匆就寢。夜間，張議長又來電話，說是有特別要緊的事，需要總統接聽。我們自不敢怠慢，只好將總統喚醒接電話。我在臥室外，僅聽到總統的聲音說：『嗯！嗯！那只好叫他們加以監視了。』旋呼我入室，著搖電話與聶統領（**步軍統領為當時維持京師治安的軍警機關**）說話。電話接通後，我又避立室外，因語聲甚低，不辨所云。不久，聶統領又有電話來，似係向總統報告已經遵命辦理情形，總統方再就寢。翌晨總統入府，其公事皮包，緊緊自攜，不交與我經手，大概是因為咨文與證件均放在皮包裏面的緣故。」

丁侍衛在車行中途，向我說了一大套，此時車已將馳抵東廠胡同總統官邸。我入見後，黃陂果然將羅案經過情形向我訴說一遍，似乎這兩天為此事傷透了腦筋。大致是：參議院長張伯烈與眾議院長吳景濂已聯名舉發財政總長羅文榦於辦理比國借款事，違法擅權、瀆職受賄，經備具咨文，附有證件，移送到府。當時，張、吳兩議長並以為羅氏將畏罪避匿，應予緊急處分。

二、黎黃陂大呼太為難

黃陂說至此，卻深皺眉頭向我表示道：「事屬非常，我以元首地位，不能不問，可是反而鬧出說我違法的題目來，這真不知從何說起！」

我這時便截阻其詞，厲言說道：「在總統屬下幹財政總長的，確是不利，也是活該倒楣，這回又碰上了。」

黃陂急忙問道：「你這話怎麼講？」

我道：「上次在總統任內，不是已將財政總長陳錦濤查辦過一次嗎？這回自應挨到羅文幹了！」〔**按：陳景濤為留美經濟博士，辛亥革命後，曾任南京臨時政府財政總長。自袁世凱故世，黃陂繼任總統，由黃陂提名為段合肥（祺瑞）內閣之財長，但此舉卻遭到北方軍閥政客所嫉視。因以當時統購民間制錢交由造幣廠改鑄銅元為藉口，指陳氏受賄。經查辦後，陳即去職下臺。**〕

黃陂急忙駁道：「這絕非我好惹事，但我可不能不管！尤其是這次羅總長案，把我弄得太為難了！」

我立即提醒他道：「隨便拘押一位閣員，其事非同小可，總統豈似皇帝嗎？」

黃陂急忙駁道：「我不過要他們監視一下羅總長，以待查辦。曾囑咐聶統領與薛總監（警察

總監），好生優待，並非拘押啊！」

我又說道：「難道總統可以兼攝法官嗎？」

經過這一番連聲對答，黃陂似有所悟，一時瞪眸不轉，半晌不曾出聲。

三、事後檢討、埋怨無益

我經過一番靜靜的一番考慮，始向黃陂從容進言道：「此事倘於張、吳兩議長攜來國會咨文之初，總統不親自打電話聶統領拘人，先囑祕書長轉令國務院按照來咨查辦，或照咨文分別令轉平政院長與審計院長調查具報，然後照報告情節交由國務總理查核，並飭令咨覆國會，以免總統身當其衝，可謂合理合情，最為妥洽。除此以外，尚另有兩個應付辦法可採：其一，國會咨文，既僅由兩院議長列名，未經院議通過，就此咨府請辦，實於例不合。總統接得咨文後，可即交國務總理備文將原咨退回，一面再囑由國務總理依法查辦。其二，如嫌此項辦法過於打官腔，府、會之間，難免因此構釁。那麼，總統儘可召開府院（**國務院**），聯席會議，合力應付。羅文榦以法學專家，曾任總檢察長及司法次長，當項城策動帝制之初，他曾以總檢察長職權，嚴緝籌安會主腦人物，中外知名。此時事屬切身，豈無自處之道？我決其必會引嫌迴避，自請停職，聽候查辦。總統便可就席指定閣員會同平政、審計兩院將羅總長經辦之借款案，是否擅權違法、瀆職受賄各款，綜合徹查，以期水落石出，勿枉勿縱。一面猶可面慰羅文榦，表示若經查明無辜，仍請其以國為重，復職視事。如此處理，不僅對任何一方無所開罪，亦且面面俱到。可惜總統在倉卒之間，計不及此，率爾下令拘捕羅氏，以致授人以柄，鬧得周身不安。或者某些人對羅總長案只是做的表面文章，大風蘋末，可能另有其意。但事已至此，且不再去猜測埋怨，唯依我微見，處理此案還須府、院連成一氣，總統應和王寵惠（**當時的國務總理**）妥商辦法才是。」

四、洛陽來電氣壞菩薩

黃陂聽罷我這番話，不覺自責地說道：「我太健忘了。記得上回你不是明明提到過平政、審計兩院的作用嗎？如果我能緊記在心，眼前也不會落得如此尷尬了！」

當晚，黃陂即邀王寵惠來官邸計議，結果是：決定依照國會咨文，將羅案移交法庭，依法辦理。但因黃陂為人宅心忠厚，總覺得對不起羅文榦，隔日一早，又浼汪大燮、孫寶琦諸老，將羅氏從警察廳迎往總統府。除由黃陂向羅氏面致歉意後，並許其自便。倒是羅文榦率直硬挺，他聲明寧願由公府逕移法院，不願在私宅停留片刻，以示清白。結果亦即照此辦理。我於羅文榦一行離去後，恰到公府，黃陂亦正由客廳回到辦公室。彼此坐定，僅談數語，忽見饒漢祥祕書長掀簾直入，手持一紙電報，氣咻咻地連聲喊道：

「豈有此理！成何體統！」

饒氏隨將電報遞給黃陂。一時氣氛沉重，顯見此一電報關係極大。只見黃陂於捧誦之下，態度逐漸緊張，面色隨而沮喪。看到後來，由於雙手戰慄，電紙亦自顫動。饒祕書長猶自嚷著道：

「總統要幹，我可不願意再幹了！」

黃陂至此，也自動了真火，氣懣憤切，陡將電報向案頭一拋，迸喊出：「駁回去，駁回去！」三個大字。原來，這封電報是雄據洛陽的吳佩孚發來的。電報內容，我當時雖未過目，但吳氏此電是專為指謫對羅案處理不當而發。由於饒祕書長指出電文結句居然有「殊屬不成事體」之字樣，而通篇全是上司申飭下屬口吻。陵轢公室，尊卑失序，這就不由這位低眉菩薩不轉為怒目金剛了（**按黎元洪素有「黎菩薩」之雅號**）。

五、饒祕書長力主駁覆

就事論事，當時黃陂對於這封電報，只能置之不理，做無聲的抵抗；或覆文交由他人出面，委婉說明經過，責以不應如此失態，似較妥當；權衡輕重，似不宜逕予痛駁。因為「不理」猶有餘步可留，「痛駁」則等於就此翻臉。何況黃陂之能復職，原係於洛陽之支持，一旦失此奧援，以後將何所恃？但在意氣關頭，黃陂似已不計後果。我以局外人的身份，對黃陂知無不言，言無不盡，但於此事，實未便置喙。且當時饒祕書長力主駁覆，以維綱紀，理直氣壯，亦固其宜。平心而論，黃陂入京就職，事前並無準備，臨事又無組織布置。即與隨同入府辦事之老成顧問，平時亦少見面，諮以政事，以為緩衝調和之備。仍沿襲民初故事，依然借仗饒漢祥的文章筆力，圖能感召各方。殊不知世局轉移，時空兩失。饒祕書長居嘗以唐陸宣公自況，圖挽僵局，曾以私交聯絡張其煌（吳佩孚之祕書長），冀向洛陽方面從旁轉圜。不意饒氏的此種做法，卻又引起參謀長金永炎之不快。因為，金永炎向以親洛陽自視，今見饒氏捨近圖遠，不免有所芥蒂。於是，府內形勢，互相齮齕；黃陂處此兩個雄媳婦間更難為其婆婆。至於黃陂於此次復職時向國會所做先將《天壇憲法》三讀通過再議其他問題之諾言，顯已置之腦後，無暇顧及。立場自棄，夫復何言！

按當時政局，王寵惠的內閣，實無異於洛陽之傳聲筒。羅文榦的財政部，更無殊於洛陽的外府。所有羅文榦所經辦的上開各案，無非為洛陽方面籌畫財源，移充軍費。此所以吳佩孚對於羅案之發展，竟有急不擇言的電報發來也。唯當時直系內部已分為兩派：一派為急於擁曹錕登臺的一班人，主張急進。

六、為王寵惠借箸代籌

洛陽方面的吳佩孚雖亦擁曹，但不主張急進。兩派之間，早相傾軋。而急進派對於羅文榦等只知擁吳，早已看不過眼，而事實上此次發動羅案，即是這班擁曹份子所定「一石三鳥」之計。何謂「一石三鳥」呢？

（一）直接造成羅文榦違法貪污的罪名，使之撼動全國，使王寵惠內閣搖搖欲墜，不得不引咎解體；（二）故設圈套，迫使黃陂入彀，蒙上違法拘捕閣員的罪名，而不得安於其位；（三）藉此導火線引起洛陽吳佩孚與黃陂的正面衝突，使黃陂失去支持力量，終不得不出於一走，而黃陂一走，則無異使急進擁曹派的賄選計畫跨進一大步。有此三因，故我對於措詞失態的洛陽來電做「不理」與「駁回」之計較，其意即在於此。

以後事態變化，果依此一形勢逐步發展。其間覆轍，歷歷可按。所可惋惜者，羅文榦竟因此而陷身縲絏了。

一日傍晚，我在京寓忽接同學慕玄甫教授電話，謂亮疇（**指王寵惠**）在其宅內，約往一談。我自亮疇「代唐（**紹儀**）不代顏（**惠慶**）」一幕後，多時未與往還，至此始相晤面。當時北京市面，由於羅案發生，府（**總統府**）、院（**國務院**）、會（**國會**）紛歧對立，擁曹急進份子，借題發揮，組織流氓，激動學生，今日遊行示威，明日包圍府院，社會秩序，大苦不寧。亮疇因嗜煙酒之故，鼻管、喉頭，向有毛病。經此積困，越發難支。其住宅門前，連日被人包圍，且被掛上紅布多面，聲勢洶洶，大有「趙家樓」第二之概。亮疇為避其鋒，特來慕玄甫宅，約我餐敘，並談今後出處。他那晚曾向我表示道：「到此境界，自以一走為宜，但恐洛陽方面未必同意。」我既承下問，乃借箸代籌，囑其不妨先去電洛陽，聲明眼前困難，無法維持。擬推外長顧維鈞以自代，徵求洛陽的同意。因為，這一方式與安排，表示閣揆雖已易人，而內閣本質未變，仍可與洛陽保持密切聯繫。亮疇深韙吾言，即囑其祕書朱筱三擬稿拍發。其本人則由我等勸往協和醫院暫住療養。此電發出後，旋接吳佩孚電覆：「悉如尊意。」亮疇乃得脫此重負，而由顧維鈞開始代閣矣。

事後亮疇囑我向黃陂進言，云海牙國際法庭中國法官缺席，他想藉此機會，出國遠遊，希望黃陂發表其為中國之國際法庭法官。我將其意報陳黃陂後，黃陂欣然接納，即以明令發表。臨行前我向亮疇提到「羅鈞任（文榦）代你受累」，他自不勝其唏噓歉仄。當向我說：「仍望老朋友幫忙，從旁留意解釋援救。」等語。

七、由羅文榦談到南開

羅文榦為人，內方外圓。飲酒、博弈，頗有名士氣息，隨隨便便，不拘小節。他和亮疇是屬至交。民初年間，我由亮疇介紹與之認識，平時不常往還。偶於宴會中接觸，亦少酬酢款談。唯有一個小插曲頗堪一提：文榦有位公子在天津南開中學讀書，忽以失蹤聞，他託我向南開校長張伯苓探詢真相。嗣據張校長見告：文榦之子因在校內竊取同學的毛巾、牙刷等一類小物件，經查明後嚴加訓誡。大約由於羞惡之心，離校後即不知其所向。嗣經查訪多時，蹤跡仍杳。迄一個月後，才在塘沽地方尋獲，其時羅公子已一變而為奉軍中之小勤務矣。原來，羅文榦之侄羅明佑，在京創辦一真光電影院，文榦即為該院董事長。其子因此得以不時流連於電影院中，於銀幕上的小偷伎倆，耳濡目染，不覺見獵心喜，小試其技。原為遊戲性質，不料鬧出了大笑話。此外，我還要連帶附述一下我與南開學校的關係，並說明何以託我查尋其子的因由：原來此一學府是由嚴範孫老先生的家塾開始的。嚴府世住天津城內經司湖同，設有家塾，教授子侄，延張伯苓為西席。伯苓原習海軍，曾參與甲午海戰之役。戰後鑑於國勢陵替，思從改良教育發展民智以為圖強之本，因發願以辦學為其終生職志。此時他應嚴府之聘，已在其去美專攻教育學成歸國之後。嗣以附讀者眾，非家塾所能容納，第一步則改為小學，而已所在地「經司」兩字為校名。其後天津開闢馬路，直達南門外水塘地帶，而將水塘填平，變為陸地。範老與張校長為擴充學額，配合需要，收購該項地皮，建築校舍，於小學外加設中學，並改校名為「南開」。天津人的口語稱：積水塘為「開窪」，「南」門外的「開」窪即為校址所在地，因截取此兩字而為定名「南開」之由來。迨至民國五年，江蘇督軍李純在任自戕，其遺囑中指定捐款五十萬元交由張伯苓校長興辦南開大學，於是南開又由中學擴展而成立大學。我以忝居校董之一，關於校務，猥承見商。並以自身辦理礦務，所需重要工程技術人員，多是借重外籍專家，深感採礦冶金人才，亟應栽培儲備。當經商准嚴、張兩老，於當時僅有之文、理兩科外，另設礦科。其學制與一般大學相同，但在寒暑假中，員生須同往廠礦實習，已取現場經驗，故無假期。其優秀學生，因校方已與美國福特汽車公司屬下之廠礦取得聯繫，畢業後由校派往實習，以期吸收新的學驗。在組織上同屬於南開一個整體之內；但其開辦經常各費則純由我私人籌措，故另組礦科董事會，推由地質學專家翁文灝為董事長，而以我承乏其副。辦理多年，成才頗眾。但因我國礦業尚在萌芽時期，礦科學生出路頗狹，而經費純由私人自籌，亦難為繼。因將礦科停辦，改設電工科。

八、財長受賄原來如此

這段經過，只因學科建置，觸類旁及，附述一下。現在回到本文，仍談羅案。因我當時既受亮疇之託，為文榦從旁留意；乃從側面探訪該案真相，虛虛實實，難悉其詳。但據傳聞，當時參、眾兩院議長隨同咨文送給黃陂的一項所謂受賄證件，不過是羅文榦友人徐某在華比銀行往來的支票存根。至於該張支票存根上所寫明的數字，可能為一十八元或者一百八十元，這張支票是徐某在玩撲克牌時輸了錢，開付給羅文榦的一筆賭帳。不知怎樣一來，此一支票存根忽落入擁曹急進份子之手。他們利用這張支票存根是華比銀行的票據，而受票人又恰為羅文榦，藉此蛛絲馬跡，可使人錯覺地發生聯想。於是，在支票存根上將圈圈添上幾個，把數字改為了十八萬元，如此這般，便作為羅總長受賄的證據。黃陂在君子可欺以其方之下，加以時短勢逼，不及詳查，致誤信張亞農所告，以致處置失當，自惹麻煩。而羅文榦當時則自問無他，更料想不到是賭帳肇禍，是非真偽，法司可憑。故寧挺身受捕，則又似乎失之天真。事後月旦，難言公允。羅氏自移送法庭後，始終未見開審。直至馮玉祥由河南督軍轉任陸軍檢閱使時，駐節北京南苑，偶然談起管理財政人物，提及羅文榦倒還不錯，因問及羅氏究因何事而被捕。我即乘機將上述故事向馮解釋。他亦憮然嘆問道：「咱們有什麼方法去幫手呢？」這屬後文，容待續述。

第四章
駐軍南苑時代之馮玉祥

筆者按：本文上節說到馮玉祥由河南督軍轉任陸軍檢閱使，駐節北京南苑時。有一天，馮氏和李晉先生談到羅文榦其人，馮並謂羅氏在管理財政上倒還不錯，連帶詢及其因何被捕，李先生當將其所聽到的案情乘機向馮解釋。馮氏因憮然吐出「咱們有什麼法兒幫手」這句話來。究竟這忙怎樣去幫呢？李先生於續談時暫予按住，而先將馮玉祥那次轉任經過做一概述：

一、張之江赴京走門路

馮玉祥原隸清末第二十鎮統制張紹曾（**敬輿**）部下，充任管帶。辛亥革命，張紹曾於灤州首先發難響應，馮與有功。後來張、馮結為兒女親家，袍澤之間，重以姻婭，其關係自更親密。馮氏與吳佩孚固皆為北洋軍人，但吳出於曹錕一系。在整體上彼此一脈相承，在派系上卻是支流各別。此時馮氏雖為河南督軍，開府中州；但雄踞其旁的洛陽吳佩孚，虎視眈眈，亟欲以其親信張福來取而代之，曾電北京保舉。馮氏洞知其事，苦於力不如人，殊感惶急。其時張紹曾適任陸軍總長，馮氏因遣張之江（**子岷**）去京就商辦法。蓋馮氏當時對於河南督軍之得失，或無所容心；而所部甚眾，安頓卻成問題。如果馮氏下臺後，其所部未能隨同離豫，則在他人勢力範圍之內，收編、遣散，勢所必至。縱能暫安無事，寄籬之下，亦終無以自全。故須預籌善後辦法，商妥防區，以資屯駐，俾能保全實力。此即為張之江去京所負之使命。

此事與我原不相涉。但因子岷（**指張之江，以下同**）離汴（**河南開封**）時，馮氏給予名刺，囑其邸京後代表向我致候；此外，子岷與張敬輿晤洽時，敬輿告以總統兼任海陸軍大元帥，軍隊調度、軍區調整，有權處理。既經到京，應向總統報告，請示機宜。而於晉謁總統，則特囑其浼我導引。有此二因，子岷因來京寓見訪，以致穿插其間。

子岷與我，向不相識，這回還是初次見面。他來拜訪時，具道來意後，記得已近黃昏時分。我當時乃先從電話中向唐仲寅（**黎元洪總統之副官長**）探尋黃陂蹤跡所在，知已退公返邸，當即陪同子岷直趨東廠胡同黎邸謁見。黃陂與馮玉祥本無淵源，但卻知其治軍有方，確為訓練軍隊人才，所部紀律極好。故在子岷面陳各情後，黃陂頗表關切，著其與張總長（**指敬輿**）好好商量，如有成議，本人無不應允。子岷時為馮玉祥部下之旅長，份屬軍人，而氣度從容，恂恂儒雅。談論間氣氛融洽，似得黃陂賞識，故直待留飯後始行告退。

二、馮玉祥擁衆駐京畿

嗣經敬輿籌畫，特設陸軍檢閱使一職，調馮充任，並准將其所部移駐京畿。這項措施，恰是用如其長，自獲黃陂認可。子岷乃得欣然回豫覆命。其間我因黃陂對於子岷不無眷注之意，曾向黃陂建議，何不將該旅調充總統府的衛隊旅，以資拱衛。黃陂當場正色和我說：「不好！不好！革命初年，我曾將直轄的八師軍隊，加以甄簡，編為三師，表示不願擁兵自衛。此次復職來京，我向楊以德（**當時的天津警衛廳長**）借調警察二十名，差遣護衛，儘夠使用。一個平民總統，何須豢養一旅衛隊嗎？」

不久，河南督軍果然由張福來接充，而特派馮氏任陸軍檢閱使的明令亦即發表。馮氏乃於督篆交卸後，將其全師三旅，北運京畿，於南苑成立總部。此為馮氏轉任之由來。直至曹錕賄選總統成功，我才得向馮氏面述羅文榦之經過。

當時，我聽到馮氏所做「咱們有什麼法兒幫手」的表示後，分析他這話涵義，認為有兩種解釋：一試徒喚奈何的意思，縱表同情，可沒有救援辦法；其次是頗有營救之心，但從何著手，還得從長計議。我因身受亮疇（**指王寵惠**）之託，有機可乘，不容錯過。當即假定他的詞意，是屬後者，所須考慮的只是方法。因即向他說道：

「檢閱使如果真願從井救人，實在不須過分費力。只要您從旁吹噓一下，口角春風，便夠消嫌釋隙了。」

他興奮地問道：「有這容易的事嗎？」

我說：「如果您準肯打抱不平的話，只須您出以輕鬆態度，用開玩笑的口吻，向擁曹（錕）派的要角這樣說：『你們這場大喜劇（指曹錕賄選）已經表演得很美滿了！何必還把羅文幹拉扯在你們隊伍裏，拖在尾巴後頭。難道你們準備編排另一幕悲劇來圓場嗎？那是多麼喪氣啊！我看，不如把人家放了算了。豈不乾淨俐落，又是多麼省事呢！』照此說法，我可推測他們定能會意，發生效力。」

三、談笑說情文幹獲釋

馮事聽罷，沉思良久，才開口說道：「李先生，您倒善於排難解紛，不失為今日的魯仲連。好吧，讓咱們來試試看。可是要等機會，還得找適合的對象，這些話才不白費，您看可對？」此時我發覺馮氏倒很精細審慎，敏於事理，乃向他致意讚佩而別。

隔了幾天，馮氏的參謀長蔣鴻遇（**靜庵**）過訪，說是奉命而來。因為馮氏要他當面告訴我，所託的事，已經辦通，羅文幹總長已經釋放了。因此，我於翌日便去南苑，面向馮氏謝其仗義執言之雅。他說：「事情也巧，您和我談過後，早兩天程克（**當時的司法總長**）跑來看我。我就開著笑臉，把您說的向他照說一遍。昨天他又跑來告我，他回去後，已將此案向有關方面商量，大家都接受我的意思，同意照辦。他已通知法院，將羅釋放。我知您惦記著，所以特地叫蔣鴻遇前來告知。咱們總算辦了一件好事啊！哈！哈！」

羅案至此，已告結局。但鈞任（文榦字）因何得釋，始終在悶葫蘆中。因馮氏當時由我慫恿，出打不平，只是興到為之，並無示惠之意。事過以後，他自不會向人談及。在我這方，亦自視為行雲流水。即以亮疇而言，他原是託我留意之人。而事前事後，我卻從未再向他提起，何況他人？個中曲折，鈞任一時自屬無從捉摸。其後事過境遷，更自淡然置之。荏苒經年，直至張作霖在京稱大元帥時期，鈞任才有所聞，始明真相。我倆泛泛之交，從此往還漸密了。

四、耶教救國的一幕

我於馮氏認識，自經這番交手後，又進一步。每逢假期，我和王正廷、顏惠慶、慕玄甫、周作民等常去南苑。春秋佳日，有時偕遊郊坰，共做野餐。彼此往還，更為接近。馮的興趣是多方面的，其行動亦常出人意表。如所周知，他被人號稱為「基督將軍」。有一次，他在北京劉芳牧師家裏，邀集友好，發起耶教救國會。據說是由徐季龍（謙）先生出的主意，而由馮氏出面發動。其要旨在團結救國，而以耶教教義為此一運動的中心。被邀的人，自屬知名之士，在馮氏滔滔不絕地闡發其理論之後，大家無所可否；我則獨持異議。我說：

「宗教是超世俗和超國界的。耶教教旨，只在挽救人類靈魂。把宗教和救國連在一起，根本合不攏來。說到團結，應以全民為對象。說到救國，應是全民的責任。耶教信徒僅為全民中之一個單位；救國責任，自非全民中之一個單位所可擔當。耶教以外，尚有天主教、回教、佛教、道教等等，如果紛紛炮製，各樹一幟，各別成立其救國團體，鬧成許多小圈子，將見團結未成，先肇分裂。以故，我認為此事動機不無意義，而辦法則窒礙難行。」

其後周作民亦起立發言，聲明他們辦銀行的未便參加代有政治色彩的行動。因此，馮氏的一團高興，就被連盆冷水，給澆得煙消雲散了。

五、被迫演講大發議論

馮氏治軍，另有一套。所部調駐京畿，防區總算解決。但軍餉迄未確定，給養大成問題。加以其時北洋政府，時常鬧窮，欠薪、欠餉，等如家常便飯，更費腦筋。好在刻苦耐勞，原是他的一貫作風。於是，他把軍隊和軍眷組織起來，自耕自織。南苑附近荒地，變為墾殖之區。營房之內，兼設小型工廠。他請我前去參觀時，我看到織布的、織綁帶的、編結草鞋的、縫製軍服的，形形色色，夠得上多采多姿。他在引導指點、口講指畫之間，還要召集大眾，來個臨時演講，派定某團長為主席。馮演講時，先從勤勞自救、節省物力說起，強調重視布衣、少服絲綢，而歸結到黜奢崇儉。演講帶訓，反覆致意。說了以後，還要拉我講話。那天我穿的是青緞馬褂和古銅色羣本緞灰鼠皮袍，渾身華麗。我懂他的話兒及他要我講話的用意。我在不得已的情形下，不能不說幾句，以答其意。我說：

「剛才檢閱使的說話，要大家勤勞作業，儉樸持身，讚揚布衣，戒服綢緞。他的觀點自屬正確，正叫我自顧不安。因為在座諸位，穿的、戴的，全是自己做的棉布服裝、鞋帽。只有我本人穿綢著緞，與眾不同。所以，檢閱使拉我出來，好似叫我現身說法，以供各位譏笑。其實，事情不可一概而論。我首先要向諸位報告的：我是江浙人，絲織品是江浙的產物，亦即是中華民國的國貨。江浙人在習慣上，只要家境還過得去的，或多或少，總有幾件綢緞衣服，我自不外此例。

「講到布吧！海運未通以前，我們中國人，男耕女織，克勤克儉，所有服裝，其質料幾於全是國產，縫製亦出自家庭。迄後海運既通，洋貨充斥，世風大變，競尚浮華。檢閱使苦心孤詣，提倡布衣，確是切中時弊，應當緊記。可是，這裏面發生了一個問題。因為，現在所穿的布，以及織布的紗，卻非完全國產，而以舶來品居多。外國人把貨運來，把錢運走，在國家財力上是個很大漏洞。所以，單說穿布，而不深入研究布的本質，看來似是節儉，其實不然！

「因此，我要補充檢閱使的本意，服用棉布，應以國產為主，不要洋布。如果買不到國產棉布，寧可服用國產綢緞。因為買綢緞的錢仍留國內；買洋布的錢流入外人荷包。諸位想想，為了博取節儉美名，而將金錢流向國外，豈是檢閱使的本意！所以，我要奉告諸位：檢閱使的本意是在提倡國貨，但不可因為避免檢閱使的告誡而不穿綢緞。更不可因避免檢閱使的注目，於綢緞織之外改穿其可與棉布矇混的嗶嘰羽毛。因為這類毛織品更多洋貨，較之洋布，其消耗就更大了。

「我所說的，是由檢閱使要我現身說法，我卻不肯服氣而來。對與不對，還請諸位多多指教吧。」

六、客觀報導不偏不倚

這一番話，在馮氏的軍隊中不是沒有人想得到，但沒有人敢講得出。尤其是一個外來的客人，更不便在他的部屬之前，反唇相譏。所以，在座的聽到後來，幾於個個掛上笑臉。馮氏有這點長處，說得對的，他也會坦然接受。就中卻苦了那位當主席的團長，漲紅著脖子。無巧不巧，他那天正是一套嗶嘰製的中山服呢！

筆者按：本人寫此筆錄，今已四期。其中故實，係由李先生口授。李先生自十年以來，病後手顫，迄難作書。而筆者恰需資料，因承其歷歷相告。前輩風儀，自足感人。以我拙筆，不易曲折以赴，其事尚小。但如因此引起誤解，以為李先生自加標榜，則殊引以為懼。李先生曾語筆者：「不問友敵偏向，唯就本身所聞和接觸事實，客觀地予以報導。既不涉人物角色，亦不涉任何黨派成見；以免流於為自己或他人做標榜式的傳記，這就是本人所抱的立場。以前所說亮疇須我陪同回國的緣由及其他須待交代之點，容在下次說明。」

第五章

由王寵惠、鄭毓秀談到孫蘊齋

秦嶺雲按：上文李晉先生講到馮玉祥於笑談中救了羅文榦後，順口提及馮氏駐節南苑情形，已見前篇。按羅案發生於王寵惠內閣任內。王氏離職後，出國擔任海牙國際法庭中國法官，與李先生在巴黎相遇。其時王氏疊接段執政（祺瑞）方面來電，請其回國，主持由華府九國會議後關於我國收回治外法權續在北京舉行的會議。當時在各方敦促下，王氏堅約李先生陪行返國，於一九二四年底前趕回北京。王氏為什麼浼人陪行呢？前文未曾交代。李先生特於談完羅文榦案後，提前予以說明。

一、民初年間出現英雌

李先生先談在巴黎的情形，他說：

我與亮疇（王寵惠）在法國相遇之際，亦正鄭毓秀留法讀完法律博士學位期間，鄭彼時已自赫赫有名了。民初年間，北京有所謂「英雌」一流，以沈佩貞為首，鄭毓秀、唐群英等均為中堅。提倡男女平等，參謁元首，請願國會，要求女子參政。集會演講，震駭一時。在鼎革之頃，當袁項城由清室起用為內閣總理大臣後，一天，袁氏乘馬車到石大人胡同外務部新衙門辦公，途中被人連扔兩次炸彈。卻都沒有打中馬車，只炸死衛隊與平民四五人。隨有大批軍警馳抵現場，搜查刺客，捕獲張光培等十人，事後除張等三人被判死刑執行槍決外，其餘七人統統被法國新聞記者保釋。據說，這個行刺計畫，鄭毓秀便是幕後參加之一人。而那位法國記者，亦是由她浼請出面。在初期革命中，她確曾不避艱險，劍及履及。我們絕不能只看她的一面，而將其對於國家民族的貢獻予以埋沒。後來，沈佩貞因被袁項城收買，在婦女界喪失其領導地位。這批「英雌」，也就退隱的退隱，嫁人的嫁人，逐漸地銷聲匿跡。毓秀於其時遂以官費生去法國留學了。

二、活躍巴黎的鄭毓秀

毓秀胸襟開展，頗富俠義之氣。她的巴黎寓所，不啻為留學生之「家」。吃喝玩耍，幾於應有盡有。她總是敞開大門，一體歡迎，旅法革命領袖及旅遊政要，率多往還款待，來者不拒。遇到尷尬事件，她老是不殫煩、不惜力，代為奔走斡旋，使人感到溫暖。她以亮疇為法學先進，又兼同鄉，自甚親近。我當時以亮疇之故，亦時為其座上客。其時她的學費積久未發，亮疇轉託由我去電儒堂（指王正廷）轉向教育部交涉結果，一次匯到與美金二千元等值的法郎，這是我留巴黎期中對鄭毓秀的小幫助。而平日逛公園、遊名勝、購辦新奇物品，由於她的引導指點，使我初旅花都，不致如墮五里霧中，其熱情亦足動人。這還是小事，更有出人意外者，即當時她在國際間亦極活躍，法國的名流巨擘，她多有所往還。她曾導我往見法國參議院領袖Eulalo。此君在政壇上負有盛名，又因其為美國前國務卿藍辛的妹婿，益見其為重要人物。Eulalo於中國藝術頗感興趣，與我談話時曾提到梅蘭芳，並以梅伶何不來法國在Opra大劇院上演為問。此外，我由毓秀的介紹，又得與法國其他方面高層人士發生接觸。鄭博士的國民外交，於此可以概見。

當時我與亮疇商定，由巴黎乘國際通車經西伯利亞返國。行期既定，適值我的宗弟祖蕙與德國海倫女士須來巴黎結婚，囑我為主婚人。我以不能耽待，特訪駐法國公使陳籙（任先）代表主婚。陳籙於應允後乘便向我說：「鄭毓秀是有丈夫的，她的丈夫姓曾，現在京奉鐵路任職。你和亮疇既屬老友，你得勸她對亮疇不要過分接近啊！」原來毓秀追求亮疇甚力也。

三、土耳其代表一席話

臨發之夕，毓秀為我與亮疇餞行於法京萬花樓（中國餐館）。席間，她向我說：「這回你陪亮疇回國，其實你倆在歐的事都還未了。三個月後，你得陪亮疇重來巴黎。因為，美國前國務卿Kellog轉任海牙國際法庭法官主席，亮疇為副主席，三月後有個重要會議，亮疇必須出席。你得負起這個責任。」這些話配合陳公使所說的，我自懂得其中奧妙。男女間事，借上冠冕堂皇的大題目作為煙幕，說來自是得體。登車之頃，毓秀又再三叮嚀致意。

啟程後，國際列車經過莫斯科時，我與亮疇耽留一下，往訪我國駐蘇俄代辦李家鰲（蘭洲）

老先生。此公已越七秩高齡，白髮銀鬚，道貌岸然。他是清朝同文館出身，特擅俄文，曾任北洋大學提調、哈爾濱江道道引。他和我倆說：「這兩天南方的胡漢民和仇鰲等亦到此間哩！」亮疇聞訊後即匆匆與胡等一晤。我與他們不甚相熟，故未與聞。但有一事不可不記：

李代辦家鰲在使館招待我們時，事前他與亮疇商定，邀請土耳其出席日內瓦國際聯盟代表某君參加。席間土耳其代表發言道：「土耳其自凱末爾執政後，已成為新興國家。這與貴國推翻專制改建共和政體，其歷程頗有相同之點。中、土相距雖遠，但土耳其亦在東方。彼此邦交，以早日恢復為是。在保衛國家權益上，中國在國際間如能幫助土耳其爭回盧撒亞油田，土國亦願在道義上同樣負起支援中國的責任。」大家講的全是英語，故我領會其意而促亮疇注意。其後中、土復交，此即為其導因之一。

四、王寵惠不敢見奉張

國際列車駛過伯力赤塔時，亮疇忽向我提出改道歸國之議。擬由伯力下車轉海參崴，再循海道折往天津。我詢其故，始知亮疇因奉直戰爭後，在吳佩孚授意下，他以內閣總理地位曾下令通緝張作霖。此時列車經過東北，如奉張不忘宿怨，或多麻煩，故不得不具戒心。其所以須我陪行回國，直至此時我才明白其用意。原來亮疇有此顧慮，橫梗胸次，緩急之間，不能不有比較親切的人，以備沿途諮詢計議。我對於亮疇的這種顧慮並不謂然，相信奉張絕不致如此魯莽。何況那時段合肥出任執政，是由孫（南方）、段（皖）、張（奉）三角聯盟創造出的局面。奉張必不致對一位由執政府召歸的大員有所為難。因此，我囑其不妨先向奉張去一電訊，報告行蹤，做禮貌上的接觸。一面勸其力持鎮定，繼續前進。及至列車駛近國境滿洲里，尚未靠站，軍樂之聲，已從獵獵朔風中斷續送來。俄頃抵站，中東路督辦兼護路司令張煥相已自渾身披掛，全副戎裝，登車入室，向亮疇聲稱是奉大帥電諭，代表歡迎總理。禮數甚周。列車離站時，猶見儀隊舉槍致敬，軍樂隨又大作。張煥相且隨車作伴，直送到哈爾濱才下車別去。

可是，亮疇之心，在張煥相去後，復起動搖，仍欲由哈爾濱轉往海參崴。經我勸慰，始罷其議，列車直抵瀋陽。此時到站歡迎的有少帥張學良、交通司令常蔭懷及老友葉譽虎（恭綽）、吳自堂（光新）等多人，場面亦甚盛大。並迎往鐵路飯店，以為下榻之所。不意亮疇猶自心如懸旌，忽又欲由瀋立轉大連，改循海道赴津。窺其用意，似仍存有「於匡」之畏，避與奉張覿面。

五、張作霖特擺洗塵宴

我因與葉譽虎熟商，請其轉陳奉張，在彼此覿面時不提往事，以免亮疇難堪。其時奉張已準備隆重宴會，為亮疇洗塵。我看這個情形，知譽虎已有妥善安排。又在那次洗塵宴的陪客名單上，竟添上亮疇的謝祕書及自巴黎同行而在王景春處任祕書的常小川兩位，陪同赴席。常君氣概軒昂，臨時拉充隨員，大有扮演黃鶴樓趙雲之妙。一面請常蔭懷面告亮疇，已由京奉路特備專車，升火以待，並派親信陪同赴京。經過如此這般的布置後，亮疇在接受奉張款待時，才不致如芒刺在背。奉張自是解人，觥籌交錯之間，態度甚恭，談風亦健。但除世界大勢及國際外交外，絕口不提其他。終席以後，亮疇如釋重負，離瀋赴京。萬里歸程，至此畢事。而我陪行回國的任務，總算功德圓滿了。

亮疇回國後，除忙於法權會議外，同時又困擾於其婚姻問題上。至最後，亮疇仍和訂有婚約的朱小姐在蘇州教堂結婚。其後，鄭毓秀追蹤回國，則已在木已成舟之後矣。

秦嶺雲按：在這些交代說清之後，李先生因以前筆錄上關於他向黃陂建議，復職後以顏惠慶組閣為宜一節中，曾有「黃陂下詢愚見，自另有故，以後再說」等語，亦應乘此做一交代，茲特一轉詞鋒，補述前事，俾其累次所談，皆告一完整的段落。

六、小有天閒話天下事

李先生說：

黃陂復職，其契機實為微妙。因為當時局勢，只有黃陂再起，在法統上始能不相牴觸，在人事上可為各方接受。皖直戰事前後，東海（**徐世昌**）總統雖曾兩度提出南北和議，終因障礙甚多，不得要領。直系在「皖直」與「直奉」兩次戰勝之餘，頗有意於完成統一，亦苦於提不出合法、合理的方案。因此，張紹曾（敬輿）以私人資格，奔走各方，交換意見。其時我因漢冶萍公司有事接洽，來到上海。因與孫蒓齋（發緒）先生私交素切，特在其金神父路寓所問候。蒓齋一見我面，便說：「來得正巧，張敬輿亦正在滬。我約定在『小有天』小敘，同座為孫伯蘭（洪伊）等幾位熟人，請你參加。」我以故舊相逢，欣然應允，同往赴席。

「小有天」為閩幫菜館，所製紅糟雞、油蟹等品，膾炙人口。在座諸友，經過一番寒暄後，我便持螯大嚼，不問其他。而他們則正酒酣耳熱，大談時局。問題既屬廣泛，持見各有不同。議論雖多，但都不著邊際。蒓齋顧我，問：「有什麼意見？」我以不諳政治，無從置喙為辭。蒓齋說：「輿論輿論，原是公眾之言。各抒所見，有何不可？」我在他的誘掖下，仗著酒意，乃透露我的見解。

我說：「目前局勢不斷演變，就中因素很多。」隨看著孫洪伊先生說：「像你就是諸般因素中牽涉到的一人。即以你的內務總長免職事件做個起引，由於小扇子的跋扈，陰謀家的播弄，府、院之間，國會與內閣之間，以及府、院、會的本身，已先醞有不少糾紛。及至對德參戰問題發生，歧見更深，爭執更厲。於事鬧出督軍團干政，張勳出任調人，黃陂被迫解散國會，以迄張勳復辟，黃陂避入東郊民巷等一連串的變故。迨後復辟醜劇雖告撲滅，但河間（馮國璋）的代理總統，實際僅由黃陂冬電授權，暫代職務。合肥（段祺瑞）之馬廠誓師，則在接受黃陂密令復任總理之後。黃陂雖因失去自由，未能行使職權，而其在法統上的地位並未失去根據。事平以後，應以迎回黃陂復位為是。合肥計不出此，且悍然廢棄《臨時約法》，另組安福國會。於是，西南各省，發起護法運動，召集非常國會，成立大元帥府。遂由北方內部之爭，蛻變而演成南北對峙之局。關鍵所在，已可概見。治病必須尋根，下藥求其對症。如能針對癥結，提出主張，就擁護約法、恢復國會、迎回黃陂復職，將二讀通過之《天壇憲法》完成三讀程序，在大法告成之後，依法改選國會與總統各點，努力倡導，似尚不失為探本尋源、順理成章之策。」

七、黎黃陂氣走孫蒓齋

在我說過以後，敬輿便說：「照這樣說，似無須召開南北和平會議，那倒很有意思。」伯蘭亦撫髯謂然。蒓齋則說：「如能通過這個途徑，似乎目標純正，易於著手，不失為殊途同歸的辦法。」其實，我所說的，等於野叟曝言。談過以後，亦即漠然置之。黃陂復職前半個月，我在天津。一天，國會議員郭宇鏡（同）來訪。我始知蒓齋亦已到津，住大來飯店。我去看蒓齋時，他說：「我們在『小有天』的話，如今快實現了。我這趟來見黃陂，希望他在復職後好好地幹出和華盛頓一般的事業來。」當時我除向他讚揚幾句外，毫不在意。後來我回北京，郭宇鏡又來告我：蒓齋走了。我問：「這為什麼？」郭說：「蒓齋一團高興，專程北上，向黃陂報告策動經過，同時又替黃陂出些主意。也許黃陂已有先入之言，反疑蒓齋攬功掠美，又厭聞其告誡式的進言。因此，蒓齋拂袖而去了。」這些情形，我聽後作為新聞看待，亦自毫無容心。

迄至黃陂突然找我，我頗感到驚奇。事後才從黃陂的庶務胡英初口中，得知原委。事緣蒓齋與黃陂談話時，黃陂漫不經意，唯唯否否，似嫌蒓齋言過其實。因此，蒓齋在告別時向黃陂說道：「這些事情，總統如不見信，儘可問明張某（**指張紹曾**）、李某（**指我**）。」據此推測，當時黃陂見召，可能因此一語而來。所可惋惜者，蒓齋從此決絕，以後未與黃陂再見。

為了提到蒓齋，我得把其生平，順便在此介紹一下：

八、模範縣長剪辮放足

蒓齋為安徽銅陵人，出生於貴州，負才自喜。由貴州巡撫朱家寶（**經田**）派往日本留學，回國後隨朱辦事。辛亥革命，他投效武漢，任都督府祕書（**黃陂為都督**）。當時，黃陂函請薩鎮冰停止兵艦砲轟三鎮，該函即出其手筆。內有「誰無肝膽，誰無熱誠，誰非黃帝子孫，豈甘做滿族奴隸而殘害同胞耶！」等句，傳誦一時。從此，黃陂倚之為智囊文膽。黃陂被賺入京時，他任湖北電政局長。聞訊趕往勸阻，則黃陂已早登車待發。他被段（**合肥**）部自車卡推下，竟不得與黃陂相見。事後他顧慮到本身難免被項城注意，又推測黃陂從此再無回湖北的可能，因辭職北上，以覘動靜。時朱家寶適任直隸都督。他去看朱，而項城知他北來，特通過朱的關係邀他入京。會見時，項城面致讚許，曲意籠絡，表示將以大任借重。蒓齋自承革命人物，政治經驗太淺，只能在總統跟前練歷。此蓋婉拒之詞，不意項城大喜，以為他願做京官，擬以閣員相屬。他在謙辭之下，聲稱願從親民之官做起。項城又以為他所屬意的當是省長，當場提出皖、黔兩省，請其自擇。他為表示胸無大志，又以願從州縣小官做起為言，並申說縣政為政治基層，改革政治，應從基層著手，旨在解釋，免遭疑忌。以此，項城雖露驚愕之色，口頭仍自連稱「難得」。並著其就經田轄境內選擇縣份。蒓齋迫於無奈，忽憶《昌黎詩集》中有「明月清風過定州」之句，即以定州為請。亦因該縣地近京畿，可以符合「在總統跟前練歷」一語。項城認為百里之邑，過於委屈，特定為模範縣，許其越級言事，不須拘牽於一般體制。

蒓齋奉委到任後，羅致人才，分任主管，推行新政以及保甲制度。晏陽初即於其時應聘而來，主持鄉村實驗教育。光復伊始，蓄辮纏足，北方尚多保留其舊習慣。我去定縣訪問時，他陪我往遊坿郭村莊，正值演戲。他便跑上戲臺，講演剪辮好處，詢問老百姓是否願剪。待報以同意後，他即吩咐隨行警察，立刻動手，當場剪辮百數十條。他又特准放足女子可以免費入校，並不時率領大足婆娘，登門示範勸說。教化為先，刑賞為後，頗得經術飭治之道。

黃陂第一次繼任為總統後，他曾出長山東、山西兩省省政。他去山西赴任時，把汽車送了給我。他說山西民風儉樸，做官的不須坐汽車，民間好風氣不能予以敗壞。到任後提倡築路，以開發交通為施政先著。山西之號為模範省，他自與有闢劃之功。後來，他曾一度回籍躬耕禮佛。逝世前並以其私有田產捐獻於九華山佛寺云。

第六章

我與黎元洪總統的深厚淵源

本篇為李先生專談其與黎元洪總統的認識，並附以辛亥革命的現場見聞。此在李先生之意：一因以前所談，為遷就事實發展，順口說去，在過程上早已超越黎黃陂在位時期。本文原從黎黃陂復職說起，在體例上自須顧及時間秩序，拉回到黎黃陂本位。二因黎黃陂再度被迫去位後，在津度其寓公生活，已與政治絕緣。李先生既將其於黎黃陂復職後身所涉歷的事故陸續說完，於此就其兩人交往做一總結，亦為應有之義。

一、以武則天喻西太后

李先生於申明上意後，他說：

提到舊事，真是一段古。在說認識黃陂以前，還得從我在北方的經過說起。我去北京，時在庚子事變之後，李鴻章正向八國聯軍議和，西太后尚未回鑾。我是商人，根本不涉政治，先君且以從政為戒。但我個性好交朋友，故所交往的，不僅為當時名流，即清室貴冑、報界人士以及金融人物，亦嘗往返周旋。

革命雖策源於南方，但在北方，其暗流激盪，有心人已早已體認。唯我則仍無所容心。我曾由友人介紹參加以提倡實業為首的「崇實學會」，連帶而及的《國報》。當時該報董事長為顧亞蘧（瑗），翰林出身，曾任六河溝煤礦公司總辦，時任民政部丞參。社長為黎宗嶽（堃甫），時任民政部僉事兼外廳警察分區所長。因顧亞蘧關係，我也被拉充該報董事。該報主筆吳友石（即革命後國會議員白愈桓），在社論中曾以武則天隱喻西太后，因被御史奏指誹謗。輦轂之下，這禍闖得不小。顧等革職的革職，驅逐的驅逐，我亦被累通緝。幸而我以記名參加，因此我雖為名捕中人，始終未被察覺。依然故我，仍能僕僕於京津道上。但此已為我牽涉政治之開端。

宗嶽舉人出身，留學日本學習警察。他原屬革命份子，隸籍安徽宿松，與黃陂卻屬同宗，且屬黃陂叔輩。辛亥八月，我因煤礦業務赴漢口，則宗嶽已在武漢。由於他的引見，我得識革命首要孫武（堯卿）諸君。事屬偶然，時則巧合，我又於無意中躬與武漢首義的一幕。

如前所說，我原非革命陣營中人，對於當時的策畫布置，自不了了。此項史料，談者已多，我不須人云亦云。這裏只就我在場聽到的和人所未談的，略說一下。

二、黎元洪並未匿床下

據我所知，武昌起義一幕，孫武實為核心內的重要人物。為配合「八月十五殺韃子」的老話，原定中秋節發動。不料八月十三夜，孫武在住宅配製炸彈，爆炸受傷，一時陷於群龍無首的狀態。外加祕密名冊又被馮筱竹搜獲，呈獻當道，即將通過租界按圖索驥，指名捉捕，更釀成人人自危的驚慌現象。直至八月十九日，三十一標工兵營熊秉坤轟響第一砲，這革命的火花才爆炸出來。

當時，駐鄂清軍第八鎮統制張彪所部，除第二十一混成協協統黎元洪外，尚有協統王之春。王為浙江定海縣人，其在軍中聲望，似尚在黎元洪之上。首義之後，原擬擁王為鄂軍都督，為王所拒。又因王的住宅在漢口租界，未能加以挾持，乃改而擁黎。事後我曾見到此君，猶見其小辮子仍拖腦後，並未因鼎革予以割棄。

黎氏原習海軍，曾參加甲午戰爭，已見前文。後習陸軍，於張之洞所練自強軍中充任教官。軍制改革，乃任協統。相傳其被擁為都督時，畏葸規避，匿身床下，並非事實。唯其自承不足以擔當大事，再四堅拒，則為實在情形。據聞，當場張振武拿出手槍，加以威脅，又將其辮子剪去，他才勉強地拖著沉重腳步在左右簇擁下前往諮議局就職。

軍興之始，一切草創。年號以黃帝紀元。國旗以十八顆星軍旗代表，所有民軍左臂統纏上白布臂章，不著任何文字圖記。據孫發緒見告，白臂章有其特殊涵義，並非隨便使用。事緣劉伯溫〈燒餅歌〉有云：「手執鋼刀九十九，殺盡胡人方罷手。」按之百數去一，共餘數為九十九。「百」去「一」，其所剩「白」字得視為「九十九」的替用符號。因此，選定白布臂章，以期應合〈燒餅歌〉上廋語，激揚士氣，戮力在九十九把鋼刀之下將所有胡兒除盡。

三、第一次使用假印信

其間曾因軍事緊張，權宜行事，使用過一次假印信。事因其時民軍亟須取得國際上承認其為交戰團體，當由王正廷代表與漢口領事團進行交涉。正廷在東京中華青年會擔任總幹事時，即已加入同盟會。首義前他在長沙湘雅書院教書，故能及時地來到武漢。在正廷依據國際公法與領事團折衝之際，清軍強渡漢水，控制龜山，攻陷漢陽，武昌亦在其砲火直接威脅之下，都督府已搬到武昌郊外卓刀泉辦公，情勢極為危急。領事團於表示接受後，當向王正廷索閱代表身份證明書，以便定議。不謂該項證書，事先並未準備，倉卒之間，無可為應。及待正廷趕回武昌補辦，則都督府已經搬走，馬亂兵荒，一時無從聯絡得上。反之，該項證書，如不及時提出，則功敗垂成，影響極鉅。

在此為難情形之下，權衡輕重，乃由孫發緒決定，採取緊急措施。他原精於篆刻，便把本人委任狀取出作為藍本，將都督府印信依樣勾勒在豆腐乾上，奏刀炮製，刊就一顆假印信，鈐印在臨時繕就的證書上，交由正廷持送領事團驗看。於是，領事團正式承認民軍為交戰團體，成就了王正廷在辦外交上的開山第一功。但事後卻還有人抓住這一項弱點，抨擊孫、王兩人，幸虧黃陂攬在身上，力證事先徵得他的同意，才得釋然。南京臨時參議院成立時，正廷以浙人而膺湖北省代表，於此事不無關係。

三、第一次謁見黎黃陂

武漢首義後，各省紛紛獨立。黎宗嶽即於其時溯江東下，在安徽大通發難響應，成立大通軍政府，被任為都督。而孫毓筠亦於朱家寶出走後前往安慶稱為「安徽都督」。一省之內，各自為政，在光復初期，幾為普遍現象。而因權位、地盤，互相火併，此起彼仆，亦是常有之事。宗嶽與毓筠雖同為革命人物，但派別不同。宗嶽之去大通，原受到武漢的支持，而毓筠則為南京方面所派委。宗嶽以大通介於南京、安慶之間，形勢相當不利，恐被消滅。適我前往訪問，宗嶽因浼我折回武漢，代向黃陂乞援。我乃回到武昌，趨轅晉謁，此為我與黃陂覿面的最初一次。事隔多年，省憶難周。但此一印象，卻未完全漫漶。黃陂的風度儀表，一望便知為持重篤實，平易可親。當時陪同接見的還有兩人：一為革命前輩譚人鳳老先生，一為武昌商會會長徐榮廷老先生。他倆均是滿頭白髮，銀髯胸次飄然。道貌高蹤，猶可依稀想像。

其時，在武漢參加革命的人，有一部分並未掛名黨籍（**指同盟會**）。事定以後，參加武漢首義人物發起組織民社，其已掛名黨籍者亦可加入。我承黃陂器重，受任為直隸省支部幹事長。此後「民社」改組為「共和黨」，該一支部亦仍由我蟬聯。這一組織，與由同盟會改組而成的民黨，名義雖殊，但事實上彼此尚能融洽協和，並不處於對立狀態，以故孫中山先生亦被推為共和黨名譽理事長。但在北洋派看來，則認為共和黨比較國民黨尚可接近。

四、唐紹儀與孫、袁密商

我既回到天津承乏共和黨支部，為了公務，我與直隸都督張錫鑾老先生（今頗）自不免有所接觸。許靜仁老先生（世英）時為督署祕書長，原為熟人。在國務總理唐紹儀辭職來津時，張氏語我，項城總統有意約見，囑我去京一行。聞訊之下，自審與項城向無淵源，事出意外，頗露躊躇之色。張氏似已窺悉我意，他便補充著說：「我可派洋務局顏總辦（世清，號韻伯）陪你去京，隨同晉謁。」我自唯唯諾諾，不便推拒。但項城為什麼召我晉見呢？為使讀者明瞭後面所提的談話內容，我得把當時政局先說一下。

如所周知，中山讓位於項城繼任臨時大總統時，曾提出臨時政府設於南京、新總統到南京受、任新總統必須遵守《臨時約法》等條件。把約法作為約束項城的緊箍咒，其用意自極明顯。但在項城的想法，他的天下是取之於清室，並非取之於民黨——清帝退位詔書上明明寫著「即由袁世凱以全權組織臨時政府，與民軍協商統一辦法」等語，何肯失掉憑藉？他便略施狡獪，通過第三鎮曹錕部下的兵變，反映出北方局面不易維持，作為口實，把南下就職條件軟化下來。但事情並不能由此結束，於是又由唐紹儀居間，分向中山、項城密商，約定：由唐借款五百萬，作為南京臨時政府結束善後費用，將來由項城核銷；南京設留守府，以黃興充任留守；實行內閣制，以唐紹儀為內閣總理，閣員加入民黨黨籍；直隸都督以與南方接近的王芝祥充任等各條款，作為項城在北京就任總統的代價。可是，項城就職後，對於這些條款，有的完全不理，有的反被利用，有的亦僅為局部履行。

五、與袁項城的一面緣

談到責任內閣，以項城的予智自雄，怎能做縛手縛腳的總統？他提出唐紹儀為內閣總理，原以唐是多年老友，可以由他控制，故不妨依約履行。卻不料唐於受任後，竟實行其內閣制而不願事事秉承，這就大出項城意表。於是，府、院之間，始於互致不滿，終則彼此惡化。而從中挑撥的更唯恐天下不亂。有次，唐的座車在街上和段芝貴（**時任總統府拱衛軍統領**）的座車碰個正著，唐的御者竟被段車衛兵抽上幾鞭，要他讓路。段芝貴並不因迎面來車坐的正是「當朝宰相」而稍致歉意。唐在此惡劣環境中，只得留下一份辭呈，悄悄地溜向天津而去。可是，國會卻因此大大起鬨，抨擊項城違背約法，迫走內閣總理。

以上所說，即為張頗老要我由顏總辦陪同晉謁項城時的政治背景。項城於接見時，首先問到我的出身。我對以出身於北洋大學。項城一聞此語，透露幾分高興，摸著鬍子笑呵呵地向我說道：「這麼說來，你還是我的學生呢！」原來，北洋大學曾因庚子事變一度停辦，直至項城調任直隸總督兼北洋大臣候才予恢復，故有此言。經過這段開場白後，隨即道出召見本意。他說：「唐總理是我老友，又是我老同寅，一向推重。此次事件，國會指謫我違背約法，迫走總理，其實是他自動辭職的。我曾一再派人去津挽留，不得要領，也就沒法取得國會的諒解。我知你是副總統（指黎元洪）的人，擔任直隸省黨務。我希望你辛苦一番，跑趟武漢，將我的苦衷代向副總統當面解釋。國家大事，還須副總統提出主張，同負責任。」等語。

當時，我以「年輕識淺，恐未易仰副鈞旨；請派正式代表，由我陪同前往從旁較易斡旋」為言。項城立予接受，轉過頭來，即派顏總辦為其代表，同往武昌。此為我生平最初和最後見到項城的一次。

六、督署過夜剪燭深談

當黃陂接見顏總辦和我的時候，饒漢祥、孫發緒、黎澍（少坪）亦皆在座。顏總辦表達項城意旨後，請求黃陂以副總統立場對於唐閣事件提出意見，以期府、院、會間的相互糾紛得以消弭平息。嗣京黃陂即席徵詢各人意見，饒漢祥以「此時不便出頭以免捲入漩渦」為言，孫發緒與黎澍則認為項城既派正式代表到來，在大事上不能不有公正表示，我亦贊同孫、黎兩位見解，而由黃陂做出結論。其大意以內閣為中樞政令所寄，唐總理一時如難復職，應請總統就現任閣員中指定一人代理。一面仍請總統於唐總理多方懇切挽留，以期打消辭意。直待萬不得已，再由總統依據約法以繼任人選提請國會通過。當場並由饒等將此結論擬成通電，分告各方，俾顏代表得以回京覆命。按之此一通電，立場確不失為公正。唯其中指定閣員代理一點，不啻為項城開一方便之門。

當晚黃陂留我在督署過夜，屏退左右，剪燭深談。黃陂於詢問北方情形後，不禁慨然。但又認為各省正在紛亂之中，一個有才幹、有擔當的如項城其人，在目前政局上確不可缺。只恐其別有懷抱，得寸進尺，釀成與民黨衝突的局面，則為可慮。而據跡象推測，項城似在苦無藉口，正待衝突局面發生。如果民黨不能審度利害，持重自制，勢將造成項城用兵機會。憑其多年畜養的軍力，恐非民黨所能抗衡。瞻望未來，正是滿途荊棘。我見黃陂觀察時局亦自深銳，當以準備實力保障共和為請。黃陂則以「養兵愈多，民力愈困，區區湖北一省，從何準備？」為言。

七、建議組織中堅力量

至此，我乃以露骨之詞，乘機進告。

我說：「南北反目，眼前正在開始。如果局勢演變，恰如副總統剛才所言，我恐項城在對南方用兵得手之後，副總統亦將無法倖免。湖北一省固不足以資展布，但其他各省亦盡有其疑懼徬徨。如能以武漢為重心，聯合同志，組織中堅力量，預據於舉足輕重之勢，然後執中調和，消弭隱患，其作用豈不甚大？以副總統締造民國的功勳聲望，事並不難，還怕無人響應嗎？」

黃陂聽到此處，似有所觸，不禁脫口說道：「事倒是有的。四川劉存厚等向我曾有表示。湖南譚延闓亦曾以兩湖協助辦法，提出商榷。最近，陸榮廷派張其鍠來此聯絡，人尚未走。」

我於是抓緊這些事實，繼續發言，勸以：「他們既經先有表示，更當把握機會。副總統體恤民力，不存野心，固自值得他人效法。但在國家大事上，以地位論，副總統不能無此擔當。果能居中策畫，相信黔、滇等省，均可成為後盾。」

此夕深談，尚未完結。黃陂是否有動於中呢？且待下回繼續說吧！

秦嶺雲按：上文李先生談到其與黎黃陂一夕深談，勸以組織中堅力量，在北洋派與民黨間取得立場，以期執中調和，消弭國家隱患；黃陂聞之頗為動容。但能否採納所言，從事策畫，則李先生僅盡進言之雅，其他從不考慮。據李先生說：當夕談到後來，黃陂歷數並世人才，對於陸榮廷派來北京的張其鍠（子武），以其為進士出身，曾任湖南「南武軍」統領，文武兼資，深致推重。次日，黃陂備筵款客，主賓即為張其鍠，我因得於席間承顏。乍見初逢，未便言深。自份一知半解，只能在黃陂跟前攄其愚忱，何敢於稠人間妄發議論！以故當日燕遊之際，我於子武僅表欽慕之忱，不及其他。第三日我即匆匆遄返津門。

八、張錫鑾出示兩委札

我此行原受項城之命，為唐紹儀內閣問題，陪同其代表顏世清總辦就商於黃陂副總統。黃陂既將通電發出，顏代表亦先返京覆命，我的任務即告完成。故我回津後，不僅不須去京，即直隸都督張頗老（錫鑾）處，我亦無趨謁必要。但頗老知我回津之後，卻又折簡招邀，在督署設筵款待。屆時我應召而往，循例先在傳達處投下名刺。門吏見我渾身裹著西裝，尚不失為一有體面的新派人物。但門外並無高車駟馬，僅有洋車一輛，故於我的身份仍似懷疑。他把我名刺　上一眼後，一面持往通報，一面大剌剌地說道：「老帥今晚請客，見與不見，你就在此耽待一會吧。」過了半晌，只見這門吏更高聲喊道：「李大人請快，老帥迎客。」隨聽到一片吱吱呃呃聲自花廳響到儀門，所有中門，次第打開。張頗老在擁簇之下，緩步而前，踱到大堂，攜著我的手兒並肩而入。這時，鼓樂手吹吹打打，戈什哈分廂站班。那一份滿清時代的官場習氣，雖在改朔易服之後，依然如故。

當時，同席的為督署祕書長許世英、洋務局總辦顏世清、鹽運使張弧等人。頗老的少君師黃，時任直隸官書局總辦，亦在陪座之列。他在嘴唇上留蓄一撮黃鬍子，比起年齡，他還長我一大截，卻謙遜地稱我「老叔」。顏老以我往返奔馳，為國效勞，慰勉之餘，並許結為忘年之交。詞意深厚，大使我跼蹐不安。

席散以後，頗老囑我隨其去簽押房小坐。他從抽斗內取出一卷悼亡詩來，要我鑑賞。我於韻語非所素習，又不便冒充行家，隨手翻閱，支吾以應。稍間，他又從抽斗內取出兩道委札來，一為委充臨城煤礦督辦，一為委充井陘煤礦督辦。他鄭重地向我說道：「這是出於總統的意思。總統知道你是辦礦的。駕輕就熟，為事擇人，所以總統要我借重老弟幫忙。」至此，我在跼蹐不安下又感到驚愕無措。自審這趟武漢之行，隨份奔走，談不上尺寸之功。即使項城賞識於牡牝驪黃之外，我在直隸擔任共和黨支部，亦不便接受公職，貽人口實。因此，我委婉其詞，聲明萬萬不能奉命。並將兩項職務，分配於許祕書長及顏總辦。頗老見我詞婉意決，始允照辦，我才如釋重負。

九、共和黨的五項決策

過此不久，頗老於某日侵晨跨馬而來，降貴紆尊，到寓下訪。見面以後，他連聲向我道賀，手捧三等嘉禾章一座，云是總統頒給。我仍堅決不受，頗老也就無可奈何。頗老旋說日前新任英領事曾到督轅，做就職訪問，今天正擬回拜，要我陪往，藉充翻譯，我自欣然承命。出門後他詢知我尚能騎馬，即另備馬一匹做我坐騎。頗老前任東三省東邊道時，曾招撫張作霖、馮麟閣等響馬。身手矯捷，有「快馬張」的徽號。現雖年越七旬，英雄老去，而據鞍控轡，顧盼自如。我亦不弱，徐疾之間，尚能追陪得上。比之日前在其簽押房內讀悼亡詩，輕快多矣。

抗戰軍興，我在重慶，章乃器介紹徐梗生（亮之）過訪。梗生在經濟部任職，整理檔案。相見時承告他在檔案中，發現我當年所具的收回六河溝煤礦說帖內，項城曾在我姓名上以硃筆密圈云云。此中情形，我向絕無所知，梗生道出，自是可感。因此，想起項城曾有撥款五十萬兩交由我向外人交涉收回該礦之議，或與此項硃圈有關。這些瑣屑，原屬明日黃花。信口說來，只說明一般經過而已。

如今談到正文：那夕我與黎黃陂深談，是否對他有所影響呢？據我所知，其後黃陂曾召集其幕僚人物做出如下決策：

（一）共和黨中樞必須有能力團結各方，推由張大昕、黎宗嶽赴京擔任聯絡工作。

（二）調回孫武協助理事長（**黃陂為共和黨理事長**），安定內部並向外與各省軍事當局籌畫集中實力。

（三）與南京江浙聯軍方面取和協態度，並調停孫（**毓筠**）、黎（**宗嶽**）間的衝突。

（四）對項城以公正態度，策進統一。

（五）湖北省財政、經濟，以開源節流為原則。從整理原有事業、培養民力、開發實業著手。

以上諸端，我曾稍有參預的最後一項，其經過有如下述。

十、第一次雙十節之憶

先是辛亥革命後第一次雙十國慶紀念，由於黃陂號召，即在武昌首義之地，舉行全國性的盛大慶祝。項城特派朱子橋（**慶瀾**）先生為總統代表，另派張季直（**謇**）先生以農商總長資格作為政府代表，相率南下參加。事先黃陂來電，囑我招待兩位代表同來武昌，在專備花車中，抒情暢談，這是我和朱、張兩老發生關係的開始。他倆到達武昌後，黃陂指定「乙棧」地方作為行館。承張老見告，這「乙棧」是有其來歷的。它原為張文襄公（之洞）所辦絲、布、麻、紗四局所在地。其後瑞澂繼任湖廣總督，即委託張老主辦其事，訂有合同，改名為大維公司，繼承四局遺緒，以擴展湖北實業為務。革命軍興，業務無從進行，而合同猶未解除云云。國慶節過後，黃陂設宴為兩老餞行，乃即席向張老提出此事，擬由湖北人收回自辦。張老以從前改組，題名「大維」，本寓大家維持之意。原始是湖北地方事業，收回自辦，自表贊同，當將原有合約放棄。因此，其後黃陂委託徐榮廷先生主持承辦，定名為楚興公司。除就原有基礎分別恢復擴充外，他如應城石膏、鄂城煤礦，以及準備收回漢冶萍礦局而由孫武主持其事，均經楚興次第發動。馴至後來的裕華、大興、第一等紗廠，謂其出於楚興公司的根源，亦不為過。但在時局動亂之際，黃陂能著眼於厚生利用一途，以期與民休養生息，其用意自不可及。

十一、章太炎推崇黎元洪

至於黃陂生平大事，除民十一年復任總統，我曾偶然身歷其事曾於前文有所申述外，他如：民三，項城以「霸王請客」方式，他被騙賺入京；民五，項城死後他以副座即任總統；民六，他以張勳復辟去職；以及最後民十二年，他為曹錕所逼再度去位；這些事故，我都從事後得知。並世談者已多，我無重提必要。這裏只就其有關事蹟，摭拾如後：

民元年間，章太炎在北京《新紀元報》發表一文，描寫其到武漢與黃陂見面後的觀感，內有「黎公年四十九，體幹肥碩，言詞簡明。祕書、參議衣服不華，每日至黎公座次關白文件，一席之間八九人，皆執連柄蒲葵扇，黎公亦時握焉。其所著西裝制服，以粗夏布為之。以大都督以至州縣科員，皆月支薪二十元」等語，推崇之意，溢於言表，出自樸學大師的筆底下尤不易得。黃陂在預辭正式總統通電中有云：「沉機默運，智勇深沉，洪不如袁項城；明測事機，襟懷恬曠，洪不如孫中山；堅苦卓絕，一意孤行，洪不如黃善化（興）。」這些自我批評，話出本心。衡以其後本身遭遇，正是搔著癢處。

十二、饒漢祥受知充文膽

饒漢祥為遜清舉人，與黃陂雖屬同鄉，但無淵源。光復前後，他正旅食武昌，蹙蹙靡騁，由於友好介紹，他乃以文字受知於黃陂。初任都督府內務司長，因民黨中友人揭發其為癮君子，他嚇得不敢就職，逃回原籍廣濟。後由黃陂把他找回。民二，黃陂保舉他為湖北民政長，他因省議會反對，再度回籍，又仍由黃陂把他找回。如前文所提，黃陂通告文電多數出於他的手筆。在國體初更文風未變的當兒，他以為民請命的心情，做垂涕而道的呼籲，筆仗縱橫，文詞優美，大大地適合於一般的遺老、遺少的口味。從而使人感覺到黃陂和藹謙虛，以國為重，確曾因此提高其在民間的聲望。但饒氏究竟是科舉出身，碰上這史無前例的大變化，又從書報上看到古籍不備的新名詞，於是涉筆之間，有時不免運用失當。猶憶當時書報上曾載有這麼一副聯語：「黎元洪篡袁克定；饒漢祥是巴黎人。」雖為遊戲筆墨，卻正揭露出他的濫用詞類。上聯因他代擬黃陂就任副總統的通電中有「元洪備位儲貳」一語。按之「儲貳」一詞是專指太子而言，如果以副總統媲並儲貳，則黃陂豈不降為項城的冢嗣？其為比擬不倫，自貽人以篡位之誚。下聯是他本身就任湖北民政長的文告上有「漢祥法人也」一語。在他原意是指法律上的職位而言，但在修辭上他一味拘牽於文字的簡練，以致以詞害意，鬧成笑話，被人把他作為外國人對待了。

十三、阮忠樞當面呼王爺

黃陂被賺入京後，已成為政治上的俘虜。故在項城籌畫帝制時，他自無力做正面的反對。只有消極地一再請辭本兼各職，以其擺脫一切。及至項城正式接受帝位，冊封他為武義親王時，他的內心越發難受。因此，在那一段期間內，他對任何人都少開口說話，竟如泥塑木雕的一樣，十足地應驗了「菩薩」的徽號。記得冊封令上似有「帶礪山河，與同休戚」等一派鬼話，彷彿丹書鐵券。黃陂視若無睹，始終置之不理。項城曾派一位承宣官帶同裁縫為黃陂度身，代製龍袍，黃陂忍無可忍，將承宣與裁縫一併攆走。劉成禺、郭泰祺曾透過隨從祕書劉鍾秀與黃陂密洽，擬鑿穿黎邸圍牆，於夜間將黃陂接出。惜事機不密，被袁克定偵悉後，派人日夕窺伺，只得作罷。項城還不死心，又派阮忠樞不時往候，察看動靜。阮竟恬不為恥地恭稱他為「王爺」。黃陂臊紅了臉，實在耐不住了，霍地起身，向阮拱手說道：「你家包涵點，切不要這樣罵我。」羞得阮忠樞踉蹌而退。

十四、誤將投機當作實業

黃陂於復辟後，寄寓天津。辱承看重，不時招我往談。一次，他面有得色地向我說道：「辦實業比做官好得多。前些時虞洽卿來津，要我投資於他的交易所。我認股五萬，實際僅繳半數。一年不到，他寄來股票五萬，又匯到現款十五萬。如果做官，一輩子也掙不到。」我聽後覺得此公過於天真，誤把辦交易所和辦實業混為一談。當時，我便將這兩樁事業的區別詳細說明；並告以上海的交易所，專營投機，有如賭博。由此興家創業的固有其人，由此傾家蕩產的更不在少。他才體會這些錢的來路不甚光明，但又已先函虞道謝，頗費躊躇。於是，改變方式，以全部股款及現款五萬元交虞經手捐與上海紅十字會，另現款十萬則捐給天津南開大學。據我所知，黃陂身邊經常帶有一本小冊。其全部資產，謄列在上，總額不過六十萬元。其中收入最大的一宗，即為他入京後項城規定的副總統月俸一萬元及每月辦公費二萬元，當時他未領過。直待他繼任總統才一次領到，以故為數可觀。此外，則為投資各處廠礦的紅利。民初年間，政潮迭起，而論到個人操守，則這般革命份子，固不失為廉隅自矢呢！

十五、天津哭祭傷感難禁

我生平引以為榮而終身不忘的，就是在黃陂總統逝世時，我去天津哭祭。見到辛亥跟隨起義而來津弔奠的都願全身披白，我自然要求白袍、白腰帶。是時，黎重光方從外國回來，未諳禮俗，不便做主，一切唯其宗叔少坪是賴。少坪與我私交甚厚，囑咐重光請示其太夫人。夫人說：「你父親常提及李逸生是不平凡的青年，所以對他主持的實業，投下了一半的積蓄。你父親看重的人，想必不錯。你把你父親生前的話告訴少坪叔，叫他看著辦好了。」

經此指示，我榮幸地得以孝服成禮。事隔數十年，猶自傷感難禁。從而追憶前情，尚餘隱疚。黃陂在位時，有次元旦，政府公報發表嚴修、李晉給予一等大綬嘉禾章。我認為黃陂對我以世俗之榮，籠絡羈縻，置之不理。及至聽到太夫人和重光說的一番話，我當時的任性負氣，確是過於不近人情了。只有對以後遇有政府榮施勳章之典，抱定永不接受宗旨，以謝黃陂當年的榮寵。猶憶黃陂晏駕時，其所豢孔雀於當夕以頸部鉤掛在銅梗上，自縊而斃。物尚如此，何況於人！羹牆之悲，故將以終吾生了。

第七章

唐紹儀與袁世凱交惡記祕

由於上文曾提到唐紹儀氏（少川），李晉先生特於本篇專談其所知唐氏的掌故和私人交往。他於唐氏以越七高齡被刺身殞，致其友誼上的愴痛後，回想一九一二年唐氏在天津「新銘」輪船上幾被黃禎祥擎槍刺殺之一幕，當時他正在場。此一似是而非的刺客從褲袋掏出的兩柄手槍，並被他和顏世清總辦合力揿住，才把這突如其來的暴行化為有驚無險。詎料事過三十年，風雲不測，唐氏仍不能保其考終。多少英雄，浪花淘盡。娓娓說來，更另有一番傷感也。

一、袁項城對唐深相結納

李先生先以回憶的神情，補充地說明唐氏當年任內閣總理期間因與袁項城無法合作，留下辭呈，溜去天津以前所處的環境（**詳情請參閱《春秋》雜誌一一六期**）。他又指出唐氏在前清光、宣年間服官的經過，所有路、礦事業和外交、交通人才，不少係經唐氏手上培植援引出來。過去，唐與袁項城具有深切關係。甲午前後，唐已獲李合肥（**鴻章**）之識拔，參與北洋大臣兼管的各項新政，號稱「洋務大家」。嘗與項城在朝鮮共事。合肥故後，項城繼任，益加推重結納，相與表裏。項城以老友可供利用，故在就任臨時大總統後，即以唐氏為國務總理提請參議院通過。但唐氏是曾國藩時代由容閎率領第一次出洋留美學生中的翹楚，西方民主制度在他生活中早經有過體驗。他既任責任內閣制下的首任總理，他當然要執行《臨時約法》上所賦予的職權。他又是同盟會的新會員，南北一切協定事前都經項城允諾，他固宜盡期溝通和協之功而不欲偏差過遠。由於這些因素，他在處理政務上自不能完全符合於項城的意圖。從而引起項城的不滿及其左右的中傷，始則發生齮齕，終則難安其位，自亦為必然的結果。

二、忍無可忍一怒摜紗帽

據說，唐氏出入公府（**即總統府**）的時候，項城的左右在他背後指指摘摘，待他行近時又裝成怪臉給他個「不堪承教」的禮貌。有時，且故意以不高不低恰使他聽到的聲調佯相問答，甲說：「總理多威風啊！攝政王也不過如是吧！」乙說：「這何消說，他外挾革命黨勢力，老看不起咱們的總統呢！」這些不倫不類的話兒，不時吹進他的耳中，他懷有輔導項城革故鼎新與維護共和政體的抱負，總以為小人們的閒言閒語，聽它不得，從不計較。及後他因一些公務和項城有所辯論，項城突喊著他的名號說道：「少川，這總統還是你來幹吧！我老了，不中用了。」那份凌厲的詞鋒，兀自把唐氏說得目瞪舌結，不知所措。他才憬悟到那些左右的怪模怪樣、冷嘲熱諷，並不如他所想像的那麼簡單，可以說經過授意後的表現。項城於他的不滿是由來已久了。

在內閣中他所遇到的尷尬局面，內務總長趙秉鈞的絕不出席國務會議最為露骨。所有內政部重要公務直接向項城請示，自成系統，對於唐氏視若無睹。次之，即為財政總長熊希齡，遇到某些撥款意有未愜時，輒以侵犯財政職權為詞，橫加掣肘，不惜在閣議上時起爭執，使唐難堪。最後，為了前文提過的任命王芝祥為直隸都督問題，項城在違背信義與弁髦約法之下，與唐氏起了正面衝突。這才迫得唐氏忍無可忍，不得不摜紗帽向天津一溜。

事緣王芝祥督直，原是南北和議中暗盤條件之一，項城曾予同意，唐氏且經電邀芝祥來京面洽。可是，直隸總督為靠近京畿的重寄，芝祥為與南方接近的份子，論地、論人，項城絕不願以要津畀非其類。初時，他的同意只是虛與尾蛇，原非出於本心。及至事到臨頭，他就顧不得輕諾寡信，運用手腕，製造變局。他一面嗾使直隸軍人聯名通電反對王芝祥督直，一面又擬派王芝祥為南方宣慰使以事敷衍。他明知唐氏是要反對的，他便逕自把任命王芝祥為南方宣慰使的命令公布出來。按之《臨時約法》，總統命令須經國務總理副署才能生效。現在項城逕自發表，不令副署，可見在他的心目中，約法等於廢紙，國務總理直如傀儡。到此境界，唐氏還能模稜兩可嗎？只得一溜煙地跑到天津去了。

三、「新銘」輪遇刺驚險緊張

李先生說到這裏，順便又將唐氏當年在天津乘「新銘」輪船遇刺的經過，講述如下：

在唐氏乘招商局「新銘」輪離津去滬的那一天，有黃禎祥其人亦於同日同船南下。黃為四川雅州人，武昌起義時任湖北都督府衛隊長，其右臂曾因作戰受傷。來京後，項城曾頒給勳章及軍刀，並贈以題名照片及紅狐外氅。在項城小施籠絡下，他已是受寵若驚，頭輕腳重。那天，我在德義樓宴請共和黨當選議員，因黃亦隸籍本黨，故亦邀其赴席，以表餞別之意。宴畢，我和袁克文、顏世清同去「新銘」輪為唐少老送行。因黃住該輪官艙，而少老住大菜間，因先到黃的官艙房間小坐。及我們要到大菜間去向唐送別時，黃請我們帶他往謁少老，以期一路上得以承顏請益。這是人情之常，不虞有他，我們欣然應允。我們登梯走向大菜間客廳時，梁如浩、顧維鈞等已先在座，少老口銜雪茄正從房中踱出。我們向少老握手寒暄後，分開站立，散作扇形，俾黃得以趨前展謁。正擬為之介紹間，突見黃的兩手從左右褲袋中，擎出兩柄手槍，面對少老，一面嚷著說道：

「你這忘恩負義的。總統待你不薄，你怎的棄職逃走？今天碰在老子手裏，饒你不得！」

當時，我正站在黃的前面，顏世清擎著雪茄站在黃的右手。說時遲，那時快，在他扳機欲放間不容髮的當兒，我回身趕緊把他的左手抓住，將槍口方向拉偏。顏亦忙不迭地抓住他的右手，如法炮製。黃的右臂原是受過傷的，可巧顏的雪茄煙，急忙間在他的右臂上無意拖過，在煙灰紛紛墮落後，那燃燒著的煙頭脫穎而出，恰把他灼炙得如殺豬般直叫。在這相持之際，我們口手並用地向他喝阻著說：

走？」

「不要胡來。這是租界地，不容逞兇撒野。唐總理去上海，總統早經知道，誰說是棄職逃

四、顧維鈞做了護花使者

黃仍咆哮地嚷著：「怎的不是？如果總統知道，怎的總統不曾告訴過我？」這派胡言說得人匪夷所思，顯見其為一無知的狂徒。我便反詰著說道：

「為什麼總統要告訴你呢？猶之你的行蹤，總統也會轉告別人嗎？反轉來說，如說總統不曾知道，怎會有他的公子前來送行？眼前站著的不是袁二公子嗎？你總可以明白了吧！」

其時，少老由袁克文、梁如浩陪著站在一旁。看他手裏雪茄的顫動哆嗦，已足表露其受驚的深度。黃禎祥經這番制止和勸解後，似已如夢初覺，兇相漸斂。我和顏世清知凶險已過，於是放開他的雙手，把他推在椅上，他也就把手槍納回褲袋。我們旋把圍看的閒人勸退，就中卻單不見了顧維鈞。他所熱烈追求的唐五小姐，初在房中，嗣聞喧鬧出房，恰碰上驚險鏡頭，花容失色，幾致暈厥。在大家手慌腳亂之下，她正缺少一個扶持慰藉的人。好在緊張局面，為時甚短。唐乃吩咐僕歐，趕備咖啡端上，請大家圍坐餐桌，把氣氛逐漸鬆弛下來。

至此，少老的驚魂漸定。黃禎祥則轉似愧悔不勝，結巴巴地表示歉意，少老亦遂稍假詞色。我們從旁敷衍著話兒，正待將黃帶走，不謂一波剛平，一波又起，顧維鈞已率領英租界警官前來

捉人。論事：似黃禎祥這般荒唐，置之於法，原不為過。論人：黃究竟是中國軍官，少老身份則更高高在上，事態擴大，諸多未便。經向英警告以適因言語衝突，並無嚴重事故。但英警則以黃挾械行兇，未肯罷休。終經少老親向英警解釋，事已過去，不須有勞警方干涉。英警始於行禮後率警撤退。我們亦向少老告辭，將黃拉回官艙。我於袁、顏等登岸上了馬車後，旋返該輪，提議少老不如換船南下，以免沿途另有嚕囌。少老深韙吾言，囑咐從人，收拾行李，當夜離輪回寓。

五、激怒菩薩險些開殺戒

事後，有人懷疑黃禎祥為項城所派的特務，未免想入非非。以項城之精警，何致招羅此類蠢材。反轉來說：如果黃禎祥確受項城指使，絕不致明目張膽，開口總統，閉口總統，自行暴露身份。又有人目黃禎祥為游俠一流，那更離題太遠，把游俠看得一文不值。大概在時代大變動當中，就少不了這類鹵莽滅裂的狂狙，憑著悻然之氣，盲目行動，以求一逞。這可從黃禎祥以後的輕舉妄動得到證明。

據我所知，後來黃禎祥被湖北軍事法庭審決了先殺頭後充軍還不足以蔽辜的極刑。事因湖北都督府門外曠場，停厝有革命先烈彭楚藩遺柩。黎元洪下令把它遷葬原籍，不知怎的卻惱怒了黃禎祥。他公然喝阻不准遷移，一面高聲向督署喊罵：「黎元洪是什麼東西。他如膽敢和老子作對，叫他不要後悔。老子白刀子進，紅刀子出，請他做彭烈士的陪葬鬼！」黃陂聽得耐不住了，下令把他逮捕，交由軍事法庭審訊。黃原是無惡不作的人，以往強姦婦女、魚肉鄉民、私設刑具、毆斃佃戶等惡蹟都一一招認出來。按照軍律，有的應處極刑，有的應處終身監禁，有的應處一等有期徒刑。總括地說，黃禎祥的一個頭是不夠殺的。幸虧孫武、黃興等念其在起義時不無微勞，接二連三地為他求情。黎黃陂礙著大面子，才允貸其一死，改為監禁六個月後解回原籍，交由當地官廳嚴加管束。

六、託我退回五萬元支票

過此以往，少老多在南方，我則因業務往返於華北各地。彼此睽隔，覿面緣疏。及我因參加中山先生奉安典禮，前往南京，與少老同住在王儒堂兄之薩加灣寓邸，始得暢敘一時。少老於「新銘」輪一幕，記憶猶新，到處為我譽揚，我乃得見革命元老陳少白先生。又承少老推重，我得於執紼時忝以中山老友身份，與陳少白先生、犬養毅先生及少老本人同其行列。其實，我於中山先生，過從尚少，只在陪同其赴并途中，一度親聆謦欬而已。

「九一八」前，少老移寓上海，時王政廷任外交部長，擬請少老去美進行國民外交。王氏備就專函及五萬元支票一紙浼我送往勸駕。少老似亦已從他方面預得消息，知此事純出於王氏謀國之忱，而未為權貴所諒解。少老坦白地說：「外交部是窮衙門。儒堂從經費中湊集五萬元，來路不易。辦外交是要花大錢的，尤其是在美國。這五萬元已盡其竭蹶以赴之能，在我尚感捉襟見肘之苦。與其寒酸地在國外丟臉，一動還是不如一靜的好。就煩你將款持回，並轉告儒堂說我決計不去了。」

「八一三」中日戰事發生後，上海旋告淪陷。在少老遭難後始經錢新之提起，當局曾派錢新之齎款往訪少老，請其離滬去港，少老未予接納。嗣吳鐵城又派馬坤前往，重申此議。馬坤為中山先生副官，自傲為白種人，高視闊步，在少老跟前道長論短，惹得少老一肚皮氣，當場把他送來的支票撕成碎片。馬坤討得一場沒趣，踉蹌而走。其時，少老流連上海，初非別有懷抱。只因家庭瑣屑，與其當年割鬚求婚，此際寄寓香港的夫人似有誤會未釋，不欲面受奚落，故仍棲遲滬上，未遽南來。迨後群魔飛舞，優孟登場，溫宗堯、陳錦濤等不時出入其門，以致謠諑蜚揚，成為標的。皓首衰齡，慘遭犧牲，只有付之我佛的「不可說」了。

第八章
曹汝霖其人與二十一條

筆者此次往訪李先生時，他正在披攬香港出版的《天文臺報》。他指出曹汝霖（潤田）先生所寫回憶錄的一段囑我閱讀。其文曰：「我素無積蓄，遂將記石橋住宅租與外人，遷回松樹胡同。……司法部成立，新訂律師條例，法庭訴訟可延律師。余即請領律師證書，尚是第一號」云云。李先生於我過目後乃說：「上次，我們談的為唐紹儀氏，唐是外交家。現在，沿此線索我們來談潤田。潤田既自寫其回憶錄，源源本本，親切有味，原無須我的隔靴搔癢，畫蛇添足。但其一生之事也許有不願說出的。我的所談，或可作為註腳與補充。姑以其素無積蓄改業律師而言，這裏面便參雜著他和我的一段經過，我們就從這一點開始吧！」

一、一千七百兩銀的私蓄

李先生首先於曹汝霖的品格發表其個人的觀感。他鄭重地向筆者說：

潤田持躬接物，不失為忠孝厚道的人。我與潤田相識，早在清末年間。其時，清廷為了籌建資政院，準備大興土木，並決定採用德、美兩國國會格式，畫則師為德國人。潤田為此一工程主持人之一，而吾友周啟濂亦即以留德博士資格與役期間。我由啟濂介紹，因得與潤田訂交。入民國後，政體由專制改為共和，制度由守舊轉為維新，但傳統上的習俗依然牢不可破。潤田以第一人請領律師證書，在舊社會看來，律師等於刀筆，頗受歧視。潤田不囿於世俗之見，獨闢先河，以保障人權引為己任，其抱負可以想見。但由此卻連帶地發生另一問題，即當時打官司而延請律師，是屬於破天荒的事，是否有人請教，殊無把握。如須仰仗律務上的公費，作為生活上的澆裹，恐將陷於「向天打卦」，不易維持。潤田乃將其僅有的積蓄紋銀一千七百兩，託我運用，俾資挹注。自言其每月支銷約需二百元至三百元，如獲此數，足夠敷衍。

按潤田於清末即已服官，雖非顯要，卻屬大員。而政海浮沉，宦囊無幾，大大出我意表。其每月所需，數亦不鉅，又想見其生活的簡單樸素。因此，我極心儀其人，樂於接受。將其交到款項，投放於我所創辦的煤礦公司與晉豐公司，妥為經營。一面按月給以二百五十元作為家用。及至六河溝煤礦向外人收回自辦，即推請其為第一任董事長。如此多年，這一千七百兩經長期運用和累積，除各年家用外，其股款已變為三十萬，對於潤田的經濟不失為鉅大幫助。其後，潤田重登政壇，碰上袁項城與日本簽訂二十一條條約，以致謗被天下，身被惡名。但我就此一過程看來，深信潤田於清季尚能硜硜自持，俾不致於入民國後喪盡所守。乃竟集慫蒙謗，無以自明，也許是時代使然吧！

二、袁世凱幻想以夷制夷

關於二十一條的提出簽訂，是在一九一五年一月十八日至同年五月九日這段期間。其時我適赴東北籌辦殖邊銀行，離京甚久，未嘗與潤田有所接觸。但當時的背景有可得而言者：先是歐戰發生，日本人利用對德宣戰之名，破壞我國的初期中立，並以消滅德國人在遠東的勢力為幌子，揚言以攻占德國人在我國的租借地膠州灣和青島為目標。但其在戰略上卻先向萊州半島進侵，逐步沿膠濟鐵路向西發展，先後占領了山東的濰縣、青州以及濟南等火車站，其居心叵測，以囊括山東全省為目的已可概見。它在達成此一指標後，作為日俄戰爭取得東三省特權的伏著，旋鑑於歐戰正酣，英、美各國，無暇東顧，正是排斥西方，夷中國為朝鮮第二的良機；又因袁項城籌畫帝制，並不因國難當頭，中止活動，乃指使其駐華公使日置益向袁項城做出有力的暗示和慫恿，日置益曾私下向袁表示：「中國如向日本表示善意，做皇帝並沒有什麼不可以。」這「善意」兩字是暗示項城只須向日屈服，則無事不可商量。而這些話兒卻說中了袁項城的心竅，起著慫恿的作用。於是，日本人即運用歐洲大戰的機會和項城稱帝的企圖，作為它向中國進行武力威脅和外交訛詐的工具，而二十一條亡國條約遂由日置益向項城當面遞交了。

袁項城在外交上秉承清廷傳統的法寶，採用所謂「以夷制夷」的策略，以為日本如此做法，顯然已打破了列強在中國的均勢，英、美必將起而反對，滿腦都是幻想。哪料歐戰期中，西方國家正須借重日本為其照顧東方權益的前衛，不得不遷就忍讓，形勢已大不同。以故美國當時對此問題僅以「在華權利不容變更」為立場，並不做進一步的表示。英國駐華公使朱爾典雖自承為袁項城的老友，與中國有四十年的關係，而在日本政府向項城提出最後通牒時，他特地跑到外交部，竟直率地告以西方國家無力東顧，除接受日本所提條件外，中國別無自處之道，作為懇切的勸告。試問以當時中國的積弱，英、美一味地主張妥協，內無準備，外無奧援，佛腳難抱，幻想毀滅，在此情形下，除出現奇蹟外，還有什麼路好走呢？

三、曹汝霖力主對德宣戰

此時的外交總長為陸徵祥，次長為曹汝霖（**潤田**），駐日公使為陸宗輿。參預此一機密者，除袁項城外，即為此三數人。潤田為留日學生，擅長日語，當然他所負的任務獨多，因此外間肯定地指為日方收買的人。事到如今，將及五十年。寫內幕文章者，大有其人。而管窺臆測，誰能指正？也許留日頭銜和流利日語為啟人疑竇的重大因素吧！反之，據我所知，潤田於解除二十一條桎梏卻曾抓緊機會，提出建議，不斷地設法推動。當年我國對德宣戰一案，北京城內，曾因此連串地鬧出大風波。段合肥（**祺瑞**）始終一力堅持參戰，而潤田即為其幕後策畫的原動力。我在本刊（**《春秋》雜誌**）第一一八期〈迎段祺瑞南下側記〉一文中，對此點曾略有說明，但語焉不詳。按之當時歐戰形勢，雖勝負分判還未到最後關頭，而大勢所趨，已可略覘朕兆。潤田之意，如果我國僅止於對德絕交，則將來出席和會的在遠東僅為日本一國，它儘可以一掌遮天之勢，操縱包攬，我國將無翻身可能。故必須再進一步，對德宣戰，一面既可得到協約國承諾我在參戰後應得的權利；而在未來的和會上，我得派遣代表出席，直接參加。縱因形格勢禁，未能與日本權勢抗衡，但發言建議，我固可加以運用，以打破歐戰後日本人獨霸中國的局面，從而使由威脅簽訂的二十一條宣告失效。其手法雖仍不脫「以夷制夷」的老窠臼，而潤田的痛心疾首，汲汲於力主參戰，解除束縛，已可見一斑。

四、拉王正廷赴巴黎開會

歐戰結束後，一九一九年一月在巴黎舉行和平會議。事前，日本人為遂行其壟斷包辦，運用種種方法，一面給中國以和會取得德人之權利自動交還中國為餌，一面又指摘我國在歐戰中未出一兵，未遺一矢，不配出席和議。但因我國民氣激昂，美國總統威爾遜又發表了十四項保障人權的原則，因此日本人的詭計才無法實現。關於我國出席巴黎和會的代表人選，北京政府派外交總長陸徵祥為首席代表，顧維鈞（**駐美公使**）、施肇基（**駐英公使**）、魏宸組（**駐比公使**）為代表。而南方軍政府亦曾推舉孫中山、伍廷芳為特使，王正廷、伍朝樞為專使。後因對外一致起見，南方亦即放棄，乃由北京所派的陸徵祥等代表成行。但其時已行抵美國的南方軍政府外交次長王正廷則又由北京政府任為代表，加入陸氏等行列，聯袂出席巴黎和會。這一措施，實亦出於潤田的主張。潤田之意，以北京政府於二十一條，經已被迫簽約，不易脫出日本人的把持。其所派代表，雖抱愛國熱誠，然為立場所困，於維護國家權利上，能否堅決挽救，不受影響，頗抱杞憂。因此，力主王正廷加入，使代表團中平添一位與北京政府毫無關聯的人。可以根據南方軍政府歷次的向外宣言，否認一切條約，於必要時自由發揮，產生相反相成的作用。

五、龔翰音專程赴歐之祕

但王正廷因離開北方已經多年，對於簽訂二十一條及一切交涉經過，未必能完全了解。此次任命其為出席和會代表，是在其行抵美國之後，用意所在，度亦非所深悉。而個中曲折，當時卻不便形諸筆墨。其屬於機密性的策畫，則更非筆墨所宜宣示。潤田因找張新吾與我商量，準備派遣專人，趕往巴黎，向王正廷做口頭上的傳達。但此一人選，物色不易，既須為儒堂（**即王正廷**）之所信任，又須有文學與外交之常識。新吾與我互商後，乃想到龔鳳鏘（**翰音**）老兄。翰音與新吾、儒堂和我均為北洋同學。翰音且在儒堂處曾任祕書多年，其年齒均較我等為長，同學時均尊稱為「老大哥」。其時他在天津高等工業學校任教，絕不帶有任何政治色彩，就事論人，最為適合，潤田亦深表同意。因浼其專程赴歐，趕在和約簽訂前到達。翰音為國效勞，不辭跋涉，亦即星夜登程，其所傳達之重點，即如前文所述，希望儒堂於必要時以南方軍政府立場，獨張一幟，不必顧及外交習慣。雖其後因國際間瞻顧卻慮，侈言正義，遷就強權，儒堂力拒簽字，我國代表一致退席。但潤田幕後策動，實不容予以埋沒。翰音老兄今以八八高齡，猶僑寓香港，此為其親身經歷，大足為潤田做一有力旁證。

六、火燒趙家樓潤田遭殃

即在此時，北京大學、北京高師等十餘校學生三千餘人舉行示威遊行，釀成火燒趙家樓（**潤田住宅**）、毆傷章宗祥（**其時我國的駐日公使**）的一幕，亦即「五四運動」的前景。學生們以高度愛國熱忱，由憤慨趨於激烈，其行動雖不免於越軌，而其立意固大獲全國的同情。事所習知，不須細說。

但據當時傳聞，一部分與潤田處於敵對地位的政客，以政治上的宿嫌，從而構煽其間，巴不得事態擴大，以遂私憤。則一般熟悉政情的觀察家，頗能將其中本末言之歷歷。

事後，潤田避居同仁醫院。我於訪問時，曾勸其致函警察總監吳鏡潭（**炳湘**）將被捕學生一體保釋，並向他們當面解釋曲曲折折的經過，以示坦白。正在商洽間，丁士源適持段合肥的慰問信到訪。信中大意，自與我所勸告者不同。潤田一時委決不下，我亦告退。段合肥當時曾函東海（**即徐世昌**），主張嚴辦。東海老謀深算，一面佯示激憤，對曹、章等優加撫慰，並為潤田賠建住宅；一面操縱輿論，打擊合肥之潛勢力。

一九四九年，潤田來港，寓銅鑼灣道國泰公寓，與我為緊鄰。談及往事，潤田還說後來他仍去函吳鏡潭要求保釋學生的。其所著回憶錄，將來寫到此節，必有其詳盡的紀錄。我所說的，只是就我本人當時所親歷的情形據實而道。天下事以訛傳訛，成例不少。但求問心無愧，固不妨任其三人成虎。尚有關於潤田的若干瑣事，容於下次述之。

第九章

我與曹汝霖之間的淵源

曹汝霖（潤田）先生在袁項城時代以外交次長承辦交涉，受袁特達之知，予以儀同特任待遇。袁病故後，潤田曾數度出任交通總長。民七馮河間（國璋）代理總統任內，段（祺瑞）內閣復任時，潤田且以交通總長兼署財政總長。本篇所述的兩件事，即為李先生在其署理財總，及民八徐東海（世昌）總統任內，錢能訓組閣，他任交總時偶然接觸的經過。就這兩件事的過程來說，潤田操守之嚴，與其知人善任，均可作為上篇李先生於其品格發表個人觀感的佐證。

一、川鹽運鄂的一段往事

李先生說：

抗戰時期，我去重慶，到達後往訪王亮疇氏（寵惠）於外交部。其時外部官廨借賃於林森路聚興誠銀行大樓，宇舍閎敞，面對嘉陵江，雖在市廛之中，頗具風帆之勝。我因與胡文虎及南洋菲律賓各僑領合營的華僑企業公司，在渝尚未覓有定址，當託李孤帆向該行楊總經理粲三相商，擬請租賃一二間作為寫字樓。楊君詢明是我所需，立予應允。無如整座大樓，上下均已賃滿，實無餘屋可租，殊感棘手。楊君為實踐諾言，最後竟將其兼營的華興保險公司右翼全部騰出，畀我作為「華企」辦公之所。此一人情，在當時重慶迭遭轟炸，房屋缺乏之情形下，確屬天大面子。我不解楊君何以如此厚我，特往申謝。楊君執著我的手兒說道：「李大哥！這算什麼？何足掛齒。我們『聚興誠』曾借仗你的好處不少，你難道忘懷了當年先兄楊希仲為川鹽濟運鄂岸那樁事故嗎？」

至此，我才想起，那是潤田兼署財政部任內的一段經過。對於川鹽運鄂一事，潤田先拒後允。此中斡旋，我不過從旁略略進言。事隔多年，投桃報李，我實不免有掠美之嫌，暗地慚愧。我先得說明，從來鹽運一項，稍一沾手，便為致富途徑。以故鹽商大腹便便，鹽官腸肥腦滿。此因食鹽為民生必需之品。個人所費，雖屬無多，而以廣大民眾日積月累，所耗極鉅。鹽商領有鹽引，手操專利之權，自是志得意滿。鹽官為其頂頭上司，坐地分肥，亦已相習成風。何況川鹽運鄂，屬於侵奪淮岸引地。就鹺政沿革說來，打破成規，事非小可。主管的最高當局，如允通融辦理，則雨金、雨粟，何須天上降來？北洋政府，大都政以賄成。鮑魚之肆，更無須官箴獨守。乃該項公文到達總長最後一關，潤田竟予拒絕批准。

先是，湖北食鹽，屬於淮鹽引地。入冬以後，長江水位低落，淮鹽逆流輸運，每致愆期。青黃不接，民有淡食之虞。四川鹽商，因倡為川鹽濟運之議，具呈鹽務署，請求准予川鹽運銷鄂岸。署長張弧（岱山），與川商已有接洽。但因事關重大，須呈准財部，始能定案。不謂鹽務署簽呈財部後，潤田疑慮頗深，拒不置理。「聚興誠」以此事辦通，可得雙重利益：其一為以鹽商地位，於固定的川、黔兩省引地外，另闢銷路，雖非獨家經理，已自有利可沾。另一為以銀行地位，其本身為西南金融界巨擘，將來售鹽價款，由鄂匯川，必經該行之手。衡以當時匯率之高，貼水所得，則更為其獨占之利。因此，對於此事進行，不遺餘力。雖經挫折，猶思設法補救。

其時宗弟祖恩任漢中中國銀行經理，因與希仲為留英同學關係，來函託我向曹總長進言，以謀疏解。我受託往晤潤田後，潤田明白告我：川鹽運鄂，有要求的亦必有反對的。余如貿然巡徇川省鹽商之請，則將來淮商起而反對，余將無詞應付。所據以要求理由，無非謂淡食堪虞。但此語必須出自湖北人之口，才是民意表現。若由川商代庖，何能作為根據？辦鹽務最易惹起猜疑，薏苡、明珠，避嫌為上，所以不得不特別慎重。我以其所抱見解，不無偏重於愛惜羽毛之意。關鍵所在，應以湖北人是否需要為準。因告以：「擱置不理，亦非辦法。何不指令鹽務署徵詢湖北地方意見，以為取捨，於情於法，似尚兼顧。」潤田認為如此亦好，當即採納所陳，指令鹽務署去訖。嗣據回報，湖北地方均盼以川鹽接替，以防淡食。並以川鹽質地，遠較淮鹽為佳，覆電歡迎。於是，潤田據以批覆，准予川鹽運鄂，但仍加以限制，此項辦法只適用於長江水位低落季節。其審慎周詳，一絲不苟，於此可徵一斑。否則連類所及，重慶聚興誠銀行的楊總經理，亦不致拳拳在念，於多年後猶為我騰屋相讓啦。

二、遊說霍爾瓦德赴北京

歐戰後期及其結束後一階段中，我國東北局勢，相當微妙。俄人於革命後，高舉赤幟，組織勞農政府，與德媾和，其在協約國的地位已起變化。但帝俄遠東軍區提督霍爾瓦德，則仍率領駐軍，遙戴俄皇。自赤塔、伯力、海參崴起延展至我國哈爾濱、長春一帶，均為其盤踞之區。發號施令，別有天地。迄後赤俄揚言：所有帝俄政府與中國訂立條約，均將放棄。其從前所獲權利，亦將交還中國，包括撤廢在中國領土之治外法權、放棄庚子賠款、交還中東鐵路等項。其所表現的友好精神，自為我國所樂聞。無如帝俄勢力範圍，正由霍氏繼續掌握。其間權利，赤俄雖均有意交還，霍氏未必輕予退讓。加以霍氏直接效忠俄皇，間接即所以表示其在協約國之地位不變。我為協約國之一員，為了多面關係，投鼠忌器。縱可訴諸武力，我亦未便興師動眾。因此，霍氏如一日不退出哈、長一帶，則赤俄行將交還之權利，我便一日不能接受。反之，此一障礙何時可以解除，則又事屬渺茫，無人可以預測。

其時潤田適任交通總長，因見有交還中東路一項，事屬主管，乃未雨綢繆，擬做釜底抽薪之計，意欲派員遊說霍氏，冀能邀其諒解，以便勞農政府正式宣告放棄時，我得順利接收。經與次長葉恭綽（？）商洽後，恭綽提出以曾鎔甫為特派員，馳往東北，相機進行，簽呈潤田予以裁可。在未決定前，潤田去湯山度假，而我亦適去湯山休沐，彼此相見，談到此事。因潤田知我為籌辦殖邊銀行，白山黑水間久歷行蹤，當地情形，不無認識，故以東北大概見詢。並以鎔甫雖屬外交長才，但與東北向乏淵源，論地、論人，似應考慮。如果此去不能收到相當效果，恐障礙未除，反生扞格。用是躊躇審慮，難於定奪。

此時，我腦海中突然浮出顏韻伯的影子來。乃以韻伯在長春道任內對外舉措為言。潤田與韻伯原是熟人，經我提出，頗以一時失憶為歉，極表贊同。不待思索，即就簽呈批上「應與顏韻伯一談」等字，交還譽虎。韻伯其人，我於以往談話中，屢屢提及。但皆為浮泛指引，迄未做具體介紹。茲特於此稍加敘述。

韻伯（**世清**），廣東連平人。簪纓世胄，門第高華。其曾祖諱檢，乾隆拔貢，官至直隸總督；坐事奪職，發烏魯木齊；道光間復擢直隸總督；為政持大體，折獄以明允稱。祖諱伯燾，嘉慶進士，授編修；道光中累官閩浙總督，疏請練海軍，與林則徐並肩禦外，並陳林則徐守粵功罪，累數千言；坐英人陷廈門奪職。其父累官至布政使司。韻伯淵源家學，又席豐履厚；才氣縱橫，跅弛自喜；詩書畫都有很高的造詣，東瀛人士，以得其寸縑尺幅為快。日俄戰後，韻伯任長春道。長春原為日、俄勢力角逐之地。俄人以二道溝為勢力圈，日人以道外為勢力圈，而我則蝨處其夾縫中的道裏。日人既以戰勝國接收俄人權利，韻伯恐道裏亦被覬覦，乃將道署自城內遷至道裏，另建官衙，規模甚具，公帑不足，則斥其私囊補貼。以示此一地帶純為中國主權，預防侵占。其時日人曾以敷設電話、電報線為藉口，在道裏豎立電桿，以為染指之地。韻伯飭屬連夜掃數拔去而另豎中國自辦的電桿，並於一夜間完成其事，日人亦卒無如之何。韻伯跛一足，行動難如常人方便。袁項城曾以「其詞若有憾焉，其實乃深喜之」的口吻，向趙秉鈞開著玩笑說：「顏韻伯幸虧你是個跛子；如果和我們一樣，我們還有法子駕馭他嗎？」

其時韻伯任財政部印刷局局長，潤田既有意借重，韻伯亦銳身自任。東北原為其舊遊之地，駕輕就熟，展布裕如。到達以後，即逞其三寸不爛之舌，遊說霍氏，使其就範。這一段折衝經過，可惜我在事後未及詳詢，無法為之補述。但當時見於事實的，則在一月之內，韻伯竟將霍氏賺同來京。在北洋政府籠絡羈縻之下，霍氏竟不啻成為政治上的俘虜。

就事論事，此誠為韻伯之大功。而為國遴才，知人善任，似不能不歸美於潤田。我非政界中人，於潤田之事，所知不多。但就這些身歷事故說來，潤田存心處事，似與一般批評，殊不相類。

三、「欣然同意」四字的麻煩

興談至此，李先生猶以不盡之意，至慨於火燒趙家樓的一幕。他指出當時的導火線，固由於我國在巴黎和會已陷於全盤失敗的深淵。而一九一八年九月間，關於山東問題我國致日方的換文中，被西方國家抓住「欣然同意」四字。認為自一九一五年所簽之二十一條以至換文中各項，既屬「欣然」接受，可見並非出於日方強迫，而為我所願意。此一大錯，自我鑄成，益使國人憤慨，實為促成此一風潮之重要因素。其實關於此點，我代表顧維鈞在和會中曾做聲辯。他說：「當時日本在山東之軍隊，既不撤退，又設民政署，置警察課稅，地方不勝其擾，非常憤懣。政府深恐激生事端，設法補救，致有此項換文。」顧氏繼即鄭重指出：「該約亦只有臨時之性質，當然於和會有可被變更之法。」其於換文之其所由來以及條約換文之應宣告無效，均已說明經過，並據理駁覆。無奈整個和會，無異列強分贓集團，正義公理，名存實亡。所謂「欣然」兩字，原為西方國家於無以自解下所借之託詞。即使換文中無此字樣，我亦同樣失敗。當時學生團闖入曹宅，潤田得以遁走，則賴其姬人之急中生智。她趕將潤田推入湢室，本身則站在湢室門後。學生們追尋到此，見有女流在內，未便闖入，潤田乃得越窗逸去，其危險亦間不容髮了。

第十章
憶活躍於民初政壇的王正廷

筆者按：本篇及以後數節，所述均為王正廷（儒堂）先生的事蹟。李先生以王氏馳歷中外，垂三十年。彼此交誼雖厚，但因有時蹤跡睽違，其所經歷，亦非所能盡知。此時所談，僅止於身所預聞及事後閒談的追憶。王氏生前以英文寫回憶錄，李先生曾助其鈎稽往事，惜未脫稿，即歸道山。這些時來，李先生所述皆為以往外交界人物，在上兩期談曹潤田文中，曾提到王氏出席巴黎和會經過；又以前文中於王氏亦曾一再指引，一鱗半爪，不相連貫。故特於此就其所知的做一比較完整的敘述。

一、極力贊成責任內閣制

李先生首先以概括的詞句，將王氏生平做一簡單的描寫。他指出：王氏出生於虔奉基督教的家庭，由北洋大學轉美深造，在耶魯大學修畢國際公法，榮膺博士學位。最初服務於社會事業和教育事業。辛亥革命，始入政界。而於外交界的發展，則以出席巴黎和會為契機。其在東京中華青年會任職時即已加入同盟會，故其政治立場，始終站穩於國民黨方面。

如以前所談，他於武昌首義之際，與孫發緒合謀，從權以假印信的證件賺取漢口領事團承認其為湖北都督府代表，從而取得領事團承認革命軍為交戰團體，與清廷處於對等地位，完成其在對外交涉上的最初勝利，此即為其在政界活動的開端。迄後，他以湖北省代表於南京參加組織臨時參議院。又袁世凱接任臨時大總統後，他在唐紹儀的「名流內閣」中任工商部次長；並因總長陳其美迄未就職，他以次長代理部務，此即為其出任公職及服官的開始。

南京臨時參議院所通過的《臨時約法》，他為起草人之一。當時，約法中關於總統制與責任內閣制問題，意見紛歧，各有主張。前者為中山先生所同意，後者為宋教仁所堅持。有人謂宋希望出任第一任內閣總理，故為本身特留地步。此話不假，卻只說對一半。宋確有此抱負，但卻絕不挾私圖。其目的只在防杜野心家憑藉總統制而倒行逆施，意有所指。目光如炬，殊不可及。儒堂以美國留學生出身，參加制憲，照一般常情，總統制為美國政治制度，以其耳濡目染，當必贊同無疑。詎儒堂所抱見解，恰與宋氏一致，贊助甚力。其後卒如宋議，規定為責任內閣制。此於宋氏固已伏其禍因，而儒堂因此亦頗受到袁世凱的歧視。

二、反對袁氏被列黑名單

儒堂於唐內閣垮臺連帶去職後，投身於國會方面，被選為參議院副議長。當在趙秉鈞內閣任內，宋案（宋教仁被害）發生之後，全國人民，已深憤慨。而袁世凱為對南方用兵，籌措戰費，不惜接受苛酷條件，向英、法、德、俄、日五國銀團進行大借款，更為全民所反對。無如民意儘管激昂，卻不足以邀野心家的一盼，鬼鬼祟祟，仍自祕密接洽。查該項借款總額為二千五百萬鎊，八四折實收，並須扣除以前到期未付的各種借款，實際到手不過八百餘萬鎊。而擔保品則為全國鹽稅、關稅及其他。因小失大，且使帝國主義在控制中國上跨進一步。當時，國民黨上海總部以事機緊迫，應採直接行動，密電隸籍該黨的國會議員，於簽訂借約之日，結隊守候於東交民巷口，設法攔阻趙秉鈞等偷往滙豐銀行簽字。不料，趙和外長陸徵祥、財長周學熙已先溜進，等待這批議員趕到，只見巷口站滿了武裝軍警，莫說難收阻止之功，且竟不得其門而入。經過一番衝鋒陷陣，終被驅走。當時，帶頭領隊者即為儒堂。

袁既蓄意稱帝，故特提倡復古運動作為改制先聲。曾嗾使其所收買議員在國會提出定孔教為國教議案。儒堂窺悉其用意所在，率先反對。他指出信教自由為約法所規定，特設國教，顯與約法牴觸。孔教只是說「道」，並不同於一般宗教。如定孔教為國教，更見其不倫不類。雄辯滔滔，其議始寢。事後，章太炎先生曾為此事寫其打油詩，其尾句云：「儒堂原是教堂人。」其意以儒堂為耶和華教徒，當然反對定孔教為國教了。

似這一類反對袁氏的表現，儒堂曾有多起。這裏所說的僅為我尚能記憶中的一二件。儒堂曾和我說，在袁世凱所定的黑名單中，他曾榜上有名。幸虧顏韻伯（**世清**）從旁疏解，及袁認為尚非重要份子，故能脫出矰繳，否則他在北京也許早出問題啦。

三、曾一度出長中國大學

癸丑二次革命失敗後，儒堂即去南方，於軍政府任外交次長。在參加巴黎和會後，始回上海，與聶雲臺、錢新之等合營實業。當時，和會中以雄辯見稱的為顧維鈞、王正廷兩人。雖終厄於強權，辱命而歸，但此非戰之罪，國人仍視為雖敗猶榮。因此，北京中國大學學生紛紛要求黎黃陂出面，轉請儒堂出長該校，黃陂因囑我去滬相商。此一大學，原名國民大學，為黃興、宋教仁所創辦，自富於政治色彩。二次革命後，袁世凱以該校為孵育亂黨（指國民黨）的溫床，擬予解散。黃陂有意保全，透過湯化龍向袁緩頰。袁以情面難卻，似亦不願遽尸摧殘教育之惡名，當提出唯一條件，即校名須予更改。因此，該校易名為中國大學，略事改組，由黃陂任董事長，湯化龍任校長。五四運動，北京大學與北京高師的員生固為領導階層，其實中國大學員生亦多熱烈份子。還不止此，該校於參加一般運動外，還困擾於護校問題。因該校原屬私立，經費支絀，時常鬧窮。在姚恨吾長校期中，曾由師生彩排京劇，以補膏火之需。困苦艱難，可以想見。此時，該校董事長已易為王家襄，但因黃陂與該校向有淵源，故學生向其提出校長人選。儒堂曾在湖南湘雅書院任教，於教育原感興趣。我與他商洽後，他以該校沿革與民黨有關，身屬黨員，承先啟後，更與有責。明知脫離在滬所辦實業，而從事於清苦工作，實有損於其私人經濟的發展，亦非所顧，慨然接受。儒堂既就任校長，以安定中求進步為原則。經過悉心規劃後，捐款絡繹而來。

向時所鬧饑荒，逐漸解決。並以餘力，後收購鄭親王府邸及先蒯姓住宅，改建校舍，建立逸仙堂。又由文、法兩科擴增為理、商等科。

四、奔走鼓吹於聯省自治

其時，全國局勢，極為混亂。有主張武力統一的，有主張和平混一的。其實，不僅南、北兩方，不能統一或混一；即南、北兩方本身，亦自凌弱暴寡，互相斫殺。因此，有人提倡聯省自治，以「省」為自治單位，由省議會制定憲法，然後由各省聯合組織一聯省自治政府，其制度相當於美國的聯邦。儒堂為使內戰癱瘓起見，亦為從事鼓吹的一人。當時，湖南以地形關係，為南北所覬覦，旅進旅退，爭城爭野，備遭糜爛。因此，聯省自治制度，最為湖南人所樂聞。儒堂隨處遊說，而與湖南之趙恆惕討論尤切。民十湖南省議會選舉趙為省長，民十一湖南頒布省憲，即由此一鼓吹而形成的事實。這種制度，地方軍閥可藉以保持其割據之局，自所歡迎。大軍閥則所厭聞，以其有礙於地盤的擴大。北京政府恐將削弱了統一控制的權力，亦加嫉視。徐東海（**世昌**）總統，老謀深算，乃乘機將中俄交涉督辦名義把儒堂套上，使其一官匏繫，無暇奔走宣傳，以免聯省自治的趨勢，蔓延滋長。水竹邨人，手腕高妙，在歷任北京政府的總統中，確不失為首屈一指。

關於設置中俄交涉督辦的由來，略如下述：

先是帝俄政府已消滅三年，而其駐華公使庫達攝夫依然留在北京，享受外交官待遇，並取得庚子賠款，直滑天下之大稽。民九年四月及十一月，俄國勞農政府先後聲明放棄帝俄在中國一切特權並廢除不平等條約。但在我國停付帝俄的庚子賠款時，英、法、日三國公使竟公然反對，指為違反國際公法。後來，我國接收天津、漢口等地之俄國租界，日、法兩國公使又公然干涉，意謂帝俄在華利益不應由中國收回，而應與外交團商定管理辦法。其無視中國主權直是蠻不講理。

五、中俄交涉督辦的來由

可是，北京政府還自容忍下來。積弱之下，仰人鼻息，事亦無可奈何。以故民十年九月間俄國勞農政府代表尤林到達北京，北京政府不僅不敢與之談判，且不敢正式接待，僅派劉士熙虛與委蛇。士熙曾任駐俄公使，慎重保守，於新成立的勞農政府頗致懷疑。奉命敷衍，自不願有所作為。但當時北京學界及一部分輿論，已不能再事忍耐，如陳獨秀、李大釗等即已與尤林有所往還。而王景春、俞人鳳等因中東路關係，亦曾擬具說帖，陳述利害，認為對於勞農政府不宜深閉固拒。此一說帖當時交由儒堂之手轉遞與外交總長顏惠慶，而由顏氏轉呈總統府。徐東海一見，詢明經過情形，不禁靈機一動，便把中俄交涉任務，委由儒堂承辦。他的用意，以為如此一來，可把儒堂身子絆住，不便自由行動，也就無法自由鼓吹其聯省自治。雖說缺一儒堂，並不等於此一運動的全面停止，但少去了一個推動力，在他便算是多一份收穫了。

民十一年蘇俄代表越飛來華，中俄交涉問題，較為接近，曾訂有草案。其時外交總長為顧維鈞，於草案文字上頗有修改之處，儒堂乃將中俄交涉一職辭去。

自民九年起至民十一年，皖直之戰、第一次奉直之戰，相繼發生，兵連禍結，局勢動盪，所謂北京政府，僅為大軍閥的承宣外府，絕無權力。其時中山先生已經回粵，組織大本營為執行軍政機關，並擊敗陳炯明，奠定粵局。氣象一新，基礎穩固。越飛在上海已先謁見中山先生，發表共同宣言。此中經過，據說儒堂曾予以有力的暗示云。

第十一章
王正廷與顧維鈞及大借款事

上文記述王正廷（儒堂）先生事蹟，文中發現有錯誤之處，為在「中俄交涉督辦的來由」一段中有「民十一年蘇俄代表越飛來華，中俄交涉問題，較為接近，曾訂有草案」云云，李晉先生指出筆者所錄與其所述有不符，囑加更正。並即以此作為引子，續說下去。

一、儒堂辭職，中俄復交

李先生說：

民十三年六月，中俄解決懸案大綱協定成立，中俄邦交恢復。蘇俄派駐我國首任大使為加拉罕。各國派駐中國使節升格而為大使即自蘇俄開端。儒堂以中俄交涉督辦名義與俄方談判之對象，首為尤林，繼為越飛，最後則為加拉罕。上一節所述中俄交涉問題曾訂草案，即為解決懸案草案，是由儒堂和加拉罕協議而成。那時，黎元洪總統已被迫去職，曹錕賄選登臺，外交總長為顧維鈞。此項草案議定後，頗受顧氏挑剔，於詞句上命予修改。何時核准，無法預料。儒堂以經過長時期之折衝，得此結果，而竟多所留難，棖觸甚深，因憤而辭職。

但儒堂並不灰心，亦不甘心。由於中俄懸案交涉，其重點在於東北，蘇俄已表示願將其間權利予以放棄，即等於其願將東北懸案予以解決。北京政府既未能適時地予以核准，若能轉由東北當局與蘇俄訂立一地方性的協定，固亦符合於國家利益。何況國際情勢，變化莫測，事既於我有利，即當把持時機，無問出面簽訂者之為中央抑為地方，比之因循不決，得失之間，終勝一籌。因此，儒堂乃慫恿俄使加拉罕逕與東北張作霖方面進行交涉。一面又密派朱紹陽、祁大鵬二人馳往瀋陽與莫德惠、張學良等接洽，以促其成。按當時東北情形，經過日俄戰後，其勢力範圍雖已劃分，而兩強並峙，終使我防不勝防。如使蘇俄果能改弦易轍，放棄已得權利，以平等關係訂立新約，則以後和平相處，不啻為東北消弭一部分的隱憂。因此，在徵得張作霖的同意後，即以儒堂與加拉罕商訂的草案作為藍本，單就東北懸案，協議合理解決，而先訂立一地方性的協定。

自海通以還，我國與外國所訂條約，無一不喪權失地，恥辱纍纍。其時蘇俄所派代表談判中、蘇兩國懸案及建立外交關係，無論其真實用意何在，至少在表面上還能擺出一副平等友好的態度。所以，當時一般輿論對於中、俄復交的期待甚殷。而東北先與加拉罕簽訂地方性協定更足促進此一形勢的發展。於是，北京政府乃於民十三年六月間由外長顧維鈞與加拉罕簽訂協定，同時恢復邦交。所可異者，由顧氏簽訂之中、俄解決懸案大綱協定，其全文與儒堂和加拉罕協議的草案並無不同。以前外交部加以挑剔與修改的理由似已隨儒堂辭卸中俄交涉督辦之職而成為明日黃花。

二、引起張作霖的誤會

談到此點，我以前亦曾略略透露過。在前文我談到黎元洪總統復職期中，儒堂受我之託與亮疇（王寵惠）接洽代理顏（惠慶）閣時，顧氏為其個人遠大前程計，深恐將來外交總長一席，儒堂或將捷足先登。於是，慫恿亮疇，推翻成議，鬧成亮疇堅持代唐（紹儀）而不代顏的一幕，而顧氏因此得任外長。鬥角鉤心，似已由來已久。

北伐後，某次我離滬北上，在火車中與適之（胡適）不期而遇。地北天南，長談娓娓。適之忽然提到王儒堂，和我做下列的問答：

適之說：「您和儒堂的的關係是夠密切的了。有人說儒堂有很多的錢，這話可是真的嗎？」

我說：「儒堂在經濟上並不富裕，常賴朋友調劑。說他有錢，我還是第一次聽到。」

適之人本風趣，也就模仿我的口吻說道：「這話是由顧少川說的，還會錯嗎？您說儒堂沒有錢，我倒也只從您口裏第一次聽到呢？」

這些閒談，原無意義。但這話由顧少川口裏說出，就透著有點那個。

儒堂於慫恿加拉罕與東北簽訂協定後，因此遂與東北張作霖建立了相當關係。但因民十四年十一月東北驍將郭松齡倒戈要求張作霖下野一幕，兩方關係乃生變化。郭松齡於十一月二十三日通電反奉，二十六日宣布槍決姜登選，二十七日進占山海關，前鋒直達白旗堡。當其凌厲無前、進展甚速之際，馮玉祥亦命其師長宋哲元進取熱河。雙管齊下，奉張大起恐慌。於是，凡與馮玉祥具有關係的人，一時皆成為奉方猜疑對象。以儒堂與馮氏的淵源，自在其列。顧以事無佐證，初亦止於存疑。及至祁大鵬在山海關為張學良所扣，儒堂無端受嫌，乃為奉張所不諒。原來祁大鵬與奉方一直往還甚密。在郭松齡倒戈期間，祁大鵬尚在張學良軍中。詎有人向張作霖告密，指祁氏勾結郭松齡，圖謀不軌，因是張作霖電令扣押，情勢嚴重。

此事原與儒堂無干，但因郭松齡為中國大學學生，原屬儒堂之高足。如上所述，加拉罕與東北簽訂協定時，祁大鵬原又是由儒堂派往東北密洽之人。其間關係，親密可見。於是，有人就此線索，推測祁大鵬之行動，當係由儒堂所指使。又益以儒堂與馮玉祥的淵源，疑心生暗鬼，於是更進一步，推測郭松齡之倒戈反奉，儒堂難免預聞。經此嚴重影響，介於三角錯綜之間，儒堂未便置辯，唯待他日能夠水落石出。其後，祁大鵬幸賴朱子橋先生親身赴奉，當面說情，始獲保釋。張作霖猶以憤慨心情向朱子橋發話道：「五哥！這全是看在你的份上呢！您得吩咐這個小子，不可再有胡鬧，以後好好地做人吧！」弦外之音，祁大鵬的被扣，容有相當證據落在張作霖手裏，否則不會有此語調。而儒堂與奉方的關係，則從此陷於中斷了。

三、進行一筆六億借款

過此不久，顧維鈞卻已風塵僕僕於關東道上，儼然成為奉張的入幕之賓。尤其東北易幟後，宋子文既與張少帥義結金蘭，蔣夫人與于鳳至女士亦締為異姓姊妹，于女且拜在宋老太太名下作為寄女。於政治上大結合外，益以「忝通家眷」的大團圓。顧氏因緣其間，更自有機結納。九一八事變時，儒堂適任外交部長。其時，日本幣原外相，示意此一事變可作為地方事件，協商解決，以免擴大。宋子文在滬亦曾與日本駐滬總理事重光葵會面，有所商談。儒堂則堅持以外交方式，提控於國際聯盟，使全世界瞭然於日本的侵略真相，希冀運用國際力量加以阻遏。而於宋子文之晤會重光葵，卻大大不以為然。無如當時儒堂之所主張，頗不為當道所接納。外間不諒，又誤會儒堂偏重於外交行動而不主張直接抵抗，因有學生包圍外交部毆傷部長之情事發生。迄至儒堂辭職之後，其所主張提控於國際聯盟的方案，卻又反而大行其道。而奉命前往日內瓦出席國際聯盟的代表則恰為顧維鈞。

抗戰初期，儒堂正任駐美大使。其時，東南財富之區，相繼淪陷。而前敵軍需，後方支應，費用浩繁，大苦竭蹶。儒堂因進行一筆六億元的大借款，以應急需。其對象為法國銀團，主要條件為以每年海關關餘八千萬作為擔保，而由中央、中國、交通三銀行開具八千萬信用狀十紙，分作十年歸還本息，交由銀團收執。但不料有強有力者梗阻其間，該項信用狀始終無法取得。此中癥結，實另有所在。事緣其時我國在美購辦物資，向由此一強有力者控制其間。而儒堂則建議於大借款成立後，劃出一部分資金，在美設立Universal Co.承辦該項任務。其單從正面著想，而忽略了側面的重要性，便足註定此項借款之失敗矣。

四、孔庸之居間表關切

其時我在香港，於以上情形，不甚了了，迄至錢新之邀我同往漢口一行，才有所聞。原來，當時錢新之曾受孔庸之（**祥熙**）院長之託，就近向該一強有力者疏通，將三行信用狀早日交出，俾儒堂所進行之借款得以成立。但終不得要領，新之因去漢口覆命。而以我與庸之、儒堂均有交情，相約同行。我與新之飛抵漢口後，即往晉謁。庸之攤著雙手發話道：「儒堂是怎麼攪的？借款談判，經歷多時，至今尚無眉目。委座（**蔣先生**）對於此事，極度關切，使我無從支吾。而據各方報告，則此項借款殊不可靠，儒堂不要受人之愚吧！」言次，他飭人將檔案取來，指出兩項文件著我與新之過目。我記得一件是由香港發出的。其大意為：借款之法國銀團，經向芝加哥Chase Bank銀行調查後，其代表人的往來戶僅存美金三百元云云。隱約地指出此一銀團的實力如何，大成疑問。另一件為我駐法大使顧維鈞自巴黎發出的。其大意為：美國財長摩根韜適在此間，經詢以我國在美借款事，彼謂毫無所聞。並表示美國可以考慮借款，但須委派以前接洽美棉借款人物前往洽商為宜等語。這更明顯地指出該項借款之為虛無縹緲，又透露辦理借款必須另易其人。我當時的感覺：對於前者，認為不能僅憑該銀團代表人的私人往來帳項即作為推測銀團實力的根據。對於後者，則認為駐法大使關切到駐美大使的借款，且直接向中樞陳述，未免過分熱心。

孔庸之於我倆閱畢文件後，續說道：「駐美大使館參贊應尚德，以前曾發生過購買武器『死光』被騙情事，我擬派淩冰往代，儒堂不表同意。現在，我擬去電刻駐倫敦的郭次長（秉文），浼其轉美幫助儒堂。一面即請新之兄速返香港，代浼陳光甫先生去美進行借款。因他是承辦美棉借款的經紀人，自為摩根韜心目中的最佳人選。」此時，我從旁窺測孔氏急迫情形，似於借款以外，另有嚴重事態隱伏其間。新之奉命返港後，旋有電來，云光甫以抱恙為詞，無意去美。庸之又邀我往見，於出示新之電報後，便說道：「美財長摩根韜在法國聞尚有短期勾留，光甫不妨遲行一步，並坐船去，以資休養。我之認識光甫，最初原由儒堂介紹。現在，關聯到儒堂的事情，切望光甫接納我的意見，不要回絕。等待光甫到美，即請儒堂回國一行。」囑我返港再與光甫面商，並將各情電告儒堂知照。那時，庸之的神情，頗為緊張，旋從衣袋裏掏出一條子見示。其內容如何，不便深談。但我於初見庸之時的從旁窺測，則從這條子得到證實，其間果然隱伏著另一嚴重事態。而庸之關切老友，亦於此顯其熱情。

五、託詞母病急電促歸

我於趕回香港後，除面告新之囑其向光甫轉述庸之意旨並爭取同意外，即與新之同電儒堂，將個中曲折情形及庸之所提光甫到美後請其告假回國之意見，就其可於電訊中傳達者電告儒堂，俾其得窺崖略，有所準備。詎接覆電，儒堂仍以「借款具有把握，待辦妥後再行歸國」為言。我以此時情勢，太不簡單，已由拒交三行信用狀轉為懷疑法國銀團實力；同時又以懷疑法國銀團實力作為拒交信用狀的藉口。循環運用，借款之絕難成功已屬無可置疑。儒堂如果漠視庸之所提的意見，必待辦好借款然後回國，恐將鬧成難堪的局面，辜負庸之委曲關護的苦心。於是，我想了一夜，只有託詞王老太太病重，渴念儒堂，密商其弟正黻出面，急電促歸。儒堂接電後，焦急萬分，乃摒擋一切，請假回國。甫抵香港，胡適接任駐美大使的命令也就隨而發表了。

在儒堂抵港前，一次，我於途中遇見由滬而來的徐新六，據告因接漢口王雪艇（世杰）電邀，為胡適之事將飛漢一行。我當時未及詳詢，匆匆別去。過後幾天，報載中航機於駛出香港領空後，即在廣東邊境被日軍擊落，徐新六、胡筆江均在其中，同時罹難。事後有人傳說，謂徐、胡兩人是應庸之電召，致以身殉。但據另一傳說，則新六之行，於胡適接任駐美大使及其本身將代替光甫去美進行借款有關，因新六亦為以前經辦美棉借款之一員。而筆江之成行，則因其為交通銀行董事長，與新六同受某強有力者的指派。於此可見儒堂去職，已因借款問題，早在他人布局之中。而庸之亟謀補綴，囑其於光甫到後請假歸國，固自有其用意。

據儒堂事後見告：該項六億美元大借款，借方為法國銀行，原為羅斯福總統居間，而由陸軍部長史汀生經手轉介。為了避免美國對於日本的直接刺激，故其間進行不便公開。如無其他因素參雜其間，原無不能成功之理云。

第十二章
王正廷一生的多方面興趣

筆者按：上文談到王正廷（儒堂）先生自駐美大使任內請假回國，甫抵香港，政府即改派胡適接充駐美大使後，李先生指出當時儒堂未免悒悒於懷，即便留港，未肯遽赴重慶。好在儒堂的興趣是多方面的。他於政治任務與社會事業，抱有同樣熱忱。以前，他在從政之餘，創辦道路協會，提倡築路，發展交通；又與張伯苓創辦體育協進會，提倡國民體育。並為爭取國際間聲譽，他倆和孔庸之同為奧林匹克賽會（Olympic Games）的中國代表。年來培養楊傳廣成為世界十項運動強人的關頌聲，即最近為參加亞運僕僕於臺北、曼谷、雅加達間的郝更生，皆為當年體育協進會的熱心份子。又中國之有扶輪社，亦由儒堂開其先河，曾獲有該社遠東Governer的榮譽。此時他雖無官一身輕，而在抗戰期中，為國效勞，人人有責，他自不願耽於豫逸，因致力於其多年遙領的中國紅十字會總會。

一、致全力於紅十字會

按紅十字會原設上海，抗戰後移設九龍柯士甸道。儒堂為會長，杜月笙、王曉籟為副會長。儒堂使美期間，會務由杜月笙代理。此一平時被人忽視的團體，其在戰時所負的救護工作相當吃重。此外，尚有一重要任務，即為政府吸取外匯。這因各地華僑對於祖國戰時捐獻款項，往往為當地政府所阻遏，故多通過紅十字會，以示該項捐款，專做救護用途，方能轉入國庫。該會祕書長為龐京周醫生，常川駐港。另在貴陽設立救護總部，編制醫療團隊，隨軍出發，由林可勝醫生負責。龐為留德醫生，天賦甚高，在上海醫界中頗負時譽。其於專業以外，散文、韻語，才氣縱橫。風月場中，亦輒流連忘返。在其振奮有為之際，儘足擔當大事。如北伐時期之華北救護隊，紅軍退出江西之廣昌救護隊，均由其帶領醫生，不避艱險，躬歷現場，救死扶傷，唯力是視。但如值其置身脂粉叢中、銷金窟裏，即以千金請診，猶自推三阻四，王顧言他。紅十字會遷徙南來，事同草創，其間籌畫布置，他確具有相當勞績。及至部署稍定，不免涉足行樂之場，因而發生公私淆混、手續錯亂情形。事為儒堂獲悉，將予撤職處分，這卻引起了杜月笙的反感，提出辭呈。此因兩人處事，態度各有不同。儒堂論事而不論人；如果論人，京周固為儒堂舊識，何致以繩墨相拘？月笙則偏重情感，京周雖不屬其嫡系，但究為其一向關切之人。又以儒堂對於會務，久不問訊。一旦回港，即向祕書長首先開刀，不啻暗刺其在代理會長期中，處理諸多失當。因此，在那一段過程裏，王、杜之間，意存隔閡。但儒堂不幹則已，幹則必求徹底。事成僵局，始由錢新之向我提及。我於京周以往主持華北救護，深佩其任事之勇。此時手續不清，事所難免。當經商量調處，墊賠虧空，以了其事。一面京周提出辭職，由儒堂聘充顧問。其祕書長一職，則另委潘小萼接充。而月笙亦即打消辭意。

二、在菲島設交通銀行

一波未平，一波又起。在小蕚接任之後，適有美籍Smadlye女士前來貴陽，考察紅十字會救護總部工作。不知她根據哪一方面的報告，指摘大後方所需醫藥器材，由港補充，緩不濟急，顯見小蕚玩忽職務，臨事顢頇。並於轉渝後，據此風傳，控訴於某夫人之前。此中情形，儒堂事先毫無所聞。一天，儒堂應某夫人之邀，前往便飯。Smadlye時已蒞港，亦在座間。經過一番客套後，某夫人直言談相，即席要求儒堂，迅將小蕚撤職。詎料儒堂對此舉竟予拒絕，他說：「小蕚甫經接事，工作正待展開，遽予苛求，未免過早。即使其真個辦事不力，亦不宜偏聽一面之詞，必須提出真憑實據。我是學法律的，我不能使人在缺乏證據下受不公平的處分。」這番當面搶白，大出某夫人意表。直說得滿座不歡。儒堂卻洋洋不改故常，隨意飲啖，一若席間絕未發生有不愉快的事件。

抗戰中期，日本人勢力駸駸南進。香港安全，頗感恐慌。交通銀行董事長錢新之為保全該行資產，未雨綢繆，計畫在馬尼拉設一獨立性的交通銀行，請由儒堂前往菲島，進行籌備。他倆結契甚深，且屬兒女親家。新之屬以此項任務，於公於私，可謂兼籌並顧。按之中國、交通，同為我國國家銀行。中行在菲業務，向託薛敏佬主辦之中興銀行代理。抗戰後中行曾擬在菲設立專行，格於外國人不得在菲設立銀行的法例，為獨立後的菲律賓政府所拒絕。交行踵其前轍，事同一例，原無邀准可能。但由於儒堂之聲望及其與菲總統奎松的交誼，菲政府竟破格接納，准予註冊。

先是儒堂在美留學時已與奎松認識，奎松致力於菲律賓獨立運動，儒堂曾不斷地從旁效勞。針芥相引，乃由泛泛之交結為聲應氣求的異國密友。此時，儒堂提及設行之事，奎松僅允相機幫忙，初不做任何承諾。因其雖不能以公徇私，自毀法例；但亦不欲以公廢私，斷絕友情。故在吐屬之間，並不給予任何希望，但亦不使其陷於絕望。他在表面上儘屬如此冷漠，暗地裏卻密加策畫。最後，他在合情合法之下，想出一個妙法來，以改變儒堂在菲律賓的身份為著手初步。他臚舉了以前儒堂對於菲律賓獨立運動的貢獻，咨請國會，授以菲律賓榮譽公民的榮銜，其用意在使儒堂身份有別於一般旅菲的外國人，可以相當地取到若干法律上的便利，為其開設銀行創設一有利的環境。咨文上所舉事實都是可以覆按的，國會通過，自無異詞。儒堂膺此榮銜後，憑藉此一身份，才得正式開設交行，免去法例上的限制。旋獲批准，組織董事長，推由儒堂為董事長，沈淑玉為總經理。其於資本額的分配，則悉照菲政府規定，菲人占百分之五十一。從此，儒堂以業務關係，不時飛航於香港、馬尼拉之間。

三、既信基督又尊神佛

勝利後，儒堂續任該行董事長，迄大陸易手後乃起變化。事緣其時中國石油公司之油輪在港修理，臺灣、大陸，互爭所有，臺灣委囑儒堂設法爭取。其實，該輪早經抵押於馬尼拉交通銀行，即其修理費用，亦由該行墊付。儒堂因主張在債務未經解決以前，該輪不便北駛，亦不便東渡，託由香港律師，代表債權人，呈請香港政府予以保留。其用意在利用債務關係，發生延阻作用，以資緩衝。此項建議，不失為無辦法中的辦法，但臺灣並不滿意。遷怒之下，乃假俞鴻鈞去美過港之便，諷示儒堂辭去馬尼拉交通銀行董事長之職。儒堂並不戀棧此雞肋，但如繼任人選，未能符合當地法例，則其影響於該行前途者甚鉅。幾經磋商，乃改以俞鴻鈞代理董事長，以示此為過渡性質，而儒堂則由此退處於董事地位了。

如前所述，儒堂出生於基督教家庭，故其自始即為虔奉耶和華的信徒。馮玉祥、徐謙（**季龍**）之接受洗禮，即出於儒堂的指引。但其晚年，則又尊崇神佛，篤信扶乩，焚香頂禮，一如世俗。雖仍自承為「我一生都為基督徒」，然已與「信奉唯一上帝」之教旨相牴觸。此中轉變，有近因更有遠因。

儒堂自巴黎和會歸國後，出任中國大學校長前，曾一度在滬與聶雲臺合辦華豐紗廠。雲臺為抱道之士，其母為曾文正公幼女。雲臺原為基督信徒，但在後來，則隨母禮佛誦經，皈依三寶。

據說耶教教義，不及佛教之精深博大。東方人的性格，以與學佛最為接近。人生的大徹大悟，唯有修持佛法，才能得到最高的啟示。儒堂浸漬其間，心理上不無感染，此或為其遠因。

四、乩壇沙動出現奇蹟

民三十二年，儒堂挈眷去渝，稅駕於樂歌山，與鹽務署署長朱庭祺時相過從。朱為紅卍字會會員，酷信扶乩，即在鹽務署內設立紅卍字會，供奉老祖（**據說即為元始天尊、三清上帝、老子道君之三為一體**）、觀世音菩薩、關聖帝君、濟公活佛等塑像。休沐之暇，並約友好設壇扶乩，叩詢休咎。黨國要人中，亦有人應邀而來，燭花香篆，另是一番境界。其後，參政會開會，有人提向孔庸之（**財政部長**）質詢：鹽務署變成道場，做何解釋？庸之原不知情，瞠目結舌，不知何以為對，大感尷尬。事後查明，朱乃因此去職。儒堂初時側身其間，不過興到為之。及後他與亡妻在乩壇上問答，沙盤上顯露其夫妻間通信上的祕密，卻不由儒堂不信仰得五體投地了。

事緣儒堂與其元配施夫人，伉儷甚篤。彼此相約，通信純用寧波土話，而以羅馬字拼音書寫。因此，他倆往來信件，任何人皆難看懂。此中祕密，亦無任何人所能得知。民三十三年，日軍進犯湘、桂，義民紛紛轉入大後方，流離於獨山、貴陽之間，儒堂乃率朱學範等前往救濟。公畢回渝，其友好假打銅街交通銀行二樓為之設席慰勞，儒堂流連杯酒，未曾回寓。不料，其夫人即於是夜以腦沖血故世於歌樂山。儒堂疚心之餘，愴痛難解，因假乩壇，召請亡妻，一傾積愫。在儒堂念念有詞之後，沙盤內陡然風生沙動，從木筆上寫出以羅馬字拼音的寧波土話，針對所問，如響斯應。旁觀者不知所做何語，而儒堂則一目了然，死別吞聲，涔涔淚下，此即為其近因。

五、發展中的紅卍字會

李先生興談至此，手出儒堂生前以英文寫成的〈紅卍字會起源和發展〉（Origin and Progress of the World Red Swastika Society）一文，以明儒堂的宗教觀念，亦便筆者充塞篇幅，茲摘要意譯如次：

「在一九一六年至一九一七年間，山東濱縣駐軍團長劉紹基、縣長吳福森以及他們的祕書洪士陶、周德錫等同信人鬼間有來往可能的共同點，他們便創立沙盤、木筆的方法求助於神靈。沙盤的體積為二十六吋方度和二吋多的高度，中盛二吋深的純沙。木筆為九吋長，連在一條三十六吋長的橫棍上成丁字形，棍的兩端由兩位立在左右的人以手托起。鬼神到達時棍上發生壓力，木筆便在沙盤上疾走而寫出字來。

「其間，降壇次數最多的為尚正真。他是十四世紀宋末時人，家住山西汾縣，俗名正和。他的人品清高，學識豐富，所以死後成為神靈之一。凡屬神靈所賜予的信念全是崇高的，隨著時間進展，神常以永世真言啟迪凡俗。因此，參加的人很多，包括曾任四川總督之王人文、國務總理熊希齡、山東督軍田中玉等。

「這些人曾在濱縣公署集議，發起組織，這就是紅卍字會的起源。一九一八年，中心活動移到濟南省城，三十六位發起人中的田中玉將軍，由神的指示作為此一組織的領導者。其宣揚教義的步驟，一為建立道院以促進教徒在精神修養上的反老還童，一為發展成為世界紅卍字會以達成多做善事的目標。

「此後會務進展，先以天津、北京、濟寧為重點。於一九二二年呈准國民政府註冊後，逐漸在國內分設五百多個分會，並在國外的神戶、香港、星加坡成立支會。每年的立春節定為紀念日，以隆重的宗教方式加以慶祝。這因兩件大事都在立春節發生：一為神讓世人破天荒地在山東境內千佛山上拍下他的照像，當時有二十八名虔誠信徒親眼作證。一為神曾在那一天對人啟示包含十二章的箴言，這本書便是《真經》。

「我所要解釋的，紅卍字會並不教任何新的道理，或成立新的宗教。如《真經》。所示：耶教、回教、孔教、佛教、道教，皆起源於同一的神。我們的精神修養，是在肅穆的氣氛下靜坐默禱以待神的靈感。另一方式即為集體唸經。我們的廣做善事，是從教育、醫藥和救濟著手，盡力予人幫助。

「還有一顯著特色證明神靈的真正降臨，即神靈所做的書畫全用毛筆就紙面上揮灑。這時，沙盤、木筆全用不著，只將毛筆釘在橫棍之中心，由兩個人分托橫棍支左右端以待神的運用而已。

「世界紅卍字會仍在萌芽期中，但已做出最大的貢獻，即把生的、死的帶在一起聯絡起來。大科學家如Sir Oliver Lodge，著作家如Conan Doyle，皆曾盡力與幽靈通訊。而這兒的沙盤、木筆卻是與另一世界通訊最不可抹煞的方法。」

至此，李先生指出其所談儒堂生平事蹟，如北伐時濟南慘案後之挺身與日軍交涉、英國首先承認國民政府及英國退還各處租借地，皆為其犖犖大端。其經過情形，容於另一題材下加以說明。本次所談，事皆瑣碎，但就此可以窺知儒堂個性，處事多從正面著想、忽略側面的重要性。而其任事之毅，與抱道自信之深，則有其獨到之處。

這些年來，儒堂寄寓香港，其生活費用純用馬尼拉交通銀行董事長公費以資挹注。及改為董事後，公費減半，處境益困。去年（一九六一年），他以癌症病故，身後蕭條，幾至無以為殮。緬憶舊遊，人天永隔，不覺已是一個週年了。

第十三章
錢新之寓所初見蔣先生記

前節中，李先生指出其所談王正廷（儒堂）先生生平事蹟，如北伐時濟南慘案後之挺身與日軍交涉、英國首先承認國民政府及英國退還各處租借地，皆為儒堂參加國民革命後所建樹的功勳。此中經過，其最先部分，實與李先生本身有其不可分離的事實。為使讀者諸君知其來龍去脈，因此特別提出，另成章節，而先從李先生本人行動說起。

一、馮玉祥扣押章篤臣

民十六春初，李先生自天津回到上海。其時寧、漢分裂，南京國府主席為胡漢民。上海市面，熙攘猶如平時，但謠諑頗多，入夜以後，華、租兩界，不時警戒。李先生為一礦商，不涉政治，雖在時局鼎沸之中，仍與儒堂、亮疇（王寵惠）等展其遊屐，探梅鄧尉，泛舟西湖，一攬江南名勝。一天，錢新之接葉譽虎（恭綽）來電，以隴海鐵路督辦章祜（篤臣）突被馮玉祥扣押，情勢相當嚴重，囑約友好，合力營救。新之因約王正廷、王寵惠、虞和德（洽卿）諸人集議，或以私交，或以鄉誼，設法疏解。經一致同意，去電馮氏，要求准予保釋。李先生自為其中之一人。

李先生說：

這一案件，在當時確為一樁大案。但在兵荒馬亂之中，如把它和許多大事件做一衡量，則此僅為一人一身之事，顯見其為微末。可是，天下事有令人意想不到的，儒堂在北伐後的開展，不妨說是因此一案，風生水動，由影弄漣漪而進為波瀾壯闊。

其時我（**李先生自指**）下榻於上海靜安寺路滄州飯店，正在想到那份公電，拍發去後，馮氏迄無覆電，不免為篤臣擔憂。驀地先後來了兩人：一為篤臣五弟持葉譽虎信來見，內有「章兄之命非兄莫救」之語，以營救篤臣之責委之於我。一為闊別多年之張建侯到寓相訪，更出意外。張與馮玉祥為出窠兄弟，同屬行伍出身，曾任馮部砲兵司令。見面之後，他握著我的手兒老不肯放，那份內心的歡悅從他的手勁上顯得十分真摯。我倆於互談別來情況後，我一面提到篤臣案子向他發問。

我說：「我正想給總司令（**指馮玉祥**）發一密電，你看可有辦法？」

張說：「這有何難？你去找李鳴鍾（**曉東**）代發，易於借火。他刻正在南京擔任第二集團軍的駐京代表呢！」

二、毛以亨詳述扣章案

因此，我乃有南京之行。到達後，我先與新之見面，其時新之為財政部次長（**部長為古應芬**），時常往還於京、滬之間。我具道來意後，新之極為贊成，我即驅車前往薩加灣第二集團軍駐京辦事處。見到的為宋牧仲副處長，卻不見李鳴鍾。據宋說是李因聞我南下，已到滬找我去了。彼此事先未曾約定，一來一往，失之交臂，頗感悵惘。我當將來意告知，此行專為營救篤臣，擬給馮總司令去一私電，特地來京，商借特約密碼一用。宋說：「這是小事，曉東不在，我亦可以代發，你就將電稿交給我吧！」我於是就其辦公室內，展紙拈毫，構思屬稿，僅寫三五句間，毛以亨突然闖進。毛為馮氏祕書，甫從鄭州來京。我因擱筆向他提起章案，探聽有無新消息。

毛說：「這案起因，事屬突然，我們的隊伍剛到鄭州，章篤臣還為我們一行設宴洗塵，在座的有張督辦（之江）、鹿總指揮（鍾麟），大家開懷暢飲，說說笑笑，大是一團高興。不料三天後，老總把他抓了。我們這些座上客，眼見主人變作階下囚，深為震駭。事後探悉，有人向老總告密，揭發他犯了兩樁罪行：一是奉軍自江蘇、安徽撤退時，他供應了不少機車和鐵篷車，這是資敵，也就是反動；一是指出他於隴海路的比國借款中受賄幾百萬。老總最恨貪污，偌大數額，那還了得！這些案情，是真是假，猶待查明，不能加以武斷。張督辦曾為他緩頰，反被老總教訓一頓。可見此案正在火頭之上，單單去電是不會有效的。你如執意營救，我看還是親跑一趟鄭州為是。」

老實說來，我們對於營救篤臣雖抱熱心，但關於這案子的內容至此我才略知底細。毛氏所談，自中肯綮，我因打斷去電之意，回去與新之洽商。

三、錢新之留我遊秦淮

我把毛氏所言轉告新之後，新之促我即晚返滬，摒擋一切，以貫達救人救徹之旨。我以藉此與馮玉祥做一小敘，計亦良得，故亦樂於接受，允予成行。新之又笑嘻嘻地和我說：「南京你是來得太多了，秦淮河恐怕還遊得不夠吧？你今晚夜車動身，我們六點鐘去秦淮河，提早吃飯，行樂一番，時間還來得及，你看如何？」我自無所不可，應約而別。不料，又因秦淮花船一飯，種下了另一因緣。

我於六點鐘赴約時，新之所雇的花船上已先到了胡筆江、劉厚生、徐桴（聖禪）諸人。筆江為銀行家，厚生為張嗇翁（謇）任實業總長時的次長，亦在辦礦，均為老友。聖禪雖初次見面，但已久聞其名，因他曾在我李氏義莊所設的小學中任教多年，我的從弟們多為他的小門生，彼此談起前情，可說一見如故。秦淮河雖為一泓臭水，卻自風月無邊，歌女們應召而來，粉白黛綠，燕瘦環肥，侑酒徵歌，謔浪笑傲，也自令人精神鬆弛，渾身輕快。座中所談，除提到我去鄭州外，未涉他事，厚生忽泛泛向我發問：「你這次來，曾去見過你的老同鄉嗎？」其所謂老同鄉者，即指蔣先生而言。我說：「以前總司令部在南昌時，膺白（黃郛）曾派人前來天津，約我往見。我以礦務羈絆，分身不得，未曾應約。現在老同鄉正在軍事倥傯之際，日理萬機，猶不暇給，我何必輓門投謁，給以不必要的麻煩呢！」

此番答話，其須略做說明的，即正當北伐軍由粵出發之後，膺白猶滯留北京，頗感侘傺無聊。我詰以何不南下，贊襄大業；他以身輕腳重為對。我知其意所在，當即給以四千元使其成行。因此，他到了南昌後，曾一度約我前往。事屬過去，早成陳蹟。因厚生所問，附帶言之。信口便談，絕無用意。但其時聖禪身任總司令部經理處處長，由於此後事態發展，聖禪或將此項談話歸報於蔣先生，亦未可知。

四、上海範圍初次晤蔣

事隔多年，我僅記得當時我於星期五夜車返滬，禮拜六一早我便往訪李鳴鍾於東亞旅館。因他此行是專程訪我而來，我一回到滄洲飯店，已見到他留下的大紅名片與住址。多年隔別，重逢為快，固不僅為禮貌上的答拜。又因時值非常，交通不便，我去鄭州，正須請他代我安排車輛。我倆互傾積愫後，他允就其軍用列車中指定一輛鐵篷車交我備用。他又談到大局，據告北伐軍出動的前一年，馮玉祥曾派他和劉驥、薛篤弼密往廣州接洽，相約南北夾攻，打倒北洋軍閥。當時，蔣先生以東江尚未肅清，勢須展緩，故馮部退出南口，移駐於西北各地，而馮本人則往蘇俄考察云云。至此，我才明瞭年來時勢內幕的若干線索。

我正在做北行準備間，錢新之忽於星期三見訪，他說：「蔣先生刻在上海，知你將去鄭州，今晚將由我陪同到訪」云云。這一消息，使我大大驚奇。自份何人，未先投謁，反勞紆尊，期期以為不可，堅囑新之設法打消。新之以「事出蔣先生的意旨，無可轉移」為言。再四磋商，新之乃另定方式，改於星期六中午由他出面邀請蔣先生和我在其海格路範園便飯。席間除邀陳光甫、徐聖禪兩人作陪外，不另約人。這麼一來，可以免去一般形跡上的拘牽，我只得唯唯應允。

迄至星期六中午，新之所約友好都先到達範園錢宅。蔣先生旋亦輕車簡從而來，帶的僅有一名侍衛。我還記得他那天穿的是一件暑布長衫，戴的是一頂巴拿馬草帽。我們一行在花園內大廳階沿前迎候，只見他風儀灑落，神采照人。我和他原不相識，這是第一次見到。

我先向蔣先生做一番禮貌上周旋。入席後，他開門見山地問我：「李先生，聽說你要去鄭州，想必你和煥章（馮玉祥）的交情很厚吧？」

我說：「我去鄭州，為的是章篤臣的案子。我和馮先生的交情，談不到『深厚』兩字，但時很長。他在當十六混成旅旅長時，一度駐軍武穴。我在漢口，由於王亮疇的老兄顯丞介紹，從此認識。他最初給我的印象為態度謙和，言詞坦白，精神抖擻，服裝樸素。我認為是在中國難得見到的軍人。此後，我們時有往還，他任陝西督軍後，曾約我前往，代為計畫開發當地實業，我為應約。他任河南督軍時，儒堂正在提倡聯省自治，奔走和平，我隨儒堂先赴保定見吳佩孚，後又同去開封與他晤會。他問我對於吳佩孚的觀感如何？我曾告以此人做作過甚，難於共事，你未必能和他合作到底。此後，他調任陸軍檢閱使，以及後來奉直二次大戰，他從前方班師回京，接任西北邊防督辦。在這一連串的過程中，我以友誼立場，都曾或多或少地進其一得之愚。尤以他的就任西北邊防督辦，是我極力勸他接受的，因我見到他的所部甚眾，無論地區肥瘠，西北終不失為駐屯之地。經此種種，西北軍對我不無相當印象。」

五、王儒堂與馮有交情

蔣先生聆罷，也就說起馮先生曾派李鳴鍾、劉驥、薛篤弼密往廣州接洽北伐的經過，他所說的和李鳴鍾告訴我的完全相同。但他繼續地說：「眼前煥章的態度似有變化，我們所預定的計畫他都未能按照履行，逐步推進，以致影響會師徐州，合力北伐，也許他被漢口方面的人所包圍了吧。李先生此番前去，希望能為國效勞，一如既往，以友誼立場，力勸他勿信讒言，貫徹始終，完成國民革命。」

我當時於表示接受指示後，並謂，一達鄭州即當轉達鈞旨，促馮履行諾言，會師徐州。並以「人微言輕，恐難負此重任，最好多約幾位馮向有關係的人，相偕前往，則發言之間，較有力量」為言。蔣先生當詢：「與馮氏相熟者尚有何人？」我即舉王儒堂以對。

蔣先生「呃」了一聲後，以前所未聞的神情接口說道：「儒堂倒是和他相熟的？」

我說：「當然熟識，馮先生之號稱『基督將軍』，由慕道而至受洗，就是由儒堂所一手指引而來；徐季龍（謙）的受洗亦復如此。還有，刻在總司令麾下任參議的凌冰也是馮先生的熟人。此外，我一時便記不起了。」

蔣先生於「徐季龍」的姓名反覆咀嚼後，又問：「怎麼凌冰也和他相熟呢？」

我答：「凌冰為河南人，原在南開大學任教務長。馮先生在河南督軍任內，曾託人物色河南籍的教育家，辦理河南大學，我們便把凌冰介紹給他。其後凌冰並任河南教育廳長，相處甚得，因此他倆是很熟的。」

其時，蔣先生的說話，極為坦率，即以「馮為人，是否一如外間所說的反覆無常」見詢。我說：「話雖如此，但從我的眼光觀察，他治軍甚嚴，刻苦自勵，愛護百姓，富有愛國思想。這些行徑，在北洋軍閥看來，大不順眼。又因他平日不甚接近新聞記者，因此蜚短流長，有意中傷。其實，他所作所為，倒符合於革命精神。還有一層，他由行伍出身，如以現代軍人家以衡量，總嫌其泥土氣味太重。好比我們的同鄉鄔志豪。……」

六、蔣先生當年的精神

蔣先生一聽到鄔志豪的名字，一時抓腮搔頸，做思索狀，一面喃喃自語：「哦！哦！鄔志豪！鄔志豪！……」旋展笑容說道：「我記起了。柴話？柴話？」一時不禁說起了寧波土白。

我說：「不為別的。鄔志豪是從上海石路上賣故衣出身。後來逐步上爬，做到故衣業領袖，當選商會會董，對於地方公益，也自盡心盡意。可是，他的形態，並不因他的地位提高而有所改變，一舉一動，依然脫不了沿街喊賣的腔調。馮先生也是如此。」說到此處，滿堂哄然大笑。

此外，席間又談到公債問題、中興煤礦問題，蔣先生都能接納人言，當機立斷。大家飲啖自若，談笑為歡，並不因有元戎在座而感到拘謹。席散後，蔣先生囑我於動身前告知行期，俾好準備車輛，旋即別去。我等在錢宅稍作盤桓後，亦即相繼告辭。我離錢宅後驅車逕往古拔路王宅，準備將席間所談有關部分告知儒堂。詎料他略聽數語，便截住我的話頭說道：「你不必談，我全知道。剛才蔣先生已經來過，我已應允他前往鄭州，權充說客，也許我倆還可同車而去呢。」

一分精神，一分事業。我在歸途中想到蔣先生於錢宅別後，即訪儒堂，劍及履及，絕不鬆懈，這分精神確不可及。北洋軍閥，暮氣沉沉，即此一點，便難辦到，自非他的對手。北伐以後，鈕永建潛蹤來滬，進行地下工作。儒堂受其委託，與在滬的西方各國人士聯繫，報紙上頗有登載，詎為南昌總部總參議張群所否認。王氏遭此打擊，不無悒悒於懷。迄逕蔣先生登門邀請，其心情乃為之一振。此後展布，亦即由此發軔。這裏所說，不過是一個楔子罷了。

第十四章
在洛陽與馮玉祥打交道記

本節所記，為承前文敘述李晉先生與王正廷（儒堂）先生前往鄭州晤會馮玉祥的經過。他倆在此行中所負的共同任務，為受蔣先生之委託，以友誼立場，促請馮氏履行前約，會師徐州，合力北伐，完成國民革命。但李先生又另負有任務，為受葉譽虎之託，營救其時被馮扣押的隴海鐵路督辦章篤臣。承李先生見告，在其行前，還有黃郛（膺白）到訪的一段經過。

一、丁家花園赴蔣先生宴

李先生說：

當時黃膺白（郛）知我有鄭州之行，即由南京來滬見訪。以前其由北京南下，參加北伐，我雖曾加以資助與鼓勵，但在其抵達南昌之際，他曾派朱達齋君間道來津，璧還所墊旅費，並為我向總司令譽揚，因而有蔣先生約我去贛相見之議。我雖未果成行，其意則殊可感，因此見面時我即首先致其謝忱。而膺白則以我於政治一途向無興趣，此番毅然承擔任務，涉險遠行，促馮會師徐州，認為難得，對我亦多誇獎之語。彼此客套既畢，膺白乃以其親身經歷對我直說，據告北伐軍到達津浦路南段之後，蔣先生和馮先生曾在某一小站（似為符離集）做第一次的晤會。當時，隨蔣先生前往者即為膺白本人，而隨馮先生以來者則為李鳴鍾（曉東）。所謂會師徐州，即為蔣、馮在第一次晤會中面定的策略。這是北伐中的重要一環，大家對於此一共同期望的目的必須有所策進，以期實現。至此，我才明瞭除於北伐前馮曾派李鳴鍾、劉驥、薛篤弼南下密洽外，還有蔣、馮密晤定策的一幕。

膺白與馮，向有淵源。第二次奉直戰爭中，馮氏班師回京，即為膺白所策動，並任當時攝政內閣總理。此時，他於蔣、馮兩方皆具深切關係，故於會師徐州一點，他亦以其全力促成。因此，他派趙正平（厚生）為其個人代表，隨我等同往鄭州。

此外，李鳴鍾亦由寧來滬，相約行期。李走以後，蔣先生又派江蘇省財政廳廳長張壽鏞（詠霓）老先生為我們安排行程。詠老與我具有戚誼，且屬長親，與儒堂亦是熟人，這在處理事務上，我頗體味到蔣先生確有其獨到之處，先是李鳴鍾擬為我等在津浦、隴海兩路上準備鐵篷車，至此，詠老傳蔣先生之命，已飭津浦鐵路準備專車待用。

我記得我們動身的那一天是在民十六年五月初旬，同行者為王儒堂、趙厚生，而詠老以奉命照料，亦陪同我等一行由上海直達南京，下榻於下關花園飯店。我們正擬進城向總司令部投謁時，蔣先生已先駕到，向我們慰勞一番後即約晚間在丁家花園敘餐。屆時與席，則見胡漢民亦以主人身份出而招待。同席除我等及詠老外，還有總司令部參議凌冰。用的是西餐，蔣先生笑對我們說：「菜還可以吃吧？」我等當然同聲讚美。蔣先生接口便說：「既然如此，就叫這廚子跟著你們的車子走吧。」一面吩咐下去，一面又指定盧姓、舒姓兩副官帶領衛士一排，隨車出發，沿途保護。我等於飯後趕回下關，即晚過江成行。詠老別去，而凌冰則加入我等行列，亦以代表身份，同往鄭州。

所謂專車，是由一輛客廳車、一輛餐車、一輛臥車，和兩輛頭等車組合而成，已在浦口車站升火待發。我登車一看，只見所有椅面、榻面的皮墊都已受到戰火的洗禮，有些燒成大洞，有些表裏龜裂，均屬「體無完膚」，坐臥不得。我乃囑兩位副官漏夜買到寧波草蓆多張，單將臥榻縫綴平貼，將就應付。

二、孔祥熙、徐謙皆在洛陽

其時，蚌埠駐有王天培軍長所部隊伍。車過蚌埠時，王軍長執意招待，因去其總部一行。據王軍長告知，津浦南段分成三截，蚌埠以南屬於北伐軍，過符離集後則屬於西北軍，至徐州附近一帶則屬於敵方的五省聯軍和直魯軍。而游兵散勇、歹徒匪類，則不時出沒於三不管地區。因此，列車北駛必須特別小心，他已與駐防歸德的西北軍聯繫云云。迄抵符離集，果有西北軍派到小隊，前來接引。而如何通過敵對地位的徐州，以及列車如何由津浦線轉入隴海線，此中安排，我們全不問訊。直至列車駛入歸德站，見到鹿鍾麟（瑞伯）總指揮，才算脫離危險地帶。但我們一路之上，匕鬯不驚，固絕無不安全的感覺。

抵鄭州，馮先生已去洛陽。我等暫留一天，津浦路所派專車即由此駛回。據金城銀行經理金頌陶見告，章篤臣案所構成的罪行如資敵、貪污等等，都屬表面文章。其中癥結，在於武漢政府派任史尚寬到鄭接任隴海路局局長，篤臣恃其與西北軍將領已有聯繫，未肯即時交卸。但未曾理會到寧、漢分裂，大局已起變化，馮氏所處地位似有偏向，不能不遷就漢方。篤臣既因媒孽有人，又重以政治上的影響，因此馮便把他扣押在孫良誠軍部。據說當時曾加手銬腳鐐，儼如對待盜犯一般。至此我才知此案又另有其內幕。

次日，我等一行轉乘隴海路車直駛洛陽，到達時已近黃昏。馮先生親自來接，同去其總司令部。晚飯時我詫異地見到孔庸之（**祥熙**），他似不勝委屈地說他在此已住了一個多月。接手我又詫異地見到徐謙（**季龍**），這才明瞭情勢殊不簡單，寧、漢兩方都各派有代表把馮拉緊。後來，馮指住左廂房和我們說：「我把孔先生安置在這邊。」旋指住右廂房和我們說：「我把徐先生安置在那邊。」其意蓋指徐先生為漢口派來的，屬於左邊；孔先生為南京派來的，屬於右邊。左右分廂，恰好表示他倆的政治立場，也就給馮氏幽了他倆一默。

席間，我覺得這場合不適宜於談論政治問題，乃專就章篤臣的案子向馮氏詰詢。我說：「我以前曾和你說過，俞人鳳（**詹天佑的得力助手**）、章篤臣都是辦鐵路的幹才，篤臣縱使犯罪，在未查實以前，你怎能給他戴上手銬腳鐐，和江洋大盜一般看待？中國人最重廉恥，即使你對付部下，也不應一味罰跪、打軍棍，傷害了他們的自尊心。這些話以前在北京、在南苑，我不是時常規勸過你的嗎？」

三、馮玉祥約我月夜談心

馮氏不待我詞畢便嚷著說道：「李大哥，哪有這門事？吃飯吃飯，吃了飯再說。」飯後在吃水果時，馮氏霍地站起向同座說道：「各位在此寬坐一會。」旋喊著我說：「李大哥，咱倆去看看吳佩孚的廣寒宮吧！」他隨即吩咐一個衛兵，擎著桅燈，作為前導。我倆走出總部大門時，當頭正是一片月色。他指點著馬路和我說：「洛陽恐怕是第一次來吧！吳佩孚修的馬路倒還不差，我們就在這條路上蹓躂蹓躂。」

前進約三百碼後，他突喝令衛兵站住，隨手接了桅燈，單和我一人繼續前進，約離衛兵二三十碼地，他把桅燈放下開始和我談話。

他說：「你這次來先見過蔣介石啦？」

我說：「不錯。我以前並不相識，這次我卻連見了三次。」我便將自上海範園錢宅起以至南京丁家花園止的一段經過，源源本本地告訴了他，包括我將他比作寧波鄔志豪的笑話在內。並聲明這是描寫他雖已扶搖直上，只因行伍出身，卻還不脫丘八氣味。

我老不防他聽了後使勁在我的肩胛上一拍，同時嚷著：「你可把我馮玉祥捉摸透啦！你說了我的脾氣給他聽，你也得把他的脾氣個性給我說個明白啊！」

我說：「我才見過他三次，接觸很少，認識不夠。但可連類而及的，如同你的老朋友一樣，奉化人多少有些奉化脾氣。」

四、打開話匣勸老馮合作

他忙問這老朋友是誰？我便舉王儒堂以對。

「哦！儒堂不是寧波人？是奉化人？」他似問非問地說著。

我說：「不錯。我是寧波鎮海，儒堂是寧波奉化，都被人籠統地稱為寧波人。寧波原為一府，鄞、慈（谿）、鎮（海）、奉（化）、象（山）、定（海）六縣為其舊屬。各縣民風有其相同之點，亦有其特異之點。奉化在鄞江上游，山水清秀，但距海較遠，交通不便。當地為一農業社會，鹽、茶、竹、木，出產豐富，頗能自給。故其民性堅韌，倔強自足，把自己看成四明山的巔峰般高高在上。這就是所謂奉化脾氣。儒堂是你老友，你和他接觸得多，你總感覺他有這一類的性格吧！」

經過我這番解釋後，他說：「這麼說來，倔強脾氣倒是好的！」

我說：「我這次來除了營救章篤臣外，最大的目的就是勸你和他（**指蔣先生**）合作。我和他短短的三次會面中，他使我激動的有兩件事：其一為他聽到我說王儒堂和你有關係，他便先我而去，面晤儒堂，請其和我同來鄭州，向你勸解。其二為在範園席間我提到中興煤礦由政府接收問題，他在明瞭其中並無逆股和黃陂總統晚年生活全靠該礦董事長公費以資挹注後，他即席關照錢新之將已發表的接收人員撤回。這些都是奉化脾氣的表現。我以前勸你不要和吳佩孚合作，是為他過於剛愎自用。今天我勸你和蔣介石合作，是為他的強韌倔強。這兩種性格，看似一樣，其實不同。而我的一反一正，其意義卻是相同的。就大局言，蔣雖總領師干，領導北伐，但對北方情形，你自比他認識明透。反轉來說，你雖到過湖南、四川，但對江南及西南，你卻輸他閱歷之深。如果你兩人互相推重，輸誠合作，那麼，完成革命，統一中國，豈不也就符合了你一向所抱救國救民的志願嗎？」

五、老馮王顧左右而言他

我一口氣說了這些話後，他乃沉吟地答道：「話雖不錯，可得看看眼前形勢和事實。我在這裏，北面有個張作霖，西北有馬家子弟兵，閻錫山一向是善觀風色的。我的基本實力不過如此，我就不能不有所顧慮。我和介石都是受命於國民政府的，現在形成兩個中央，寧、漢對峙，這局面很使人困惑。我總想把他們調停一下，互相了解，互相團結，這才能打開一條出路。」

我說：「團結當然重要，但北伐計畫亦須及時推進。丈夫重意氣，信義應是軍人本色。據蔣先生與李曉東（**鳴鍾**）後先和我說，北伐以前，你曾派曉東等三人南下，密洽南北夾擊，打倒北洋軍閥。當時，蔣先生因東江尚未肅清，請你暫時消沉一下。等到十個月後，再請你回來領導北方。這話可是有的嗎？又據黃膺白和我說，不久以前，你和蔣先生曾在津浦南段某一小站會面，商定會師徐州的策略，這話可是有的嗎？」

他經我接連地提出事實上的詰詢後坦然說道：「這些話全是事實，一句不假。」

至此，我指住天空的月亮向他鄭重地說：「明月在上，大丈夫信義為先。你既接受革命洗禮，立願完成中山先生遺志，那麼北伐軍事自不能於中途有所分歧。我停敵動，我退敵進，這裏面哪有遲迴餘地。論理、論事，你得一鼓作氣，哪容徘徊顧慮？」

不料，這番粗獷露骨的說話，其所帶來的反應，卻是悶聲不響。稍待，他以王顧左右而言他的神情轉過頭來，說聲：「好吧！咱們還是去看看廣寒宮吧！」

六、下榻吳佩孚的廣寒宮

他旋將桅燈提起，和我漫步而前。行不多久，到達吳佩孚舊時的總司令部。他指點一座三層大洋樓說道：「到了，到了。這就是啦！」我進去瞻仰一番，只見四周牆壁，卻還巍然矗立，但屋頂及兩層樓板，都已蕩然揭穿，一片月色，浸透了那裏面的幾堆瓦礫。當年所謂「八方風雨會中州」的鈴閣崇轅，一霎眼間已全是衰敗景象，獨餘門樓上康有為所題的「廣寒」兩字，約隱猶存墨酣筆舞之致。此時，他以滑稽的口吻說道：「我就招待你和儒堂他們住在這裏吧！」言次，他指著大樓旁的五間平房續說：「這些屋子都是我蓋的。現在只有一間給蔣鴻遇（**靜庵**）住著養病。其餘全空著，正好招待今天到來的四位客人。」其時夜色漸深，我倆便從原路折回，帶轉那位站在馬路上的衛兵同返總部。此後，我與儒堂等便暫為廣寒宮的住客了。

以後數天，馮氏似忙於軍事布置，我很少看到他。我們一行，長日無聊，相與談天、下棋、打橋牌以遣永晝。好在隔房的蔣靜庵是我老友，我便時常蹓去和他閒談。他為馮氏的老參謀長，後任甘肅省政府主席，在沙漠中翻車受傷，在此養息。其人氣度深穩，言語從容，雖屬軍人，卻富涵養。我從他處稍稍知悉西北軍的近狀。至於我所負任務，自與馮氏在月下暢談後，是否有所影響，我固不得而知。即儒堂、厚生如何向馮進言，我亦未曾加以理會。

七、劉驥回洛陽情況好轉

五天之後，間接的反應到來了。我的房中，突然闖進一位不速之客。我拉著他的手問道：「怎麼我來了這久老是看不見你呢？」他答：「我不在洛陽，我一向都在武漢，前兩天總司令把我調回來了。」我便提起北伐前李鳴鍾等南下密洽的往事訊以經過。如屬事實，應和蔣先生合作到底為言。他說：「你不知道，不是我們不肯合作；他自己要垮啦！現在他的部下都要倒他。」這些話對我這個政治上的門外漢說來，當然不易接受。他見我有遲疑之意，便接口說道：「你等著瞧吧！十天半月，你準有好戲可看。」談畢，他便揚長而去。

這位不速之客究竟是誰呢？他便是當年馮氏派往廣州密洽之一員，現為派駐武漢的馮氏代表劉驥（菊邨）。他為湖北人，日本士官出身。他的先兄劉杏邨是在辛亥革命中犧牲的，所以馮氏對他相當器重。當時，我以疑慮的心理，於他走後，往訪隔鄰的蔣鴻遇，轉述菊邨所言，相與討論。蔣說：「他的話是否可靠，我不得而知。但他在武漢是位紅員，除任西北軍代表外，還擁有軍事委員會委員長的名義及其他要職。現在一下子總司令把他調回洛陽，也許心理上有點那個，因而故作驚人之語，亦未可知。話說回來，他被調回，對你和儒堂等此行所負的任務總不失為一好消息。因為，總司令如果絕無轉變的意向，他怎肯在這重要關頭撤回其代表呢？」

八、在老馮總部遇龐炳勳

再過一天，直接的反應到來了。我於侵晨起身後，馮派人約我去其總部早飯。我到時見座間除馮氏外，僅有另一客人。我經馮氏介紹後才知此人即為聞名已久的龐炳勳。龐為馮的部屬，其所部駐防許昌、信陽一帶，與鄂境相當接近。大概陪同馮氏用早飯，在西北軍中似不是一件尋常的事。馮即席對我指出龐為有血性的忠實將領，驍勇善戰，還在其次。隨後他便把一段事故揭露出來。即在那天幾天裏，武漢方面的唐生智，忽派員向龐勾結，送到大批物資，計有槍枝三千桿、麵粉三萬袋、現鈔六十萬元。龐於照單全收後，趕來洛陽，向馮報告。一面表示其忠心耿耿，使馮氏在精神感到快慰、一面並將全部物資解繳總部，使馮氏得以稍紓燃眉之急。按之西北軍自五原誓師以來，一路鬧窮，窮到迫使馮玉祥不得不以西北煙土抵充軍餉，這是他生平最傷心的一件事。向使其時龐僅止於向馮告密，而匿報厚賄，或截留若干，馮亦無可如何。難得的是，龐的所部亦在饑餓邊緣，竟能清白乃心，全部公諸袍澤，這就不得不由馮氏特加慰勞了。

此是軍中祕密，向我揭露，當有用意，因此我不免懷疑這頓早飯的作用。繼而一想，我才明白，這便是馮玉祥於我於月下談話的間接答覆，暗示他已在轉向，否則劉驥何致調回洛陽，而唐生智又何致企圖勾結其部屬龐炳勳呢？

我和儒堂等此行所負的共同任務，到此總算告一段落。至於我如何繼續營救章篤臣，又馮氏如何被經濟困擾，影響軍事進展，姑暫保留，作為下次談話的資料吧。

第十五章
在鄭州與馮玉祥紙上談兵

前節李晉先生談到其於民十六春與王正廷（儒堂）先生等一行於奉命赴洛陽勸促馮玉祥履行前約，會師徐州，抵洛晤馮後，似已得到良好的反應，可謂不虛此行，自感快慰。但李先生則仍縈懷於隴海鐵路督辦章篤臣被扣一案，雖曾面向馮氏約略提及，但未獲有端倪。而在軍事倥偬之中，又未便以此瑣瑣，向馮時相瀆擾。用是踟蹰審慮，頗苦心頭片石，無從放下。

一、壓迫商民使用流通券

李先生說：

我當時住在吳佩孚的「廣寒宮」作客期中，長日無聊，輒往隔室和蔣鴻遇（**靜庵**）聊天排遣。有一次，靜庵攢眉蹙額地和我說道：「總司令（**指馮玉祥**）老是叫我多休息，少管事，每日燉雞湯喝，先把身體調養好。這番盛意，我自感激非常。可是眼前這座名城（**指洛陽**），連雞也買不到了！」我聽後駭異，頗露茫然之意。他知我不悉底裏，便繼續說道：「不知薛子良（**篤弼，時為河南省主席**）他們攪些什麼？自從流通券發行以來，壓迫民間，接受這不兌現的鈔票。商民拿出去的是實物，收進來的是廢紙，貨賣完了，無法補進，就此關門大吉，這些還是上等良民。狡黠的看到風色不對，把貨藏起，或遠走他鄉，易地營業。實迫處此，卻亦人情之常，何能苛責？因此之故，以致洛陽城內，弄得十室九空，商業幾於停頓，你們遠道而來，受到總部招待，和地方上很少接觸，當然不會了解此中情形。我是身受其窘的，連雞都買不到了，便是鐵證。局勢如此惡劣，我還能安心養病下去嗎？」

經靜庵這麼一說，我才知道彼時馮氏所部的西北軍所受的經濟困擾，其嚴重程度，還不止於軍民對峙，即士氣亦為之不振。

過了幾天，馮先生邀我共進早餐，同往閱操，於回到總部後，我便向他提到流通券的問題。馮氏不聽猶可，一聽之後，眼眶內突然淌著淚水，悽然說道：

「李大哥，你可相信，我馮玉祥竟曾拿過鴉片煙當軍餉呢！這真是說來話長。我們自去年（**指民十五**）九月十七日在五原誓師出發之時，可以說窮到草紙都找不出一張。當時，有人向我獻議，不如把甘肅、寧夏一帶的民間煙土，徵發集中，分配給各軍師旅，由他們沿途發賣，抵充軍餉，以濟燃眉之急。和尚無錢經要賣，我在此時，能不從權一下嗎？總算難關渡過，我們借仗鴉片煙的幫助，居然由五原進抵西安。可是，迤邐千里，鴉片煙也就賣完了，軍餉又復陷於絕境！於是，便由薛子良想出這個流通券的辦法來。他從藩庫中找到前清富秦銀行遺留下來的大批鈔票，加蓋上流通券的戳記，作為軍餉，分發使用。這明知行不通的，只得施以壓力，迫使民間接受。初時還不覺得怎樣，及抵河南，這亂子越鬧越大，監牢裏雖已抓進了不少的人，但嚇不倒老百姓，他們仍消極抵制，演成眼前停市的狀態。其實，這些流通券不只害民，也害了自己。我們付給老百姓的是廢紙，老百姓來完糧納稅而繳給我們的也就是這些廢紙。我們並非不知軍民交困的後果是太危險了，怎奈除此以外，想不出第二個法門。拚命吃河豚，一時也就管不得那許多啦！」

二、抓住機會營救篤臣

我聽完這一席話，也不禁為他憂心忡忡。便不自量力地自告奮勇，表示願意赴開封一行，和薛子良當面商量一下。我自信和鄭州、開封等地的金融界都很熟識，西北軍固須急於解決這個問題，相信民間和商界亦同樣地急於解決這個問題，如果從旁疏解，因勢利導，多少總可想點辦法出來。馮氏一聽如此，大感興奮，猛抓著我的手兒說道：「這就辛苦你跑一趟啦！事不容緩，我立刻和子良通電話，你就今夜動身好了。」

此時，我便抓緊機會提出章篤臣的案子來，要求解決。馮事不防有此一著，反詰地問道：「咱們哥兒倆說句私底下的話，你和章篤臣到底有什麼關係？」

我哈哈大笑地回覆道：「章篤臣幹的是隴海鐵路督辦，我辦的是京漢鐵路上的礦區，彼此風馬牛不相及。我和他只是份屬朋友，誼忝同鄉，外加我認識他是個人才。如果談關係，難道我當年要你營救羅鈞任（文榦）也是為了私人關係嗎？說到案情，我可斷言章篤臣確是含冤負屈。如果說他資敵，他怎的當時不隨奉軍一同撤退？難道他不怕死，待在鄭州，等你來抓？如果說他貪污，隴海路的借款一古腦兒只有幾百萬，而誣告的也說他受賄幾百萬。難道銀行界怕錢燙手，低息貸款，還須偌大花費，孝敬經手的人？就事論理，可見所謂資敵、受賄，全屬虛構之詞，章篤臣委實是無罪的。」

經過這番分析，馮氏乃打開天窗說亮話，聲明扣押章篤臣原非出其本意，係由（**武漢方面**）交通部長孫科（**哲生**）交辦的。現在案情明晰，囑我轉知隴海鐵路局職工會、鄭州商會等團體再來一次公事，聯名請保。

我則認為如此固好，但案仍未了，對於交通部尚難交代。不如由馮氏委派一隴海路新督辦，將此案發交新督辦撤查具覆。一面姑准保釋，待新督辦呈覆「查無實據」時再予銷案，似較面面俱到。

馮氏對於此意大表贊同，而對於新督辦的人選卻苦於一時無從物色。他在考慮一過後，委婉地問我道：「你看，請儒堂先生屈就一下，不知可不可以？」

我說：「儒堂此來，亦與此案有關。我想他可以接受的。待我回去代為徵求同意。」其後，章篤臣案即循此一辦法處理，而儒堂亦接受所請，繼任隴海鐵路督辦，開始其在北伐後的政治生活。

三、對症下藥提出兩建議

兩項任務，至此告一段落，心情自屬愉快。我乃漏夜啟程，直奔開封，希望能對西北軍眼前的經濟困擾，能從旁有所幫助。抵達開封後，薛子良主席見告，流通券已共發出八百萬元，除散在軍隊中有二百萬外，其餘皆流入市面上了。

我於河南省的稅收及財政概況雖不甚了了，但因辦礦多年，這裏面的情形卻很熟悉。我知道當時英商煤礦「福公司」每年報效河南省府八十萬元，此款大可加以利用。因此，我遂向子良建議，發行省公債八百萬元，分作十年歸還，即以「福公司」每年的八十萬元作為準備金。一面再以全部公債向開封、鄭州兩地銀行抵借六百萬元，先由銀行繳交現款三百萬，其餘三百萬待由各地商會將民間所持之流通券登記完畢再行繳交。一切手續辦妥後，准由老百姓按照流通券票額兌回現鈔。同時，我又向河南財政廳長魏宗晉建議設立河南農工銀行，發行輔幣券二百萬元，並恢復造幣廠鑄造銅元，以期活潑農村及手工藝的經濟。其後隴海鐵路沿線及徐州一帶市面上使用當十、當二十的大銅元即由此而來。

薛主席、魏廳長對這兩項建議，完全同意，當即約集有關方面，如：開封商會會長杜惠東、交通銀行行長王仲猷、中國銀行行長潘仰山、開封電燈公司總經理及麵粉廠廠主劉海樓等開會討論，即席一致贊成，照案通過。杜惠東且起立表示：「莫說當局以八百萬公債抵借現款六百萬，如果流通券停止發行，即使由商民捐獻六百萬，亦無不可。」這話在表面上顯屬冠冕堂皇，骨子裏則暗刺流通券貽害之深，已使商罷於途，農輟於野，社會上的生機幾於完全葬送了！如使捐獻六百萬而能挽回經濟上的劫運，還是一樁便宜的交易啊。

四、老馮安排鮑羅廷返俄

我在開封，原多老友。此來不易，正擬乘便登門拜訪間，子良來告，馮先生約我和他即夜同往鄭州。登車時河南省建設廳廳長劉治洲（**定五**）亦相偕以行。其時馮的總司令設於鄭州車站，馮氏亦已由洛抵鄭矣。我等到達鄭州時正在侵晨，即便與馮相見。他先就解除西北軍的經濟困擾一事向我表示謝意，繼則解釋他要我漏夜來鄭的緣由。他笑嘻嘻地說道：「我沒有別的事麻煩你，我只是要你趕來看看那個把我們中國攪得烏煙瘴氣的俄人鮑羅廷，我今天約他吃早餐，請你們做陪客，等一會他就要來了。」說畢，馮氏引我和子良、定五等同入餐廳。

未幾，鮑羅廷在陳丕士陪同下乘車抵餐廳，馮氏上前和他寒暄一番，並為我們介紹，又邀大家攝影留念。當時，馮氏特繞到我的身旁，笑著低聲說道：「你看！你看！這傢伙匹上那件麂皮印花的大氅，活像是戲臺上的黃天霸哩！」

大家就座後，席間只有馮氏和鮑羅廷談話，由陳丕士任翻譯，談的是鮑由華返俄的路線和安全問題。馮氏告訴他，先經隴海路把他送往寶雞縣（**隴海鐵路的終點**），再用汽車送往蘭州，然後用駝車通過沙漠與戈壁送達俄境。馮氏談到新疆大戈壁遼闊的情形，鮑羅廷似有誤會，以為荒野之區，安全可慮。至此，我乃以英語厲言，指出馮先生的原意是：「戈壁雖遼闊荒野，而有馮先生派員保護，決可安全通過」云云。鮑羅廷始釋然。

自我來豫以後，因戰事關係，交通阻滯，外間消息幾於完全隔絕。從這頓早飯中，我回憶洛陽月夜中與馮氏的談話，猜想馮氏所說擬為寧、漢兩方進行調節一節，當已實現，否則鮑羅廷不致由西北回國去了。

五、局勢突變老馮要撤退

此時，鄭州市面氣象，已轉趨蓬勃。儒堂已就任隴海鐵路督辦，章篤臣於釋放後，亦由馮氏充總部交通顧問，此時均在鄭州。孔庸之、趙厚生、凌冰等並皆抵此，與我同住於中國銀行。而蔣先生的軍事代表方聲濤（**韻松**）亦洽由南京到達，整個形式既已改觀，個人情緒亦隨而開朗，比之索處洛陽「廣寒宮」時大異其趣。唯薛子良則已折返開封，劉定五則由馮氏派往太原作為其聯絡代表。子良旋託人由開封送來白蘭地酒數瓶、雪茄煙一大盒。此時此地，見到這樣雋品，殊為難得。章篤臣以其本身糾紛，勞動親友，遠道馳援，乃大治盤餐，聊申謝意，而由我取出子良所送洋酒，遍酬同好。我並將何其鞏（**克之**）請來參加，以其亦嗜杯中物，分嚐一盞，大可紓其卷牘之勞（**其時何氏為馮的祕書長**）。大家正在興高采烈開懷暢飲之際，突見傳令兵倉皇而入，面告克之，說：「總司令有請。」克之只得立即退席，匆匆而去。未幾，克之派人送來一截紙條，上書「前方有變、總部西撤」八個字。大家傳觀以後，面面相覷，大感詫異。一時酒興全消，不待終席，我便隨同庸之、聲濤、儒堂同往總部，探詢究竟。

到達後頓覺氣氛已有不同。總部內的東西都已收時起來，滿地皆是碎紙廢物，往來的人亦都帶有慌張的神色。馮氏和我們說：「津浦南段王天培部兵變，前方消息混亂，我得回洛陽調度一下。」稍待，何克之送到李協和（烈均）的來電一通，其大意為：「王天培部兵變，直魯聯軍乘機南下，介石下野，我刻在南京坐鎮，支撐大局。……」馮氏將電報攤給我們看，連稱：「局勢敗壞至此，我沒法不暫時撤退！」

六、酒後疏狂紙上談兵

也許是酒後情緒上過於衝動吧！當時，我不經思索地脫口向馮氏嚷著：「他下野，你得幹啊！如果為了直魯軍南下，你又西撤，北伐不是完了嗎？還談什麼革命！」

馮氏說：「我的實力不過如此啊！獨木難支，我得審慎，我怎能盲目地幹？」

我接口說：「黃花崗之役，他們有多少人？難道你今天的實力還比他們差嗎？你們開口革命，閉口革命，事到臨頭，還是一味保全實力！」

馮氏經此一激，氣沖沖地問我道：「依你說來，便當怎樣？你說！你說！」

我說：「這時直魯軍南下，只是一股傻勁子向前衝，他們諒不會提防到你。如果你密令前敵部隊，含枚疾進，給他們來個攔腰猛截，豈不暗合兵法上的出其不意、攻其不備？否則你是跑了，難道我們這批人也跟你退往西北嗎？」

在這些話中，似乎「出其不意、攻其不備」兩句話把馮氏說得有點活動起來，他轉以商榷的態度反詢著我道：「你再說說看，你有些什麼具體的見解？」

我說：「據我所知的情形，你現在可以密令石友三部出大名、韓復榘部出河間，同奔德州。一面你再密令鹿鍾麟出歸德，兜頭迎上。這麼一來，縱然起不了大作用，至少直魯聯軍的攻勢可以被你遏堵住，也就可以減輕南方軍隊所受到的壓力了。」

馮氏見我紙上談兵般口講指畫，似是暗中在好笑，因以譏刺的口吻問我道：「你可知道，我後面還有一個張作霖？我一出動，你能肯定地說他不致拊我之背嗎？」

這一記悶棍，相當沉重。可是，那時我不知從哪裏得來的靈感，竟能毫不遲疑地把話頭接上，我說：「你太健忘了！幾天前你不是派劉治洲去了太原嗎？你只須要他策動閻錫山的晉軍堅守石家莊，奉軍也就絆住了。這一點，我相信晉軍定能同意，也相信一時間可以守得住。」

馮氏見我沒有被他難倒，接著又提出第二個問題來，他說：「那麼湖北的唐生智呢？你能保證他不從我們的後面有所異動嗎？」

我又接話還話，我說：「直魯軍是彼此共同的敵人，唐生智諒不致乘火打劫，為萬一計，你可將現駐信陽、許昌一帶的靳雲鶚一旅人，和駐豫東的龐炳勳對調（**按：龐部原駐信陽、許昌一**

帶，因龐氏曾乾脆沒收唐生智送來的一筆賄賂，而又拒與勾結，調往豫東不久，其中情節，已詳本文上節），靳雲鶚是吳佩孚的舊部，把他駐豫東，讓龐炳勳再去駐防豫南，擋住唐生智，正是旗鼓相當，必可無虞。而靳部調駐鄭州附近，能受到你的直接監視，他雖非嫡系隊伍，也就不得不完全聽命於你啦。這一著棋，對內、對外，我看都有些作用吧。」

七、一場辯論哄笑中終結

這些話說得馮氏不禁莞然，但他的問題還繼續提出。他說：「那麼，河北（**指河南省的黃河以北地區**）的土匪如紅槍會、黃紗會這一類，若乘機搗亂，你又怎樣說法呢？」

我說：「這是癬疥之疾，眼前駐在河北的吉鴻昌儘可勾當了事。若再慎重一點，請張之江去坐鎮，更為周到。……」

馮氏不待我詞畢，便截住說道：「你有所不知，之江他從南口之役後，腦筋已有點那個，不宜再煩動他了！」

我說：「這不須煩動他。誰不知他是西北軍的大將，只須給他位置在河北，自會發生鎮懾的作用，這叫做『先聲奪人』啊！」

其時，在我和馮氏反覆對口之下，在座的孔庸之、王儒堂諸氏只有瞪著大眼的份兒。我的有問必答、不憚詞窮、信口說來、歪打正著，亦不知從何得到這份便給。彼時獨有方聲濤搖頭播腦，笑容可掬，似於我的說詞感到興趣。這一幕情況，及今回憶，猶不免啞然失笑！

至此，馮氏站了起來，向我搖著手喊道：「別鬧啦！別鬧啦！我就聽了你的。等我打到南京，把你護送回去，這總滿足了你的心願吧？」

我說：「既然如此，你得先給協和先生去個覆電，說你已在發動，請他安心坐鎮。我們回南京事小，打到南京後你把蔣先生迎回來，顯出你光明偉大的風度，這才是大事啊！」

這場辯論，就由最後幾句話逗得大家於哄然大笑中予以結束。我們這幾個人在總部略事盤桓後，便向馮氏告辭而出。行不多遠，碰到張之江迎面而來，他全副戎裝，興致似乎很好，和我們打了招呼後便說：「總司令正在傳見，改日奉訪，改日奉訪。」說畢匆匆而去。

事後得知，他的河北宣撫使一職，就是在這一次傳見中發表的。至於馮氏的動向，留待下回再說吧。

第十六章
我與庸之專車離鄭南歸記

按：民十六年八月十二日，蔣先生為促進寧、漢合作，辭國民革命總司令職。十四日，胡漢民等亦繼之通電下野。二十二日，北軍孫傳芳部突自龍潭、棲霞山一帶渡江，謀取南京，但終為革命軍所敗，是為北伐史上有名的龍潭之役。至是年十二月十六日，馮玉祥的西北軍協同革命軍再克徐州。其時，唐生智已告下野，武漢政府亦告消滅。蔣先生乃於民十七年一月九日通電復職。二月十六日，蔣、馮兩氏會晤於開封，商定北伐全部計畫，改組西北軍為第二集團軍，山西軍為第三集團軍。五月一日，第二集團軍孫良誠所部協同攻克濟南，鹿鍾麟所部抄襲德州。三日，濟南中、日軍衝突，日軍慘殺我交涉員蔡公時等十六人，是為「五三慘案」。自此以後，渡河部隊，以第二集團軍負較重責任。十三日，該集團軍韓復榘部與第三集團軍會師於石家莊。六月八日，第三集團軍開入北京時，韓復榘已先進據南苑。九月二十五，王正廷就任外交部長。

以上所記，為當時正局變化及第二集團軍戰績的簡述。李先生以後即在此一背境下，續說其有關的親身經歷。

一、胡漢民的一封怪電

李先生說：

我於鼓勵馮先生中止西撤，挺身負責，並做紙上談兵後，自審外行，隨口答問，一切意見，未必中肯。迄聞張之江於馮氏傳見中即被任為河北宣撫使，似覺馮氏於我所言，已有相當採納，其態度之堅定亦從而得到證明。因此，我等一行，無不忻忭，日夕矚目於時局的發展。無如當地報紙，消息簡單，無足可觀。上海報紙，因受軍事影響，遞達經旬，都成陳跡。馮氏既忙於軍事布置；儒堂亦以配合軍事行動，須忙於隴海鐵路之調度；均少相見，無從探詢。以故，在此一期間所發生的大事，包括龍潭之戰在內，我等如處五里雲中，殊多隔閡。即有所聞，亦已為明日黃花，失其價值。

唯憶與馮氏談話後的第七天，忽見剛由上海遞到的《新聞報》上載有胡漢民致馮玉祥一電。其大意略謂：蔣先生下野，其原因為何，不得而知。我輩「長衫同志」只得隨之一走，以謝國人。結尾兩句，為「一柱撐天，吾公有焉」八個字，畫龍點睛，詞意突出，故我至今尚能記得。細繹涵義，似指蔣之辭職，是由於馮的影響。現在一切既都如你馮氏的意，就讓你姓馮的獨個兒去幹吧。

我以局外人，經過月來所面對的事實，對胡電措詞，不禁起有反感。因我眼見馮氏撤回其駐武漢代表，部署軍事，準備履行前約；而外間不察，蜚短流長，形於筆墨，頗為其大抱不平。並恐馮氏見此一電，心灰意冷，改變初衷，提兵西撤，以求自固吾圉，則又不免以大局為慮。我遂拿著報紙往見何克之（其鞏），以其身為馮氏祕書長，馮氏接電後如何表示，當有所聞。詎克之接過報紙一閱後，便嚷著說：「這是什麼話！真真豈有此理。怎麼我們始終未曾接到此電，報紙上倒先發表？你如不來，我們還不知有這回事呢。」言次，即邀我持報同往見馮。馮初亦愕然，嗣即邊讀邊笑，淡淡地說：「他們愛怎樣說就讓他們去說吧。事實勝於雄辯，我馮玉祥不理這些，照著我們的計畫幹吧。」於此，我才明白玩政治和玩把戲差不多。只求能掩住人們耳目，儘可無中生有，指黑為白。而煌煌通電，僅在報端揭露，並不直接發給受報人，事同兒戲，亦屬一奇。

二、孫科派車迎孔祥熙

我聽過如此說法，恰如我所期望，無庸多事囉嗦，當即告辭。只盼時局進展，交通恢復，早日束裝南返。故本回以下所說，多屬身邊瑣屑，無關宏旨。但其間倒有幾樁有趣的事，可供談助。

過此不久，京漢鐵路忽告通車。京漢路局局長楊紀孟奉交通部長孫科之命，特率專車駛來鄭州，迎接孔庸之去漢口。事出意外，庸之大為興奮，邀我同行。我以乘便去漢視察私人業務，計亦良得，樂於附伴。消息傳播後，章篤臣以曾被馮氏扣押，雖經洗刷罪嫌，派充顧問，但由座上客突變為階下囚，在西北軍原屬家常便飯。驚弓之鳥，心膽俱寒，切懇我向馮說項，准其隨同南下，歸省老母。此外，又有韓有剛、李駿耀兩位青年，原在上海任事，因慕西北軍紀律嚴明，有志從戎，自滬投效，分發在外事處唐悅良部下服務。他倆不時奉派來我等住處，奔走給事，乃與庸之和我相識。至此，亦以伺應庸之南下兼謀歸省為詞，浼我向馮代為請假。我在向馮辭行時提到這些事，馮氏摸摸下頦說道：「走吧，走吧！他們都吃不來苦，就讓他們走吧。」

臨發前夕，中國、金城兩銀行經理東雲章、金仲陶特為庸之和我設宴餞行，並召當地女伶陪座。這些姑娘，原是河南馬班的女戲子，以前終年流動，穿村闖鎮，臨時搭臺賣藝，和江浙的草臺班一般，原是一種行業。自西北軍到達河南後，拿出他們的老一套來，矯枉過正，她們就都沒有飯吃了。無奈肚子總得填飽的，在生機斷絕下，她們只得陪客侍酒。說也奇怪，西北軍倒反而不管了。當時，應召的姑娘中，突有一位喊著我說道：「李大爺，咱們十年不見啦，你還想得起嗎？」我在仔細端詳後，才找出她的影子來。十年前，我在彰德府袁家花園作客時，曾看過她的戲，那時她還是黃毛丫頭。十年以後，流轉風塵，她已亭亭秀發，總透著幾分可憐相。我正唏噓感慨間，馮氏適派副官送來賻儀五百元。這是西北軍的大手筆，其實我不需此。我就隨手取來轉給了那女孩子，並自言自語地說道：「這就算我給馮總司令做了一樁間接的大功德吧！」

老實說，西北軍幹出來的事情，好多是令人啼笑皆非的。我那次在開封，見到家家戶戶的大門和門樓上都髹著藍色和白色，我很詫異。後經查詢，才知道這是省政府的的功令，強迫居民必須如此，以配合青天白日的國徽。一時開封城內，白漆、藍漆，頓成熱銷。後來，我和馮氏說：「開國成務，原是一樁大喜事，怎的要居民髹上藍漆、白漆，弄成居喪守制一般，勞民傷財，未免太無意義了。」

馮氏自遊俄回國後，通令隴海鐵路除餐車外，不得在客車內肆應茶水飯食，改在各車站供給發賣，據說這是仿照蘇俄辦法。實行以後，列車抵站前，乘客爭先站近車門。一待抵站，蜂擁而下，勢如突陣奪圍。列車靠站時間極短，乘客落站後，顧住時間飛步搶購。紛呶爭執，隨之而起，強者得以充饑，弱者依然枵腹。迄至汽笛高鳴，列車待發，乘客又似失魂落魄般蜂蠭登車。婦孺被擠在人潮裏，叫囂哭罵，綿亙不絕。因此，每到一站，車上、站上，只見人頭洶湧，秩序紊亂，危險性極大。後來，看看實在行不通了，這才作罷。

閒話說過，回到本文。次日，庸之偕我和章篤臣、韓有剛、李駿耀等人，由楊孟紀陪同乘京漢路專車南下。原與我同來的凌冰卻為馮氏留用，趙厚生與庸之鬧得不甚痛快，均留鄭州未南返。

厚生為教育界中人，曾任暨南大學校長，名士習氣甚重。身材矮胖，患有皮膚病。抗戰後參加汪政權的偽組織，擔任教育部長。這次，他住在鄭州中國銀行，與庸之洽為鄰室，合用一個浴室，趙於入浴後，因皮膚病所遺的蛻皮膿膜，黏附缸底，從不用水沖刷。由此傳染，直害得庸之雙足炎腫，不良於行。庸之責其太不衛生，趙卻絕不買帳。皮屑殘膿，依然狼藉。因此，兩人之間，時生齟齬。京漢路專車原是專誠迎接孔庸之的，自然挨不到他的份兒了。

三、狀元樓堂倌論英雄

三天之內，我們抵達漢口。庸之似是很忙，席不暇暖。事不關己，我始終未曾過問。適有英國輪船下駛，庸之又約我相偕東歸。前此他在洛陽時，恰與在政治上對立的武漢代表徐謙對門而居；馮氏態度，猶未表明；西北軍的傳統習慣，又不是外來人所能立時適應。在這一環境下，其心情壅塞，可想而知，虧他耐住性兒，總算此行不虛，一切如所預期。到鄭以後，武漢派車遠接。到漢以後，各方多與周旋。前後映照，他的氣勢已大不同。時局動向，於此亦可稍覘一二。庸之在登輪後，一團高興，笑容可掬地向我說道：「實不相瞞，今天恰是我的生日呢。晚間敘餐，請你多喝一杯吧。」我為助興起見，回房取贈立軸一幅，表示祝賀之意。打開一看，滿紙畫的正是蟠桃。庸之不虞有此點綴，既喜且驚。以為行篋之中，絕不會帶有這類東西；江輪之內，有錢亦無買處。這謎兒直使他無從猜起，我亦始終不曾道破。原來我到漢口後，已把這幅畫兒買好，準備過江送與武昌徐榮廷老先生，作為壽禮。徐老是我初謁黎元洪總統時見到的人，道貌高蹤，久藏心坎，其生辰故亦牢牢記得。但因庸之行色匆匆，未及致送，以故帶在行篋之中。不料適逢其會，又碰上庸之生日而得以借花獻佛，也就太巧合了。

庸之於船抵南京後即便登岸，我乃獨返上海。其時，平、津仍為奉軍盤踞，我因在滬暫做寓公。所幸津浦鐵路已局部通車，不久儒堂亦即來滬，據說是由馮的委託，為促成寧、漢合作，從事調停聯繫。回憶馮氏與我在洛陽月下談話，其所表示，於此又得一個印證。

一夕，儒堂在滬約我去「狀元樓」便飯，到客有譚組庵（延闓）、宋子文、孔庸之、章篤臣諸位。「狀元樓」為寧波菜館，頗享盛名。所製生炒雞、鍋燒鰻、冰糖腳魚、網油包鵝肝均屬雋品，膾炙人口。儒堂為其老主顧，上自掌櫃，下至堂倌，無不相熟。彼此以老鄉親相待，絕不拘於形跡。就中有一個老堂倌，似和儒堂尤覺投份。以往見著儒堂，總是「王大人」、「王狀元」、「王博士」亂喊一通。儒堂也就嘻皮笑臉，打起寧波土白，和他道長論短。

也許因為儒堂好久不到「狀元樓」吧，老堂倌見面之後，蹩躄而來，透出滿臉親熱，張羅格外起勁。他看到儒堂帶來的朋友多是身高體胖，除我以外又全是他所不認識的人，他倚老賣老地嬲著儒堂給他介紹。儒堂先指一位向他說：「這是譚先生。」

他接口叫了一聲後，隨把「譚」字反覆咕嚕著。一面又從頭到腳地把譚先生仔細一相，驀地翹起大拇指喊道：「譚先生，你真說得上相貌堂堂啊！如果在前清，你怕不是一品大員吧。」在大家哈哈大笑中，譚先生不免不好意思起來，老堂倌卻咧著嘴兒似有得色。儒堂又指第二位和他說：「這是孔先生。」

老堂倌瞻仰一過後，對於庸之也是大大恭維一番，認為是了不起的人物。

最後，儒堂給他介紹宋先生。老堂倌亮著眼兒說：「宋先生，你真是一位大財神，你的臉色是黃裏帶黑，活像是玄壇菩薩呢。」

人老嘴多，老堂倌還自嘮叨著。他一手指住儒堂一面發話：「你們這些人都是大好佬。我們寧波人，如今也更抖了。除了這位王博士，不是又出了一個奉化大好佬嗎？」

的確，這位大好佬當時確使寧波人感到驚奇和風光。指的是誰，不待解說。此後不久，這位大好佬在上海舉行婚禮，更屬轟動一時。其間情形，以及儒堂在此一婚禮中所扮演的角色，留做下次的談話資料吧。

第十七章
從章、王談相說到蔣、宋聯姻

前節記述李晉先生等便飯於上海「狀元樓」，該樓的一個老堂倌就座客做其皮相之談，對譚組庵、孔庸之、宋子文諸氏，滿口恭維，歪打正著，說來倒也恰如其份。大家入席後，邊吃邊談，一室盡歡。在座的章篤臣乃就老堂倌的話頭，觸類引申，談到「相術」上去，並當席將其回滬後的親身經歷，說來作為下酒之物。李先生此次和筆者所談的資料，為緊接上文，亦即從章篤臣談相說起。

本節內容的前一段，即為李先生描摹章篤臣當時的口吻，說出其在上海虹口與相士「梅溪小友」打交道的經過。

一、梅溪小友相法如神

章篤臣說：「這次我回上海，可是鎩羽而歸，實在煩悶無聊。有人說『梅溪小友』的相法如神，為了好奇起見，我乃踅往虹口，和他攀談，藉以排悶散心。老實說，妄言妄聽，我並不指望他真個能析疑解惑。

「可是兜頭一句，他已說得我毛骨聳然。他拖長了語調睜著眼兒向我說道：『好險啊！好險！你今天到我這裏來，總算是祖宗積德、吉星高照的了。』那副神情，好像我在鄭州被馮玉祥釘上手銬腳鐐，寄監在孫良誠軍部，他都曾在場目睹一般，不由我不驚。

「我在心神稍定後，繼而一想，江湖術士，有些是故作驚人之語，先給你來個五雷轟頂，在鑑色辨貌下，窺伺你有何反應。然後，打蛇隨棍上，抓緊你的反應而以不著邊際的活話兒盡量誇張，說得你心弦震盪。即以他連聲道險而論，話並不錯，確屬事實。但其中暗伏活門，他並沒指實期間。人生幾十年，履險臨危，誰保僅此一遭？如任其油嘴滑舌，東拉西扯，那就著了他的道兒了。

「因此，我立刻追問一句：『你指的是現在呢？還是從前？』

「他接口反詰道：『誰說從前？我指的正是新近的事。如說從前，你卻是少年得志，一出來做事便當上小欽差呢！』

「這幾句話，斬釘截鐵，可把我說得楞住了。但這裏面卻還有個分別。不錯，馮玉祥扣押我，正是兩月以前的事。給他說中，確然顯出功夫。不過在我想來，大難之後，每失常態，臉上晦氣，或未褪淨，給他捉空兒窺破了並不太難。最令我驚愕的卻是『小欽差』三個字。這事不只陳年，且經隔代（**事在清代末年**）。在座諸公，未必個個知道，他居然一語中的，其相術也就太夠高明了！

「他專揀我平生經歷中的大關節說，著語不多，頗能絲絲入扣。至此，我乃自露身份，報出真姓名，並表示準備脫離交通界，改弦易轍，從事商業，叩以能否果如所期。他從鼻子裏哼了一聲，隨把頭兒搖得和播浪鼓般道：『休談，休談。這由不得你做主的。即使改行，也只是短期間的事，九九歸原，這交通界的飯碗你得捧上一輩子。不過，你是否仍回到鐵路上去，我卻沒法兒給你下斷語。』」

二、王正廷天馬行空格

李先生說：

上面的話，即為章篤臣自道其看相時的對白。其中幾點，我得加以註釋：篤臣名祜，寧波人，留法學生。清末歸國後，初在蘆漢鐵路任事。唐紹儀奏參盛宣懷五路大借款時，篤臣適奉派在法、比兩國購料，清廷即將盛氏經手的法、比借款，著令篤臣就近查覆，廷諭係寄由駐法、比、德、奧四國公使孫寶琦轉頒。其時，篤臣年事甚輕，事出廷寄，因有「小欽差」之名。篤臣貌殊不揚，滿臉皺紋；眼簾霎合，一秒鐘內常達五六次；說話時閣閣作聲，行路則跳跳蹦蹦。據「梅溪小友」說，這是癩蛤蟆形，其奇特處即其主貴處。此後，他雖脫離鐵路界，但最終則任交通部門，亦恰如「梅溪小友」之所預言。

過後兩天，王儒堂忽然動興，約篤臣陪訪「梅溪小友」，邀我同往。這相士先把儒堂全身端詳一番，又抓住儒堂雙手摩挲諦視，然後拍案發話向著儒堂說道：

「閣下長頸高顴，體修骨聳，手皮粗糙，指盡灰甲，這些都是特徵。配合一身，隱然天馬行空之格。出得遠門，行得遠路，包管宦途越發開展。尤其左掌心藏有正印紋，你一開始，抓到的便是正印，做的已是大官兒。你絕不須聽鼓轅門，需次遞補，一步一步地挨上去。近年似乎不大稱心，其實無足介意。我不會奉承你，照相論相，你怎能自說是商人？秋深以後，我還斷定你官星交透，又得雲路騰驤，東山再起呢。」

這些話雖屬籠統其詞，但如把儒堂服官的經過，互相印證，自其以工商部次長代理部務開始起，一路抓的確實都是正印。「梅溪小友」所言，可謂語不虛發。最妙的是，他還把儒堂的外交家身份，若隱若現地透露出來，雙目如炬，更不可及。當時，儒堂對其所言，未便自承，亦無法否認，心折之餘，乃慫恿我亦請其一相，藉以轉移目標。其實，我這個辦礦的人，和幹莊稼的人差不多。不問收穫，只問耕耘。對於這些玩意兒，一向不感興趣。相與不相，無關得失。正在推託之際，「梅溪小友」為了爭取營業，哪肯平白放過？已自把話頭先兜上來。

三、總戎復職，蔣、宋聯姻

他首先指出我的事業屬金土一類，繼即指出我亦屬富貴中人。這兩句簡單的話兒，在我聽來，卻別有體會。首句是斷定我的身份，有異於同來的兩位，並非官場中人。次句自是諛詞，但落語很有分寸，僅說我為此中之人，並非說我即其人。最後，他指出我的拳髮隆準，身材高大，手足寬厚，步履穩健。這類形態，彷彿獅子一般。所欠缺的，眉峰過淡，眼秀不威，外加心慈手軟，配合不上全局。以相而論，是為美中不足。但如動念發威，卻仍有挾泰山而超北海之力。娓娓說來，亦自動聽。其一抑一揚，則顯屬江湖口吻。

其時，國內大局似在好轉之中，據儒堂見告，除他此番南來，是受馮先生囑託，於寧、漢兩方，從事調停聯絡，如我在上文所述外，馮先生又已派李鳴鍾前往日本，向下野赴日的蔣先生表示合作態度，並致其團結之忱。看來寧、漢合流，短期間或可實現。是否臨時發生暗礁，則為未可知之數。儒堂又說他這次往虹口找「梅溪小友」看相，其動機絕非為了本身，只是想就個人命運間接推測大局的演變。果如「梅溪小友」所言，新局面的產生應不在遠。否則他是基督徒，求神問卜，事屬異端，為教義所不許。縱然章篤臣說得天花亂墜，他亦不致貿然冒此不韙哩。

四、老馮向蔣表示合作

過此不久，儒堂即返鄭州，庸之等亦以在京時間為多。我和普通人一般，除看報外，絕少其他消息來源。關於政局動向，局外人原無事前預揣、事後索隱的必要。在漫不經意下，以故我腦海中那時所能搜索到的印象，只記得報載成立了「特別委員會」，蔣先生自日本回國，中央全會通過蔣先生繼續行使總司令職權等大事件，似皆在此一時期中陸續發生。而由革命事業聯繫到革命人生、由革命人生聯繫到革命家庭的蔣先生宣言，亦於其時揭露報端。新穎奇突，大大地吸引人們的注目，據說是出於邵力子的手筆，不久，蔣、宋聯婚的大喜訊，即繼此宣言之後，轟動於全國各階層了。

蔣、宋聯婚典禮，是在上海靜安寺路大華飯店舉行。事隔多年，吉期我已記不準了。其時，儒堂陪同馮夫人李德全女士已先到上海，專為此一喜事而來。據說，出面作伐的，馮先生亦為一人。故在婚禮中，馮夫人和儒堂同處於介紹人地位。宋老夫人為虔誠的基督徒，堅持婚禮必須遵照宗教儀式。據說，原請鮑牧師為證婚人，不知因何緣故，鮑牧師一再敬謝。其後，遂由儒堂出面，代請余日章博士從漢口趕來上海證婚，完成此一美滿婚緣。余博士蜚聲於中外教會，在社會上亦極負榮譽，花團錦簇中，著此崇高人物，自合宋老夫人的意旨，為婚典生色不少。

五、大婚過後佳話流傳

大婚過後，新鮮消息紛紛出籠。據說，這樁婚事，其中包含因素甚多：蔣先生以繼承中山先生遺志自任，亦步亦趨，切願事事能服膺中山先生。宋美齡女士則學貫中西，抱負非凡，使非天下英雄，實不足當其一盼。在芸芸兩性間，蔣、宋之結合，可說是互酬所志，順乎自然，此其一。譚組庵先生亦久隨孫總理者，故對於蔣、宋兩家，所知極深。當時，組庵認為蔣、宋結褵，最為理想，彼在蔣先生前曾一再進言，極力促成這段良緣，此其二。孔夫人（**宋藹齡女士**）以大家姊身份，於其妹的終身大事，關切自不待言。唯蔣、宋聯姻，雖按照新的方式，但由相識至相戀，必先由男性主動為之。當時，蔣先生於軍務倥偬、日理萬幾之際，忙裏抽身，好整以暇，於江流滾滾中，曾陪侍宋美齡女士遊覽金、焦二山，在旅遊中，使彼此多加了解，情感增進。聞此即為孔夫人所策畫，此其三。寧、漢分裂，武漢政府異黨人物，曾抬出孫夫人（宋慶齡女士）以國母身份為號召，影響時勢甚巨。據說，宋子文曾欲進言，請孫夫人暫離武漢，免被利用，奈因形格勢禁，無從一面。恰值宋美齡女士遊學歸國，一片純潔，不沾任何政治色彩，前往武漢，省視二姊，事屬人情之常，無人能予間阻。她抵漢後，姊妹重逢，歡心無限，在有意、無意中，雙雙約定同往廬山避暑，孫夫人遂得暫離武漢，脫出漩渦。因此，使寧、漢分裂之局，減去不少政治上之麻煩。此點可從蔣先生當時那篇宣言中可以推想得到，即在配合革命大業的進展上，夫婦一倫應屬於重要之一環。此其四。

以上所云，無非風傳人語，因寫到蔣、宋結合往事，故特就記憶所及，表而出之。

蔣先生復職後，我將有河南之行。一天，蔣夫人來電話，邀我夫婦於晚間同往其祈齊路官邸共餐。屆時，我內人以拙於酬應辭謝，我獨應召。席間除蔣、宋伉儷外，僅我一人，肴核無多，而勸酒頗力。其伉儷雖皆不勝蕉葉，但無損於我的興致。舉杯獨酌，亦自陶然。在端上清蒸鯿魚時，我擎起酒壺，特為蔣先生注上一杯，請其滿引。

蔣先生忙搖著手說：「李先生，你是知道的，我向不飲酒。」

我說：「別的酒總可令儘可不喝，這杯酒卻須賞光。」

蔣先生愕然問道：「這是何故？」

我說：「魚類之中，鯿、鯇、鯉、鱖同稱美味，其實都比不上松花江所產的白魚。我在東北時，曾去吉林省會，在松花江第一樓賞此雋味，肥鮮滑嫩，大快朵頤。吉林省即古之黃龍府，岳武穆所謂「痛飲黃龍」者是。總司令復職後，提師北伐，統一全國，飲馬松花江，與夫人烹鮮進食，完成岳武穆未成之志，直是指顧間事。今夕魚、酒當前，遙想黃龍，預祝順利，故我敢以一杯為敬。」

蔣先生聽罷以後，立起身來，莊容說道：「好！這杯酒我得喝的。」隨手端杯，一飲而盡。

此後，北伐軍進展到黃河流域，在外交和策反上，我因去了北方，得有預聞機會。其中情形，留待下回再說了。

第十八章
策反徐源泉——拖垮張宗昌一幕

本節所述，為李先生在濟南發生「五三慘案」後以其國民一份子的地位於外交和軍事上所做的策畫。當時，徐克誠（源泉）將軍在天津率其所部，參加國民革命軍，即係由李先生策動而來。而王正廷（儒堂）先生於國民政府組織法公布後首任外交部長，亦與其所策畫有關。

一、日軍橫暴，繞道北伐

李先生說：

我自在上海祈齊路蔣先生官邸進餐後，因當時興奮過度，飲酒太多，濕熱下注，痔瘡發作，只得留滬就醫，暫加休養。而將河南之行，臨時作罷。

在此期間，我因抱病未能出門，時局動態，唯從報紙上略窺一二。其中使我感到快意的為：蔣先生與馮先生在開封會晤，義結金蘭，成為異姓兄弟。此後一南一北，經此進一步的推心置腹，其合作無間，完成革命大業，必更如我與馮氏於洛陽月夜下談話之所預期。其使我極度憤慨的為：北伐軍進占濟南後，日軍蓄謀破壞，故意引起衝突，慘殺我交涉員蔡公時等十六人，並將蔡氏的耳鼻割去。其野心勃勃，獸行酷烈，直使我在病榻上如臥針氈，不能自已。

按之當時北伐軍基於決策，制定有「打倒英、日帝國主義」一項標語。軍行所至，沿街張貼，煌然在目。漢口與九江等地英租界之收回，英、美砲艦轟擊南京所釀成的寧案，皆可視為此一標語的兌現和反應。此時日軍在山東甘冒不韙，採取斷然行動，更可視為對於此一標語的有力回擊。雖經蔣、馮兩氏於黨家莊商定繞道北伐，軍事計畫並不因此阻遏，然整個局勢，固已顯見其為格外嚴重。

我在冥思默想中，以為英國人最注重的為實際利益。華中與華南，幾全為英國人的市場，自戰事發生，百業呆滯，英商所受影響自巨。如能利用其利害衝突與國際間的矛盾，使我在外交上闢一蹊徑，以緩和當前的困擾，似不失為一法。因此，我想到原在河南經營煤礦的「福公司」總工程師兼總經理英人堪銳克，正在上海，且曾一度見訪，我不妨以答拜方式，姑做試探。

二、答拜堪銳克下說詞

談到此處，我得回溯前事。先是馮玉祥自五原誓師進抵河南後，即將當地的中原煤礦公司和「福公司」加以管制。中原煤礦公司為北京國會研究系的議員所經營，涉嫌逆產。「福公司」為英國人的產業，有關主權。其預定方案，擬由初步管制進而全部接收。所有業務，統在停頓之列。其後河南鬧出流通券風潮，軍民交困，經我計畫發行省公債，收回流通券，商由銀行界墊款，而以「福公司」每年報效河南省府的八十萬元作為公債基金，金融得以穩定，事詳前文。此一措指定施，無意間卻幫了「福公司」的大忙。事因了該公司報效款項的特種用途，即不啻打銷了原定方案而繼續承認「福公司」之存在。消息外傳，英人堪銳克自有所聞。又因彼此為煤礦同業，以前亦有往來，故在我由河南回到上海後，他即由曾鎔甫先生陪同介見，希望我續為疏解，俾能早日復工。

彼時堪銳克寄寓於上海九江路客利飯店，和我所寓的禮查飯店相距不遠。我以禮貌上應往答拜，更兼意有所圖，故不以痔疾為苦，扶病過訪。談到礦場復工問題，我故意和大局拉在一起。我說：「此番中國革命，其對外在於解除不平等條約，以後國際間能以平等相待。基於此一原則，我相信『福公司』的事業，將來當能得到合理的解決。唯自一九二五年日本人慘殺工人顧正紅而鬧成『五卅慘案』以來，中國人早把英、日兩國等量齊觀。這次日本人在濟南所施的橫暴，因與英人無關。但在中國人已形成的觀念中，總覺英、日兩國是站在一起的，這壞影響未免太不值得。在此時期，你們英國人如能仗義執言，以公正立場表示不為英、日同盟所束縛，必可一新觀感，扭轉中國人所抱的觀念。關於『福公司』的事，那時自會順利地解決了。」

三、言談間提起王正廷

堪銳克聽我這些話後，頗為感動。他說：「日本人這種野蠻的做法，我們英國絕無所聞，也不會因英、日同盟關係而完全蔑視公理與正義。」

我看他的態度不壞，即進一步問道：「你們英國人對於這次事件究竟能否有所表示呢？」

他反問道：「在你的意想中，怎樣表示才能夠符合於你們的願望？」

我說：「至低限度，如果你們英國人對於日本人的暴行有所譴責，也就可以表現公道了。」

「你是否有辦法影響到你們的政府當局呢？」我再追上一句。

至此，他以激動的語氣回覆我。他說：「你的意思，我很了解，我個人亦樂於幫忙中國。但我們商人只能就本身觀察和將當地輿論提供政府，作用有其限度。好在我和現任外交大臣奧司汀・張伯倫的關係不同。我倆是表兄弟；他又是『福公司』的股東，我可以和他直接聯繫，我願意將你的意見去一電報。」

我說：「那麼就請你盡力吧。」詞畢，在我正在告辭之際，他又問道：「誰是我們在外交上應找的對手方呢？」我一時不假思索，隨口作答：「這找C・T・Wong好了。」（**按：即指王正廷氏。**）

此一姓名是他所習知的。經我提出，他便連聲道好，握手而別。

事後，我因在談話中涉及儒堂（**即王正廷**），故將經過情形，去函告知。我並不深期此項談話可以發生若何效力，卻不料儒堂於接信後即趕來上海，向我面詢詳情。原來儒堂此時已受任濟案善後事宜，為我所未前知。他正在尋求國際間對於日本的影響力，使濟南慘案易於解決。他又正有企圖，希望於國際關係有所調整。他認為經由堪銳克這一線索，較之經由其他途徑，增強保密，更合機宜。當由我加以布置，使儒堂與堪銳克直接晤洽。此後堪銳克又曾見訪，以「根據張伯倫來電，詢問儒堂是否確為外交上的實際負責人」。我告以：「這一問題，不如由你逕問儒堂為是。」過此以往，他倆如何繼續接觸、儒堂在其企圖上有何進展，我皆未嘗預聞，僅在開端上由我發動而已。至於儒堂之出任外交部長，則在徐源泉反正以後。就事件經過的次第言，我當於此先提徐源泉反正一幕。

四、憶往事策動徐源泉

談到此事，我又得追溯前因：辛亥革命起義時，我的五叔徵五老先生被推為上海光復軍統領，張宗昌、徐源泉均隸其麾下充任團長和砲兵營長。遜清時代，五叔以候補道需次武昌，因獲張文襄（之洞）的賞識，成為宦海紅員，當時所謂「亂黨」的革命份子，多仗其照料掩護，以前本刊另一文內曾經介紹。其為人慷慨分金，任俠好義，深得部屬愛戴。故其後張宗昌輩雄踞北方，睥睨一世，而於老統領前，猶自足恭盡禮，馴服如初。北伐後，吳忠信奉命潛邀五叔在滬會晤，通過五叔策動張宗昌歸順。張則表示任何事件均可如命，獨此事歉難遵從。其所持理由，因奉張（作霖）於他，恩深義重，他萬不能忘恩負義，倒戈相向。截鐵斬釘，詞意決絕。五叔當時以其雖昧於順逆之勢，而愚忠耿耿，實不可及。為了保持江湖上道義的傳統，以後關於張宗昌所部的事，五叔亦即不遽沾手，留待以後遇有機緣，再行居中誘導。

此時徐源泉已為張宗昌部的第四十二軍軍長兼直隸軍務會辦，駐防天津。徐氏曾東渡日本，學習軍事。辛亥起義，他即追隨五叔，參加光復軍。以一從正途入伍並富於革命思想的軍人，此時負弩前驅，聽命於紅鬍綠林出身的軍閥，其心情自感抑鬱。迨北伐軍底定東南，聲威甚壯，他不禁怦然心動，曾向我表示願「開小差」，南下投效。我勸以光桿軍人，等於解甲，不如擁兵觀變，易受重視，其意始寢。至此北伐軍因受阻於濟南，陳調元部退集章邱一帶。鹿鍾麟部雖已抵達德州，而直魯聯軍仍自憑河守險，相持不下。為謀釜底抽薪，我在病榻中想到徐源泉的過去的表示，認為如遣一介之使，密加策動，使直魯聯軍後方發生動搖，則前敵聯軍自不得不偃旗撤退。局勢改觀，當可翹足以待。其時我的從弟祖楨在上海金融界任職，當授以此意，著其趕往天津，約集任援道君等（**任氏為五叔舊部，曾任光復軍參謀**）共同籌畫。祖禎原在日本學習軍事，後入商界，但在直魯聯軍中仍掛有參議名義，和張宗昌、徐源泉均是熟人，任為信使，恰合身份也。

五、瞞天過海偽造書信

我於事後得知，徐源泉經祖楨等託詞五叔授意，加以遊說後，在原則上自屬義無反顧，在徵信上仍不免有所遲疑。偌大事件，僅憑傳語，頗嫌過於輕率。因此他提出唯一條件，必待取得五叔一言為證。這卻是一個難題：如前所云，五叔鑑於張宗昌的愚忠，一時釋手不問此事。如今要他鼓勵其部曲叛變，這是撬牆腳的勾當，五叔絕不肯幹，祖楨等亦不敢當面提出。可是，這一難題必須克服，打鐵趁熱，尤須及時解決。他們在無可奈何之下，只得採取瞞天過海的手法，偽造五叔的書信，並賺使五叔的姨太太偷蓋私章，然後由祖楨面遞徐源泉，證明事為老統領所預聞，以堅其信。信中大意，無非從大義上反覆闡明。徐源泉原有此心，筆跡印文，又皆熟習，絕不虞其有他。因此墜入彀中，遵命辦理，通電反正。此一轉變，華北全局為之震動。但個中內幕，五叔迄被蒙在鼓裏。

我於接到祖楨消息後，即向蔣先生、馮先生分別電告。旨在報喜，並無他意。詎蔣先生覆電，以他本人正在辭職，關於北方之事，囑向馮（玉祥）、閻（錫山）接洽為言。我恐局勢又有變化，不禁為之徬徨。而馮先生覆電，則於五叔大致欽佩之忱。認為今日華北重見光復軍的精神，實導源於五叔的光榮傳統。並稱除經電飭韓復榘與徐源泉密切聯繫外，並已提請當局特派五叔為河北宣撫使云云。這才使我心境一舒，感到興奮。卻不料興奮中我反幹錯了一件事。

六、何成濬做布袋和尚

出於大意，我貿然將馮先生來電轉寄給五叔，以為可以博其歡心。詎五叔一見馮電，反而疑雲大起。因徐源泉反正之舉，事先、事後，他確無所預聞，而馮電對他一再推崇，顯見其中另有隱情，絕非無因而至。在他著意偵查之下，事難久掩，於是我輩所弄虛玄，先後統被發覺。雖曰成事不說，但他總覺對張宗昌不好交代，不由大動肝火。拍案叫罵。祖楨等隨侍左右，深苦窘蹙。以我遠在上海，無從質證，因將一切責任推在我的身上，以求自解。

五叔脾氣，我是摸透了的，花錢事小，失義事大。自份他日回到北方，將不知何以自處。驀地間何雪老（**成濬**）到滬見訪，據告他是奉命赴天津主持徐源泉反正一事，因最初由我經手，故特先來上海有所諮詢。我於說明經過情形後，意識到何雪老在五叔面前必能為我承擔責任，因將隱衷道破，懇其權充布袋和尚，於去津與五叔相見時，自承一切悉出其所主張，我輩兄弟，僅供驅策，並非主動。雪老與五叔為八拜之交，我們幹的又正合雪老心竅，自無不允之理。以故後來雪老到津，果如所請，為我脫清關係。據聞當時五叔聽了他的說話後，從煙榻上躍起說道：「好啦！好啦！以後徐源泉的事就由你一手去管啦。」迄我回到北方，因為米已成炊，五叔也就不加深究，而徐源泉以後率其所部追隨雪老入駐湖北，則由此一線索而來。

話說回來，我剛才提到蔣先生電稱辭職，無意過問北方軍事。現在又說蔣先生派何雪竹來滬向我有所諮詢，豈非前言後語，有所不符？其實不然。據我所聞，事因外交政策，為適應當前環境，其時已在逐步更張。蔣先生以儒堂早歲參加同盟會，原屬黨人，於英、美向有淵源，易於接近，因認外長一席，以儒堂充任為宜。但此項主張，各方未遽接納。我去電時，蔣先生正為此事，以去就力爭，故其覆電有辭職云云。及後各方同意，蔣先生辭意亦即打消，乃有何雪竹之奉命過訪。其間僅有曲折，並無矛盾。至於儒堂調整國際關係，雖從多方面進行，而英人堪銳克之穿針引線，固為促進英國承認國府之一環之間接影響，其有助於濟南慘案解決者亦大。儒堂之出任外長，自不妨視此事為一契機。

七、長腿將軍粗中有細

於此，我又得回轉詞鋒談到張宗昌的身上了。其時直魯聯軍，由於內部叛變，前後受敵，自非撤退不可。但張宗昌於外傳五叔授意徐源泉反正一節，卻堅決不信，斷定老統領絕不會扯其後腿。事實經過，恰如所料，可見其粗中有細。又天津初經易幟，邏緝綦嚴，張宗昌居然冒險犯難，身入虎穴，則又見其氣粗膽壯。

說來好似小說一般。一天，祖楨接一電話，據對方傳語，云有任援道先生約其前往裕中飯店某號房間一敘。祖楨應約而往，推門一望，則房間內赫然為長腿將軍，並無任氏的蹤影。祖楨知為所賺，心虛膽戰，呆立門前，進退不得。張宗昌已自發話，他說：「小兄弟，不要怕，儘管進來。這回你們幹得夠狠，幾乎把俺趕上絕路啦！」

祖楨無可閃避，只得趦進房間，一面囁嚅地說道：「這不關我們的事，五叔叫做，我們怎能不辦呢？」

張宗昌聽了先是哈哈大笑，旋轉怒容，把拳頭向檯子猛拍，高聲嚷道：「還要賴呢！好漢做事一身當，俺早就明白了。你想想看，老頭子（**指五叔**）是這樣的人嗎？說來誰信？你倒好意思把他扯上。」

至此，祖楨不得不將實情吐出，一切說是出於我的主意。張宗昌這才認為所言不假，申申而詈：「這臭教化子太可惱了，俺可沒虧待過他啊！」所謂「教化子」者，即為當年北方朋友送給我的渾號。

祖楨聽其語氣，似尚不甚嚴厲，乃反問道：「大帥，您以後打算怎樣辦呢？」

張宗昌又來個哈哈大笑，一面拍著祖楨的膊頭說道：「那還用說嗎？只有向關外退啦。俺來天津，正是為了此事。小兄弟，你得關照徐源泉，叫他乖乖地把塘沽、蘆臺這條路讓開來。媽的巴子，自己人不要鬧到開火啊！俺要走了，你就趕緊去吧。」

祖楨處此尷尬局面，巴不得一溜了事，及聞叫「退」，他便立刻告辭。這幕活劇，可把他嚇慌了。

第十九章
張宗昌壞到極點！好得出奇！

由於上節提到了張宗昌（效坤），此次李先生談話即以其為主題。四十年前，李先生曾於其窮困離津時面加評語：「壞人都不幹的事，你這傢伙敢幹；好人幹不來的事，你有時也幹得出來。」以下所記，則多就他好的方面說。因其壞事知者已多，無須饒舌，這裏僅舉一例，以概其餘。筆者敬聆一過，頗覺其人天真流露之處，倒確出於至性至情。偏激之見，以為他好在沒有讀書。如果喝多了墨水，那份僅有的真性靈恐反而完全汩沒了。

一、綠林大學的高材生

李先生說：

辛亥上海起義時，在我五叔徵五老先生統率之光復軍中，張宗昌和陳調元都是大將。癸丑二次革命，光復軍進攻南京幕府山，陳調元先受馮國璋的吸引，張宗昌亦隨而投歸北方。光復軍從此垮臺，上海都督陳其美東渡日本，我的五叔則放棄兵權，轉入上海租界，從事地下工作，掩護一般革命份子。

其後，張宗昌輾轉成為北方的驍將，隨張敬堯入湘。段合肥（祺瑞）對南方用兵時，吳佩孚與張宗昌均以師長地位馳驅於三湘七澤之間。結果，張宗昌的隊伍被打垮了，吳佩孚卻打了勝仗。

吳佩孚於躊躇滿志之際，某次在長沙大請其客，席間引經據典，夸夸其談，表露出儒將風流的勝概。張宗昌原憋著一肚皮的氣，加上幾杯悶酒，聽到這些腐騰騰的酸秀才語，實在耐不住了。他便借酒使氣，故意胡扯，打斷吳氏的話頭。他嚷著說道：

「老鄉！你們都是有學問的文武全才。咱張宗昌的出身卻也不錯呢！」

座客聽罷，皆大感興趣，一面胡亂地起鬨，要他當場說明出身經歷。

張宗昌巴不得有此一問，好把悶氣發洩。他便接口答道：「說起來咱還是大學畢業的呢。你們都不知道嗎？」

這時，吳佩孚意識到他是存心取鬧，緊迫著叫他說出大學的名稱來。哪知張宗昌滿不在乎，他侃侃地說出他是在「綠林大學」中以三鼎甲的高第畢業。

在一陣哄笑中，張宗昌還有下文。他說：「打勝仗什麼屁話都可以隨口說，打敗仗就只有認輸撒手了。能拚命的才是好漢，偶然僥倖，說不上最後勝利。有什麼值得驕傲的呢！」

二、視張作霖為大恩人

這些話是針對吳佩孚的夸夸其談而發。他說畢後，不待終席，一個向後轉，跨著大步地不辭而去，直使吳佩孚瞪著大眼兒失去他的那番張致。

後來一段時期，張宗昌在天津過著閒散生活，侘傺無聊。他是使慣了錢的，嫖賭吃喝，弄得四大皆空，一文不名。而他仍我行我素，每天喝醬油湯，啃大餅、油條，也就捱了過去。我和他見面時，他老把這些過去的尷尬情形向我坦白實說，其意一若「咱佬子能屈能伸，懂得享樂，也吃得起苦」。那時張作霖覺得此人豪爽可用，惺惺相惜，把他找到奉天，畀以兵權，初任師長，繼升軍長，旋委以方面重任。張宗昌受恩深重，感激在心，從此死心塌地，一唯鬍帥（**指張作霖**）的馬首是瞻。上節說到北伐後吳忠信奉命透過我的五叔策動張宗昌歸順，張表示任何事件均可如命，獨此事歉難依從，其故在此。這正是張宗昌的可愛處。

自民十三年九月奉直第二次戰事起，演變到段合肥入京攝政。又由郭松齡倒戈反奉起，演變到奉直聯合而集矢於馮玉祥。迄馮部國民軍於民十五年四月由北京撤往南口後，張宗昌那時以山東督辦兼直魯聯軍總司令，聲勢赫奕，不可一世，京、津、直、魯，統屬其勢力範圍。其前鋒徐源泉部首先進抵北京，我當時曾假「東方飯店」設席歡迎。過了兩天，源泉來說：「張效帥要約我去談談。」

三、石老娘胡同對燈談

那時正值熱天，我到石老娘胡同張邸時，看到這位效帥僅穿一件汗衫，躺在就地鋪好的寧波草蓆上正在抽其鴉片。他瞥了我一眼後，招著手兒要我躺下和他對臥。他說：

「教化子！咱倆又見面啦。自天津分手後，隔了好多年，你還好吧？」

彼此說過了些客套話，他便問道：「你那個朋友馮玉祥現在做什麼打算啊？」

我說：「你這話問得奇怪！他的打算，我怎會知道？你也是我的老朋友了，你的打算，我可知道嗎？」

張說：「那咱是知道的，不過瞎撩兩句罷了。咱因聽到徐源泉講起你也在北京，所以特地找你來見見面，沒有別的。」

我說：「這話太客氣了！現在你可抖啦！既是督辦，又是總司令。我這一趟轅門投謁，原是奉召而來的啊！」

張宗昌聽了忙不迭地舞起煙槍，一面嚷著：「別鬧啦，別鬧啦！教化子，咱倆還是說些夠朋友的話兒吧。」

「什麼是夠朋友的話兒哩？」我說，「我以前說過你：『壞人做不出的事你幹得出，好人做不出的事你也幹得出。』這兩句話你還記得起嗎？如今連年打仗，你得意了，老百姓卻苦透了。

你得幹出幾樁好事來啊！」

「好事！好事！」他似訕笑地仿照我的語氣發問：「現在要做什麼好事？」

我說：「你總記得大明湖裏的鐵公祠、張公祠吧！鐵公的事蹟過遠了，不去說他。這位張勤果公在山東巡撫任內，親身冒險，帶領軍民，搶修大清河決口。又開小清河，疏洩水勢，以免為患，為你們山東人造福不淺。現在黃河不時仍鬧水災，你是山東督辦，等於前清巡撫。你如能繼張公未竟之志，修堤築壩，治好黃河，使老百姓安居樂業，使你的子弟兵退伍後也得務農種地，一舉數得，這豈不值得你做的大好事？」

當時我說這番話兒，原自存有私意，正因他一見面便問馮玉祥做何打算而起。按之當年內戰，在勝負一分之後，多認為事成過去，不為已甚。此時國民軍退往南口，我恐直魯聯軍乘勝直追，因此逗引他去修理黃河，俾馮玉祥的國民軍得有喘息餘地。明知近於幻想，但說了勝於不說，因此在其軍務倥傯之際，卻提出這樁可緩可急的事來。哪知張宗昌聽了雖未曾別有會心，卻把這樁事居然灌進了腦袋。他說：「教化子！這話有理。」邊說邊從草薦上爬起來，又說：「好！咱們就試著辦吧。」後來執政府明令派潘復為治河督辦，聞即由他提議而來。

四、謠傳老馮掘了袁墓

不久，張宗昌把我的五叔接到天津，指定意大利租界袁乃寬的花園洋房為其寓所。供應以外，又派五叔的胞弟為天津造幣廠廠長。其他和五叔有關的人亦都派了差事。他於五叔的囑咐，確做到唯命是從。我乃透過五叔以窮寇莫追為詞，勸喻張宗昌對馮玉祥適可而止，不要越過南口。張宗昌也就轉飭褚玉璞停止前進。哪知馮的國民軍以餉彈不繼，又兼大雷雨，戰壕全遭大水浸沒，在褚玉璞的隊伍接近南口時，國民軍已經自動撤往平地泉去了。褚玉璞因此大起咆哮，語侵五叔，可是張宗昌對於老統領卻仍不改敬意。

北伐後，張作霖自任大元帥，開府北京。馮玉祥所部的國民軍回到河南。北京市面謠傳袁世凱在項城原籍的墳墓被馮玉祥掘了。袁氏的快婿楊琪山時在「安國軍」擔任高參，誤聽流言，憤不可遏。於是，外間又傳楊琪山要求張作霖毀了北京碧雲寺內中山先生的遺櫬，以為報復。我聞訊後，趕請五叔到京，設法維護。五叔即找張宗昌向張作霖問明有無其事。張聞之亦甚愕然，當表示辛亥起義時，也曾搞過革命，算得上一份子。如有此事，絕不坐視。自應力請張大帥做主，萬不可做。他匆匆去後，旋據回報，張作霖對此說矢口否認，並稱：「哪有這門子事？無論如何，我和他至少還有三角聯盟的關係呢！」**（編者按：中山先生生前，曾與張作霖、段祺瑞有過「孫段張三角聯盟」之舉。）**同時張作霖又傳令警察總監王琦，著其加意保護碧雲寺，五叔和我，這才把心事放下。

迄至北伐軍將次進抵濟南，張已勢蹙，其所部餉糈更成問題。財政廳長蔣邦彥羅掘俱窮，提議動用修理黃河鞏家壩餘款八十三萬元以解眉急。張宗昌絕不為動，著他另想辦法。這些不是人幹的事和不應使用的錢，兩張在其大勢已去之際，猶知息心斂手，不敢逞快一時，其度量總算難得。

五、生父、後父一視同仁

據聞張宗昌事母盡孝。他在山東督軍任內，適值其太夫人壽慶。他在本籍掖縣稱觴祝嘏，東萊道上，一時冠蓋如雲，梅蘭芳等南北名伶先期趕到，粉墨登場，大演其堂會戲，排場之大，自不待言。事先他向清遜帝宣統請封其母為「一品夫人」。又為其生父與後父（**其母改嫁，故有二父**）請賞紅頂花翎黃馬褂，以增光寵。雖不合於國體，但戲綵娛親，弄點虛榮，還能說得過去。最令人駭異的，厥為設帨之辰，他在鼓樂聲中，先請其太夫人居中正坐，繼又拉其生父與後父分坐左右，三老一字平肩，接受祝賀。這樣不倫不類的事，只有他幹得出來。據他表示：如無生父，此身無所自來；如無後父，此身無從養活。當年天災洊至，生父種地，母親縫窮，胼手胝足，依然不能維持一家三口。當經生父做主，將其母親轉嫁後父。全家分散，由天做主，這是萬不得已的慘事，原沒什麼見不得人的。今日衣錦還鄉，又逢家慶，眷念劬勞，自應一般敬重，何須藏頭縮尾，加以隱諱？以故他人竊竊私議，他卻率真盡性，認為理所當然。

與此同時，潘復因得他的提挈，在北洋政府中聲光燦爛，遂招致北京名記者林白水在報端予以幽默諷刺，暗喻潘復是張宗昌的腎囊，隨其性欲，鑾幹一切。潘見報後，於忿憤之下，向張訴苦，原無殺林白水之意。卻不料張氏突然把林抓來，斃之槍下。似此草菅人命，其獸性可見一斑，衡以上述事母情形，判若兩人。此類事故尚多，茲不過舉其一例。

六、張宗昌不做張邦昌

張宗昌失敗後，寄跡日本別府，折節讀書，請名家如孫莼齋先生及山東狀元王壽彭先生等東渡講學。一面朱刻十三經，為其當時傑作，至今北方尚有存本。九一八事變後，宣統未出關以前，日本人曾擬利用張氏出任傀儡，成立東北偽政權，由特務頭子土肥原向他遊說。土肥原又曾做過他的顧問，滿以為一拍即合。詎料他毫無顧忌，破口便罵道：

「媽的巴子，你要咱幹這個？咱是張宗昌，不是張邦昌，老子才不幹哩！」

土肥原碰上這硬釘子，惱羞成怒，也就惡聲相向，加以威脅。先喊了他一聲「督辦！」繼續說道：「日本人待你不錯啊！你不合作，你就沒法在日本再待下去啦。」

張宗昌霍地站了起來，戟指著土肥原說：「好！老子就走。」

在離開日本上船回國的那一天，他從戲劇性中表現其國家觀念。他穿了上將禮服，胸前掛滿勳章，一手持著紅、黃、藍、白、黑的五色國旗，大搖大擺地走上輪船的甲板。他和左右說：「咱不願做日本人的傀儡；在他們勢力範圍內，難保不把咱幹掉。所以披起這身老虎皮拿住國旗，踩上日本船，好讓日本人看到咱死了還是中國人！」

他回到天津後，自動地向宋哲元表示，此來目的只有團結禦侮，絕無權位之想。只須給他一個顧問名義，並讓他收回北京鐵獅子胡同住宅，他可以盡心盡力，幫著大家幹。宋哲元也就依了他，完全照辦。

七、草莽英雄死亂槍下

那時膠東鎮守使劉珍年因和山東省主席韓復榘發生摩擦，劉珍年聲言要獨立。張宗昌以劉珍年是其舊部，一向聽話，很有把握加以說服。於是自告奮勇，透過石友三陪同南下。他在膠東溜了一轉後，劉珍年果然取銷獨立，並表示以後不為日本人所操縱。他由濟南北旋時，韓復榘召集僚屬，在進德社予以盛大歡宴。並著津浦鐵路特掛花車，由韓復榘、石友三等陪送到站，感激之忱、殷勤之意，看來十分真摯。他於酒後興奮，隨手從身邊掏出兩桿克虜伯製的銀質無聲手槍來，這在西北軍中是為向所未見的利器，他先把一桿送給了石友三。旋見韓復榘面露羨慕之色，又把另一桿送給了韓復榘。他以為此後用不著槍桿了，不如送給朋友，留為紀念。哪知韓復榘鑑於劉珍年一事，知張宗昌在山東尚有潛力，對他反生疑慮，已蓄殺機。至此見其身無藏械，更便行事。即在韓、石告退，火車蠕蠕開動之際，突然間，有許多隊伍從四面八方合向他的車廂包抄而來。他知事情不妙，急忙跳車，跨過軌道，落荒而逃，可是後面的亂槍卻不斷地向他轟擊。在無可閃避之下，張宗昌便在濟南車站倒下來了。

一代草莽英雄，總算死得其時。

第二十章
一介商人被插進政治夾縫中

前節李先生所談張宗昌軼事，僅為觸類旁及，指出張氏於醜惡一面外尚有其可取之處。茲仍回到正文，續說王正廷（儒堂）先生於濟南慘案後自擔任對外交涉起以至就任外交部長止，其間對於國家的貢獻，以補前文之所未及。又華北底定後編遣會議前，蔣、馮之間，不無暗潮激盪。李先生以受儒堂委託，回到北方，從中疏解。茲亦就其身所經歷，於此做一敘述。凡此種種，皆不失為政海祕辛也。

一、王正廷施外交手腕

李先生說：

我當年以國民外交方式和河南省英商「福公司」總經理堪銳克取得聯繫，打通英國外交大臣張伯倫路線，希望英國能為濟南慘案仗義執言；旋由我介紹安排，使儒堂與堪銳克直接晤面；其經過俱如前文所述，我做的全是鋪路工作。此後我於他倆接觸間未嘗介入，但其進展不無與聞。就英方動態而言，顯見其態度似有轉變，對於革命的國民政府亦有所了解。影響所及，頗使日本知所斂戢，於我較為有利。而儒堂於調整國際關係中所施展的外交手腕亦即從而表露出來。

我還記得其時英國下議院曾就濟南慘案提出辯論。自由黨議員質詢：「日軍在中國進占濟南有何條約上的根據？」外交大臣張伯倫坦然答以一字曰：「無。」又詢：「日方舉動對英國有無影響？」張伯倫答：「影響是一定有的。即以本國在津浦鐵路沿線的利益而言，顯然已因濟案受到損害。」又質詢以：「既經受到損害，為什麼政府迄未有所表示？」張伯倫比時乃以激動的語氣答道：「這是國際間創見的和不可容忍的惡例，其有損於本國利益者猶在其次。我們雖未承認中國國民政府，然為維護世界正義，當然要有嚴正的表示。今天這場Debate，即可視為我們英國向日本抗議和譴責的先聲。」

此後，由於國際間的壓力，不久日本田中內閣即告垮臺，日軍亦從濟南開始逐漸撤退。田中於我國夙抱侵略野心，當年充滿了侵略計畫的「田中奏議」，即為其人的「傑作」。

過此，英國政府又訓令其原駐北京政府的公使藍浦辛南下與王正廷開始磋商正式承認國府問題。此即為前文所述堪銳克根據張伯倫電詢交涉對手方負責人為誰的由來。其時，徐源泉所部在天津反正後，已由何成濬率領進駐北京南苑。而與徐同時反正的直隸軍務督辦公署參謀長兼天津警備司令何紹南所部因向第三集團軍接洽投誠，亦已由張蔭梧率領經豐臺、長辛店進抵北京西站。不先不後，其期間恰與英公使準備南下同在一時。由於軍事推進和外交行動相互配合，自亦有利於承認國府問題之急轉直下。

二、英國正式承認國府

儒堂既於扭轉國際關係有所表現，蔣先生自是信任有加，外長一席，原已有意相屬。又因濟案發生後蔣、馮於黨家莊車站做軍事會商時，儒堂隨同馮氏出席。談到交涉問題，儒堂銳身自任，受命於危難之中。此中經過，馮玉祥固歷歷在目。至此，馮氏以其折衝樽俎，著有懋績，亦即重提往事，致電蔣先生，力主以王正廷接替黃郛出任外長。按之蔣、馮兩氏既有同樣主張，論事、論人，儒堂又為最佳人選；則此席誰屬，似已成為定局，應不致發生異議。詎在中政會提出時，各方意見不一，竟未能遽加接納。經過蔣先生以去就力爭後，儒堂始得躋身於十部長同時任命之列。

迄後英國正式承認國府，王正廷和藍浦辛所辦的交涉其大致即為互派大使、放棄領事裁判權，次第交還各地英國租界（**包括上海英租界於十五年內逐步交還等項**）。當時國府發表對外宣言，內稱：「統一告成，對外關係應另闢新紀元，遵正當手續，以平等及相互尊重主權之宗旨重訂新約。至於以平等原則依合法手續所負之義務，始終未嘗藐視」等語。儒堂即本此一方針，同時和各國進行通商條約及關稅條約的商訂。簿書、期會，日夕周旋，儒堂自甚繁劇。其可引為欣慰的，即此一劃時代的外交任務多在其手內陸續完成，而濟南慘案亦於不久以中國擔任保護日僑、日本撤退山東境內駐軍作為解決。

三、儒堂要我離滬北上

在此一段期間，我因所患痔疾尚未痊癒，很少出門。錢新之兄見我夫婦寄寓上海禮查飯店，藥爐、茶籠，殊多不便，當就四行儲蓄會所置之柳林別墅撥出一幢房屋，俾供居停。友情殷切，自屬可感。而眼見當前局勢，雖東北三省，尚未就範，中國本部則已臻於統一。此後依循中山先生遺教，建設新邦，遠景光明，固在日夕憧憬之中。因此，我的體健雖視前稍差，而精神則至為愉快。

約在六月二十日左右，儒堂來滬見訪，有所商談。據告北伐軍進抵北京後，馮、蔣之間，不無暗潮，似失調協。蔣先生原派孔庸之駐在北京，專事與馮聯繫，奈因庸之突患盲腸炎，正在協和醫院施行手術，無法奔走。因此，蔣先生自北京來電，著儒堂北上代替庸之，從事斡旋。又奈因其本人所辦國際交涉，正在緊要關頭，未便離開南京，殊苦顧此失彼，難於措置。儒堂之意，以我與蔣先生曾有一日之雅，而於馮氏則更往還有素，儘可無話不談，居間轉圜，頗能恰到好處。用是來滬，浼我作替，勉為一行。

我以一介商人，向與政治無緣。交遊中雖不乏峨冠博帶者流，但只限於私人間的友誼，向少涉及政治實質問題。在兩個月前雖與馮玉祥在洛陽月夜下談話，勗以團結合作，原為營救章篤臣一事牽涉而來。我之去河南，其最初動機絕非為任何一方做其說客。馮婦攘臂下車，可一而不可再。當以痔疾未癒行動不便為辭，加以婉卻。儒堂深表失望，怏怏而別。

四、章篤臣居間做說客

「想到曹操，曹操便到。」我腦海中正泛起章篤臣的往事，不料章篤臣卻於其時施施而來。不先不後，又恰與儒堂在門口碰個正著。篤臣見我後，即詢：「王部長到此何幹？」我便將儒堂來意告訴了他。

不知他是有意、無意，抑在門前已得到儒堂的暗示，他立刻開動話匣子，滔滔地說了一大段。他說：

「上次的事，確都虧得有你。一面你把我救了出來，一面你又把蔣、馮兩巨頭的合作拉進一步。尤其在直魯軍再度南下中，你在馮的面前，力阻西撤，提師東進，剖析利害，審察機宜，大有聚米山前指點形勝之概。論私、論公，這齣戲倒確給你串通了。如今王部長要你北上，這情形和前事彷彿相同，也可說是前事的延續。為了貫徹始終，你還得跑上一趟才對。」

他的說詞，用意很為明顯，無非追溯前事，使我賈其餘勇。無奈我於政治使命，已感乏味，懶於過問，當即直截地答道：「我已回絕了他了，又何必多事？」

篤臣卻不肯默爾而息，繼續說道：「這趟回南日子也就耽得很久啦！你的堂上二老都在天津，你也得回去看看啊！就拿我說，自從鄭州跟你回到上海，你是知道的，我的眷屬卻在北京；現在我承你留在身邊，幫辦礦務，猶未與眷屬見面；在人情上不妨實說，我倒確想找個機會跟你跑上一趟天津、北京的。至於儒堂所託的事，是否接受，你不妨看著辦。總之，你回到北方，眼前正是時候。不能以交通不便為詞，往下再拖了吧？」聆音辨意，篤臣洵不愧嫻於詞令。他從正面說不動我，卻轉彎抹角地從另一面兜到本題。談到堂上二老，我自問定省久疏，確虧子職，他的話兒恰刺中我的心疚。設身處地，他在大難之後，歸慰妻孥，亦確有其必要。因此北旋之議，我就不由不依了他。他又摸透了我的心理，肯定我既經準備離滬北旋，那麼儒堂所託之事，我絕不會置之度外。因此，也便興沖沖地趕往古拔路王宅去了。

五、決定參加南口大會

稍待，儒堂和篤臣果聯袂而來。為求迅赴事機，儒堂懇我於是年七月五日前後必須到達北京。我以無可推諉，只得承攬其事。當時因軍事關係，津浦路車，尚難暢通。適有日輪「大連丸」直駛大連，即循海道於六月二十八日偕篤臣登輪北駛。海天一色中，極目滄波，馳情物表，大是心曠神怡。不謂抵達大連時，篤臣因一路著涼，突然病倒，熱度頗高。我自未便先行，當將篤臣送往大連醫院，我則在大和旅館暫住。直到七月三號，篤臣的熱度降低，乃於四號繼續登程。經南滿、京奉兩路轉達天津。我僅在津寓耽留一宵，向堂上請安後，即於八號早車與篤臣進抵北京。

抵站時，何雪老（成濬）、錢新之、凌冰、郭同似已先接儒堂去電，皆蒞站相候。篤臣別去，我即回東四二條京寓。郭同、凌冰旋先後見告，明天南口恰巧舉行追悼陣亡將士大會，蔣、馮兩總司令親臨行禮。如我有意參加，則兩位都可同時見到。在我之意，見蔣、見馮，都非急要。即使見到，在會場中亦無可談。但念濟案發生後，華北軍事以第二集團軍負任較重，犧牲極眾。而當年南口一役，大雷雨中，戰壕淹沒，死傷纍纍，其慘狀猶遺印象。我於西北軍袍澤多屬老友，現雖番號屢更，而回溯淵源，軫念忠烈，則此次以追悼第二集團軍陣亡將士為主體的南口大會，我縱非政要名流，而以平民身份，蒞會致悼，自屬義所應盡。當與郭、凌兩君約定，翌早偕行。

六、老馮使我受寵若驚

次晨，我們一行三人乘京綏路客車出發。行抵清華站時，蔣先生的專車適已到站停靠。我便乘此機會，趕往專車，投刺請謁。詎其左右侍從，似未經過通報手續，即逕言總司令刻不見客，一口回絕。我當回到客車，待專車進發後隨後續駛。

南口為居庸關南面一個口子，其實即為居庸關。追悼會設在南口與居庸關間的廣場上，臨時搭成一大蓆棚。我等到站下車，蓆棚四周，已布滿守衛軍隊。其時北方氣候相當燠熱，我由郭、凌兩君引導直向會場行去。眼光白幔飄颺，素花浮動，恍若靈旗風起，河鼓星沉，淒苦蒼涼，心頭突感沉重！

在我將次踏進追悼會大門時，一片喊聲陡從會場內騰沸而來。而抬頭一望，只見馮玉祥張開雙手，排眾而前，直向大門口行去，一面高聲喊著：「革命救星來啦！革命救星來啦！」我猶逆目以視，正要看他這番張致究竟為誰而做。卻不料他走到我的跟前，立時站住，抓緊我的手兒搖撼不已。那份熱烈表示，不僅使我受寵若驚，慚惶無地；周遭的人，看到這個奇突鏡頭，也都目瞪口呆，深感詫異。

如所周知，馮先生的言行是不免於突梯滑稽出人意表的。他為什麼要送我這頂高帽子呢？我配得上嗎？他和蔣先生為甚不大協調呢？我受儒堂之託，周旋得了嗎？這些悶葫蘆，說來話長，留待下回破解吧。

第二十一章

馮玉祥口中的他！他！他！

這一節為緊接上文，李先生對於當年馮玉祥竟以「革命救星」四字稱呼他，特先述明其由來。

李先生說：當時馮玉祥所統率的西北軍，一向盤根錯節於艱苦之中。其所占據的地盤，地層下是富饒的，地面上卻為貧瘠之區。平時半工半墾，刻苦自勵，尚能掙扎維持。一在戰時，則彈械、餉糈、被服、醫藥，費用浩繁，徵發無補。觀於上文所記馮氏自五原誓師，鼓行東進後，始則以鴉片煙抵充軍餉，繼又以不兌現的流通券強迫民間使用，其捉襟見肘，窘態畢露，已覘一斑，無待細說。

一、從華北救護隊說起

李先生說：

自從上次我由河南回抵上海後，當地戰事，已趨激烈，傷亡甚重。陣亡的就地掩埋，猶易解決，其不易處理的厥為傷兵問題。不要說藥品極度缺乏，即醫護人員，亦苦人才稀少，無從覓得。若果棄而不顧，不唯於心不忍，且恐影響士氣。

馮玉祥當時於傷透腦筋之下，無可奈何，乃派其參議凌冰來滬就商，呼籲東南人士能予以有效的援助。此事第一要錢，第二還須醫護人員合作，肯於冒險前往。在人道上我自未便恝然，但在推動上則有待於眾擎共舉。當經我走商穆藕初兄共同發起，旋由他邀集聞蘭亭、虞洽卿、龐京周諸君多度會商，出力出錢，始有成議。藕初在鄭州設有豫豐紗廠，蘭亭時適主持上海紅十字會，洽卿為當地商界領袖，京周則為在滬富有活動力的醫生，他們對於馮氏及西北軍向各有其相當認識，而於北伐大業又皆抱有熱烈的期待。當經分作兩個部分，分別進行。醫護方面：由京周負責徵集醫生、護士二十餘名，組織華北救護隊，即請京周擔任領隊，以董其成。經費方面：根據京周所列預算，需款三十萬元。由我和藕初各認五分之一，其餘統由虞洽卿、聞蘭亭等籌募足額。在加緊策畫下，一週之間，華北救護隊所需員工、藥品、經費，完全準備就緒，即由凌冰陪同出發。事後據報，此一救護隊到達戰區後，分成小組，隨軍轉進，備歷艱險。在兩月中由醫療得救的傷兵、難民計達三千餘名，厥功甚巨。

二、亂戴高帽另有用意

所以，我那次踏入南口追悼陣亡將士大會會場時，馮氏於我以「革命救星」相稱，或是專指此事而言。其實，我所捐助的不過六萬元，談不到「救星」兩字，何況事出眾力，更不敢冒功掠美。以我臆測，馮氏所以做此驚人之語，當另有其用意。大約他一眼瞥到我後，不禁引起一連串的聯想。他由我想到華北救護隊，由救護隊想到追悼會。如果當時沒有救護隊的支援，則今天所追悼的鬼雄，必不止於此數。推遠一點，他又由傷兵想到其所部自誓師以來的待遇，在兩軍陣前存亡俄頃之間，而救死扶傷猶不得不仰仗於民間的力量。也許他原就有著一肚皮的悶氣，無可發洩，特地就我頭上送上這頂高帽子，俾得向在場的某些人物肆其潛意識的譏彈。

經這一鬧，我惶駭地踏進會場，見到客座上首位坐著蔣先生，次為第四集團軍總司令李宗仁，再次為代表閻錫山的第三集團軍參謀長朱綬光。此時，蔣先生面露喜色，離座問道：「組紳兄（**李晉別號**），你是幾時到的？」

我說：「昨天到的，已託何雪竹、錢新之兩先生代為報告。剛才在清華車站，適見總司令專車靠站，我曾投謁，未蒙召見。」

蔣先生說：「雪竹與新之，我今天還未曾見到。剛才你來，我卻一點都不知道。」

其時，那幾位剛才回絕我「總司令不見客」的侍從人員，正站在蔣先生的身旁。他們見到蔣先生向我殷勤問訊，不勝詫異，其表情大為尷尬。我當即告退，繞到他的後面和吳稚暉、陳錦濤、邵力子諸先生相見為禮。陳老為我在大學時的老師，吳、邵兩老都比我長上一輩，溫厚慣承，使我大紓傴促。

三、追悼會後返平晤馮

追悼會主席為鹿鍾麟，司儀為何其鞏。未幾，開會時間已到，鹿主席肅請蔣先生等及貴賓登臺行禮。鹿氏先致開會詞，次為馮玉祥講述開會意義，再次為蔣先生致詞。馮玉祥是慣於大嚷大喊的，中氣十足。那把聲口，直透出蓆棚之外。鹿鍾麟恐蔣先生的聲浪不能及遠，特地搬來四張方凳，於臺上更拼成一個小臺，請蔣先生站上去講話，但其音域總趕不上馮氏播越之廣。直至李宗仁總司令講話後，禮成始散。

我與吳稚老等別過，即偕凌冰逕往南口車站馮氏的專車投謁，由馮的副祕書長黃少谷接待。據告，馮先生先走一步，已陪李宗仁總司令往遊十三陵去了。如有留言，可以轉達。我說有事面談，準明天到碧雲寺奉訪（**馮總部駐此**），請其代約。當即偕凌冰退出，找到郭同偕返北京，雪竹與新之隨亦來晤。旋接黃少谷電話謂：「馮氏以碧雲寺路程太遠，相約明午兩點鐘在北京城內撫院胡同駐京辦事處見面」等語。各位客人亦即先後散去。

第二天，凌冰陪我準時前往撫院胡同。到時，接納室內已坐有不少客人，多半相識。就中曾任直隸實業廳廳長之嚴慈約向我問道：「您也來看馮總司令嗎？」這個「也」字，大有意思。隱隱指出我非官場中人，為什麼冒暑趕此熱鬧。及勤務兵自內廳喊出：「李先生先請。」隨見我離座起身，直向內廳行進，恰似醫生拔號一般，他們殊為不解，不禁愕然。

那天馮氏穿上全副武裝，盛暑之下，裏外全給汗浸透了。他以重傷官兵，都虧得我幫助，全活不少，首先表示謝意。又詢我在上海的情形以及來北京經過。

我告以救護傷兵，並不是我的功勞，全出於上海各界人士的熱心和好意。又說：「您無端端地喊我是革命救星，在那稠人廣座之中，叫我怎能承受得起！」接著再述明：「此番來京，非出我的本意，原是受儒堂我的囑託，即為您和蔣先生不甚協調而來。」

馮氏聽到我的來京緣由，接口便說：「自從合作以來，我馮玉祥有什麼對不起他（**指蔣先生**）的？現在大患未除，奉張勢力依然存在，我當然要乘機進攻，打出關外，徹底解決。哪知他卻以為天下大定，不妨杯酒釋兵，提出什麼編遣那一套來。」

四、馮要再打，蔣要裁軍

我問：「您的主張，蔣先生能予接納嗎？」

馮說：「怎肯接納？和我恰正相反。他堅持關外的事應以政治手腕解決，奉張仍予保留。關內則先行復員，開始裁軍。其實要革命就得打窮仗，眼前這個局面，難道中途妥協了不成？」

我說：「這些內幕的事，我全不知道。但據我觀察，您今天所處的局勢，比起岳武穆在朱仙鎮來倒有幾分相似。當時朝中主和，同僚擁兵將帥如劉光世、韓世忠、張浚、吳璘等都已先後撤兵，金人亦以送還二帝、退出燕雲為條件，即使武穆再進，無如形勢已非，困獸在前，掣肘在後，縱河北民兵，忠義奮發，一致響應，而孤軍深入，恐武穆亦未必便操勝券。如今蔣先生主張休息停戰，第三、四集團軍閻亦同意。關外問題以政治解決正在醞釀之中。您又何妨姑如眾意，乘此休兵期間，整頓所部，重加編練，沉機觀變，枕戈以待。萬一奉張背命，那時你再奮起進擊，師出有名，以直為壯，將不僅使目前主張停戰者口服心服，即您一力主張的徹底解決也就達到目的了。」

說至此，我緊接著又說：「此外，我還得告訴您的。現代戰爭，絕非單憑老一套所能制勝。刻苦耐勞，將士用命，西北軍固然有其特長；可是『馬前張保、馬後王橫』的時代早就過去了。您如能騰出時間，再加一番整頓功夫，這對西北軍說來，豈不也是一樁有意義的事？」

五、話中有話越說越氣

在這番縱言汎論，哪知馮氏所聽得進去的僅有「整頓」兩字。他以反詰的語氣問道：「整頓，整頓，怎樣整頓？一路來軍餉不發，有功不賞，還談什麼整頓？」

如此言詞，顯見話中有話，觸及了核心問題。我便亦以反詰語氣問道：「以前不是說過，任何疙瘩，彼此都得盡情揭穿的嗎？」

「嗄！您問我嗎？您應先問他哩？」馮似已沉不住氣地洶洶說著：「以前他自己來電，北方軍事，要我多負責任。打下北京，由我薦舉地方長官。老實說，津浦北段，西北軍傷亡最重。北京南苑，韓復榘部首先抵達。在軍事上西北軍不算不賣力了。可是後來我保舉何其鞏任北京市長，他卻派了何成濬。我保舉韓復榘任衛戍司令，他卻派了張蔭梧。甚至軍餉不發，一拖就是幾個月。這些都是事實，您為什麼不去問問他呢？」（**按：馮所說的「他」，都是指的蔣先生。**）

此中癥結，至此完全暴露，我乃以「何不質詢？」為問。

馮氏似更不耐，瞪住眼珠兒續說：「您是真不懂得我的脾氣呢？還是裝傻？人家有心摑我，我還去問些什麼？所以我要單獨地幹，打出關外，不能一味讓人擺布。」

我看他在氣頭上，這正面文章不宜再做下去，得先掉轉話頭把他的氣憤疏導一番。因此我說：「這個擱開，由我去說。且把你我的事提出談談。打從您駐軍南苑時期起，大小事件，我總算盡心幫著您吧！可是我們六河溝和磁縣兩礦的存煤，這次你們逕行徵發變賣，事先、事後全未就商於我，這未免說不過去吧！本來傷兵的事，我儘可推託不管。儒堂要我北上，我亦儘可拒絕不來。但念在公誼、私交上，所以我並不計較，依舊盡力，朋友總還是朋友啊？」

六、報效中央老馮呷醋

馮氏聽到徵賣存煤一點，頗覺恧然，急忙加以解釋。他說：「這因有人講起，他的（**仍係指蔣先生**）隊伍還未踏進山東境內，您就為他叫中興煤礦報效一百萬。您的礦在河南，我們這樣窮，您倒反而不問，兩相比較，正見您關護著同鄉。因此，他們主張把您的存煤先賣掉，等待北伐成功了再償還，這在打仗期間，軍事第一，我只好從權辦理啦。」

這麼一說，我倒笑了起來。我說：「中興煤礦的事，與我原不相干，既非股東，又非當事，我僅以同業立場，及該礦董事長為黎黃陂總統的關係，不得不就其所遭困難加以調解。事緣該礦已先承購公債五十萬元，嗣因當局誤會其中附有逆股，派員接收，由我解釋清楚，始寢其事。因此，我勸該礦增購公債五十萬，這就是您說我叫中興報效一百萬的事實。以前在洛陽似曾談過，怎能牽扯到我的頭上？至於我們六河溝、磁縣的存煤徵賣，虧得員工明白我的為人，沒有鬧到罷工停業。打擊雖大，現在總算已經過去，亦可不提。不過，據您剛才所說，我到今天才知你的部下還不免於在我倆之間，挑撥離間。好在現在你我都已說開，彼此當不致有何芥蒂吧？」

事雖兩起，多少帶點雙關意味，馮氏當然懂得，因此氣頭也就平順下來。於是，我便轉上本題，指出他所說有功不賞、欠餉不發兩點，其中必有曲折。並聲言他既不願提出，我當以代表儒堂的身份查明回報。

馮卻不接下文，未加可否。我便辭出，邀凌冰回寓。

七、要官給官，要錢給錢

何雪竹與錢新之原知我於午間見馮的，已先來寓相候。我將經過情形逐一報告後，雪竹便先開口，他說：「關於北京衛戍司令及市長的派任，這事不能錯怪蔣先生。實因當時軍事進展太快，為了維持北京治安，就答應了閻錫山的要求，以我和張蔭梧分承其乏。這好辦，我準定將市長讓給何其鞏。」可是衛戍司令卻成問題。當經反覆酌議，僉以不妨於京津沿路另設一警備司令，以安置韓復榘為言，雪竹並確認為唯一變通辦法，蔣先生不會不予同意。

談到欠餉，錢新之（**當時的財政次長**）開口了，他說：「這也好辦啊。」原來他正在籌畫軍餉，已和張公權（**嘉璈**）、周作民等商洽發行公債六百萬，又向銀行界借款三百萬，共九百萬，以備每一集團軍各領四分之一。茲為應付馮部起見，亦予變通，由他請准蔣先生，暫將第一集團軍所應領的改撥第二集團軍兼領，俾獲雙份。而由其另行設法，補發第一集團軍應領之數。

上開辦法，旋經雪竹、新之商承蔣先生認可後如議施行。事態至此，完全解決，故我無須謁見蔣先生，僅於馮先生前據以回報。

以後，馮先生擱置其打出關外的主張而同意於召開編遣會議，並發出通電揭櫫六項小康辦法。其要旨為有功的軍隊加以整編，無功的軍隊於遣散後予以撫綏安置。過此不久，東三省通電易幟，服從中央。而編遣會議，亦於民十八年一月五日正式開議了。

第二十二章
我和蔣先生談山東中興煤礦事

筆者按：本節所記，為山東中興煤礦在北伐期中所遭逢之驚風駭浪。李先生在以往談話中，雖曾不時提到該礦，但語焉不詳，故於本節中做一較具體的敘述。就事論事，中興礦當時的遭遇，在兵荒馬亂中殊非創聞，但在當時槍桿控制下，辦理大企業者不得不與時推移，委曲以赴，則於此可覘一斑。

李先生沿襲上節的情形，向我說明當時蔣、馮之間的暗潮，首先是將北京、天津兩地的文武長官在人事上有所調整，都給予馮玉祥的面子，馮氏的第二集團軍軍餉也領到了雙份，至此，馮玉祥始同意蔣先生的召開編遣會議，不另有所主張。

一、北京飯店遇蔣氏伉儷

李先生說到這裏，又慨然接著道：

這次我跑到北京去見老馮，純係受儒堂委託而奔走其間，深愧未能發揮大的效能。只是馮氏的隱衷由我刺探出來，何雪竹、錢新之得以洞明癥結，轉報當局，又賴蔣先生的果斷，滿足馮的缺望，因此消嫌釋怨，似尚不失其為一種作用。而當時蔣先生對馮，原派孔庸之在北京居間聯繫。庸之因病未能執行任務，蔣先生乃電調王儒堂北上作替。而儒堂又因忙於國際間的交涉，無法離開南京，因強我以局外之身，遄往北京，從旁斡旋。現在此項暗潮既已平息，我在公誼和私交上自當一訪庸之，報告經過，使其得以寬心靜攝。

我於趕往北京協和醫院時，始知庸之業經病癒出院，移寓北京飯店，待我趕往北京飯店時，則在走上扶梯後，恰於長廊中迎面遇見蔣先生和蔣夫人。

蔣先生輾然問我道：「你是來找我的嗎？我今天正準備上機回南京哩。」

我說：「我是特來拜訪庸之的。」

蔣先生便提起手杖來轉身朝後一指，邊說：「他住在念四（二十四）號。」

在這當兒，我卻向蔣先生道：「一切的事，諒必何雪老與新之兄都向總司令報告過了。匆遽間我未能親往機場恭送榮旋，這卻抱歉得很！」

蔣先生於「是，是」、「那裏，那裏」聲中，就此和我握手道別。

一剎那間，蔣先生急轉身把我喚住說道：「『中興』的事，讓我回去想辦法吧。」我拱著手兒喏喏連聲地目送到他倆伉儷的背影消逝後，才往找庸之所住的二十四號房。

究竟中興煤礦為了何事要勞動蔣總司令煩神呢？我在說明這些事故前，得先將該礦的沿革做一簡單的敘述：中興煤礦礦區在山東嶧縣，庚子拳亂後，為德國人占據經營。清末山東布政司張××為挽回權利，斥資向德人收回，並因此辭官，以其全力專注於此。無如辦礦不是簡單的事，加以革命後的全局變化，其所受的打擊幾使其因辦礦而宣告破產。迄後由交通銀行出面拉攏投資，黎元洪總統亦領導維護，始能改組成為有限公司。此時該礦董事長即為黎元洪，總經理為朱啟鈐（桂莘），協理張仲平（即張布政司的公子）。又其時礦業聯合會會長亦為朱桂老，我則承乏副會長。我與「中興」並無直接關係，只以同業立場，常有往還。

二、蔣先生派人接收煤礦

北伐後，中興煤礦曾遭遇到兩次風波。其第一次發生於我在錢新之住宅「範園」初見蔣先生的期間。其時北伐軍尚未進抵山東省，而山東境內的中興煤礦卻已認識到大勢所趨，偌大企業，必須與新興勢力預謀結納，以後才能希望保持礦區的安全。當由朱桂老急遣張仲平來滬活動，一口氣便承購了公債五十萬元，藉示竭忱報效之意。在我那次去錢宅晤見蔣先生的前兩天，仲平驀地到訪，連喊：「糟糕！」浼我設法幫忙。據告南京忽派魏伯楨為中興煤礦局長，剋期前往接收。此事大出意外，仲平因在胡筆江處聽到我晤蔣有期，特來重託，希能設法挽救。其時我在案頭恰亦發現魏伯楨的名刺，則為我外出時到訪所留。

魏與我都是寧波人，但向無往還。此際枉顧，又證以仲平所說，則其來意是為「中興」之事，不問可知。據我推想，在此時際，魏正準備走馬上任，若推翻原案，事屬大難。何況我晤蔣還屬初次，遽提瑣事，加以干請，不唯大不得體，且以無此啟齒機緣。正擬推辭，但見到仲平滿臉慌張，聯想到朱桂老亦將徬徨無措，患難之中，理當報效，則又未便恝然撒手不管。我在滿腹躊躇中，最後我想出一個姑且一試的辦法來。即囑仲平從權為黎元洪前總統代辦一致我的私信，信封上寫明「由張仲平面交」字樣。其內容則以託我代向南中革命領袖致候為主，僅於結尾處約略提到「中興」，希望軍事進展到達魯境時能予保護，絕不涉及其他。在我之意，這一封私信的作用，只在使我謁蔣時作為一個話頭，得以借端兜到中興煤礦方面，看風扯篷，臨時再做道理。仲平見我應允，似稍安心，欣然唯唯而去。不料其後仲平代辦的黎黃陂私信，卻把該礦報效情形及接收消息統統寫上，殊不合於黎黃陂的身份。其最荒唐的則是黎元洪人在天津，而仲平為其代辦的信竟用印有「中興煤礦上海辦事處」的信封、信箋，使人一望而知其為偽託。經我指出這些漏洞後，仲平自承疏忽，急謀改正，可是時間迫促，已不容許他持回重寫。我揣想這回能否在蔣先生前提到中興的事，那就要看它的造化了。

三、此張學良非彼張學良

關於我在「範園」初晤蔣先生的情形，前已談過，不須再說。當時我們談過那一次會晤中的主題後，蔣先生恰問起我的事業狀況，我於挑頭提到中國礦業不振，大半由於戰事影響所致後，即由礦業扯到「中興」，再由「中興」扯到黎元洪前總統。蔣先生一聽提到黎黃陂，便就我詢問其健康如何。我即藉此引到黎黃陂的晚年生活全靠「中興」董事長的公費以資挹注。此時蔣先生似有所覺，突向新之問道：「魏伯楨來看過你嗎？」新之回說：「未曾。」我即接口說道：「他倒來看過我了，因彼此相左，未曾晤面。據悉他已被委為『中興』局長，將往該礦接收，不知是否確有其事？其實，『中興』為完全商股所辦，政府接收，似於事理不合。」其時，陳光甫亦在旁插口了。他說：「如果這樣，我的公債就要少去五十萬哩。」蔣忙問故，光甫與新之乃相繼發言，具道「中興」派有代表在滬，已認購公債五十萬。一經接收，此款便無著落云云。這因光甫、新之同負推銷公債任務，五十萬不是小數，故不得不提出報告。

至此，蔣先生乃揭露接收「中興」的緣由道：「事因接據東路總指揮何應欽電告，謂倪嗣沖、張學良都是中興煤礦的大股東，屬於逆產。而共黨份子亦多滲入該礦，尤應防範為言。本人因魏伯楨為人穩重，乃派其充任局長，予以接收，卻不料有這些經過。」

此時，我認為進言的機會已經到來，乃乘機向蔣先生解釋道：「倪嗣沖生前在『中興』有無附股，未便斷言。但與張學良則絕不相干。股東名冊中的張學良實為該礦協理目前代表來滬的張仲平，因其學名恰與東北張學良相同，以致引起誤會。按照北洋政府礦業條例，政府對於商辦礦務，有何糾紛，得斟酌情形指派駐礦監督。其性質是屬於指導方面，並不涉及礦產礦權，公、私兩方都可兼顧。若派局長接收，則礦產、礦權，全被抓去，這叫礦商何能心服？在此軍事時期，若干方面仍不妨暫照成規，於動亂中稍求安定。河北磁縣，我亦有礦，如果接收『中興』，則我的礦區亦將同樣處理，豈不人人自危！事關全體礦商，須請政府體察實情，特加照顧。」

四、徵賣存煤急煞朱啓鈐

蔣先生經我這番解釋後，這才明瞭張學良另有其人，當即授權錢新之，著其按照礦業條例處理中興煤礦之事，並囑其轉飭魏伯楨不須到差。我見蔣先生於一席談言之頃，迅加裁決，當一面代表黎元洪前總統致謝，一面又表示將勸令中興增購公債五十萬元。蔣先生聞之，不禁莞然，而後來馮玉祥指摘我關護同鄉，獨為蔣先生的部隊籌款，而置西北軍於不顧，因將我在六河溝和磁縣的存煤，徵發變賣，亦即種因於此。

此後，新之和我商量中興的駐礦監督人選，我提出了張軼歐先生。此君為民初張季直老先生任農商總長時的礦務司司長，礦務條例當時即由其一手所擬訂，與新之又有工商部同事之雅。論人、論事，確屬最宜，新之自表同意。其在當局方面，則以中興先後報效一百萬元，擁護革命，傳令嘉獎。於是，中興的第一次難關乃得安然渡過，而後來新之能插足於此一大礦，亦即以此為其契機了。

不謂一波甫平，一波又起。待北伐軍事進展到山東省境時，隨軍前進的有所謂「戰地委員會」這一機構，主任委員為俞飛鵬。所有占領地區的初期民政、經濟、交通等等，此一機構有權加以控制和支配，藉以便利軍事上的行動。為了供應軍餉的需要，俞氏見中興煤礦尚有巨量存煤，於是下令徵發變賣，以資運用。這麼一來，「中興」雖已避免名義上的接收，實質上則其所處環境比之接收尤見惡劣。這因接收後公司可不擔負任何開支，但在徵發變賣情況下，則利權屬於他人，而公司猶不得不負起維持該礦繼續生產的一般義務。

朱桂老處此局面，焦灼萬分。又苦於其為該礦的當事人，為避嫌起見，未便以礦業聯合會會長的名義出面據理力爭。適我受儒堂之託，為消弭馮、蔣間的暗潮到達北京，桂老因浼我以礦聯會副會長地位，將中興存煤被「戰地委員會」徵發變賣情形，以快郵代電方式，呼籲蔣先生迅予制止。此即為上文所述蔣先生於北京飯店長廊中向我所說的「中興之事回去想法」那一句話的由來。

其時，張軼歐雖已接受中興駐礦監督的職務，尚留北京，未曾就職。此項快郵代電，桂老即請其主稿。其措詞如何，我於事先未嘗過目。事後取閱原稿，見有「嘉獎在先，徵賣在後，變相接收，出爾反爾」等詞句。所說雖屬事實，其詞鋒則不免過於凌厲。

據悉此事後來由當局發交錢新之與俞飛鵬磋商辦理。在軍事第一的藉口下，俞飛鵬猶自振振有詞。新之的立場則介於政府與中興之間，明知商人必須吃虧，但求其吃虧限度能縮減到商人可以負擔的程度。結果，由「中興」報效煤斤一百萬噸，並由津浦路局局長孫鶴皐保證運往京、滬，而交由劉鴻生主辦的義泰興煤號、謝蘅牕主辦的裕昌煤號負責包銷。除煤價、運費外，其盈利全部提供「戰地委員會」，此事始告解決。「中興」在此短期中，經過兩次的巨額損失，才能息事寧人，脫身於其所遭遇的厄運。

就我本身的經歷來說，以前內戰，我們煤商所受的影響尚不甚大。至於勒派軍餉，則當以吳佩孚為始作俑者。此後相率效尤，乃作為軍隊籌餉的不二法門。俞飛鵬之於中興煤礦猶之許驤雲之於我的六河溝、磁縣煤礦，上節所說馮玉祥部徵賣我的存煤，即為馮部運輸司令許驤雲直接幹的好事。

說到此處，我得回說訪問孔庸之的情形。其時庸之體健已經復原，他眼見時局上的暗潮已告消逝，馮氏同意於舉行編遣會議，此後國家將就建設上逐步展開，氣象頗佳，深感興奮，當向我徵詢各項意見。我當時雖曾舉其一得之愚，但那只能作為庸之個人的參考，所談內容，留待以後再詳，不須在此節中細說了。

第二十三章
我勸馮玉祥不必入京做大官

前節所記山東中興煤礦在北伐期間之所遭遇，為李先生和馮玉祥打交道中一個插話。本次所談，李先生則乃回到馮玉祥身上。

李先生說：「在蔣、馮間暗潮平息後，我即由北平回到上海。其後九、十月間，我因礦務與當局有所接洽，乃做南京之行。」

一、發表軍政部長兼副揆

其時孔祥熙（庸之）早經回到南京，受命為工商部長，事屬創建，頭緒棼如，以我在平時曾貢一得之愚，即拉我下榻於其香鋪營官邸，以備諮詢。關於該部人事方面：政務次長、常務次長，庸之初屬意於周寄梅與錢新之。周、錢均無意接受，乃以政次畀之鄭洪年，而由我建議改約穆藕初（湘玥）擔任常次。各司主管，如工業司司長吳健、商業司司長張軼歐、勞工司司長嚴莊等，均屬留學生，又均屬於農工礦專門人才，在社會上已各有其地位和聲望，亦經我貢獻所知，而由庸之加以決定。關於該部設施方面：我則建議成立工商部法規委員會，集中人才，從事規劃，以期符合於「建國方略」。

而在實行五權制度後的新任命中，馮玉祥亦被任為軍政部長兼行政院副院長。庸之以其是否接受尚無確切表示，浼我以友好身份，北行勸駕。我因與馮隔別多月，藉此機緣，做一良晤，於計亦得，當即欣然應允，渡江北上。

此時馮氏駐節開封。薛篤弼已被任命為衛生部長，其河南省政府主席一職，改由鄧哲熙（**仲智**）代理。我抵開封那一天，馮氏請我吃飯，席間見到王鐵珊（瑚）老先生和黃任之（炎培）、屈文六（**映光**）、吳山諸君。馮氏囑我住在省府，經婉卻後晚間投宿交通銀行。這因我疏懶成性，怕受拘束，經過上次洛陽廣寒宮的招待，這番是不敢叨擾了。

飯後客散，我才和馮氏道出來意。我說：「這次來豫，意在觀光，到達省垣雖僅半天，一路上已看到一番新氣象，確與從前不同。南京的朋友們，知我有此一行，都要我向你促駕，早去南京，就任新職，共商國事。」其於庸之囑託一層，我則避開未說。不過，談到後來，我卻提出我的見解，勸他以不去為宜。

二、我建議老馮開發西北

馮氏聽到此話，似覺奇異，忙問：「何故？」

我說：「您一向有志於開發西北，事實上西北和你的關係也太深了。以往扼於內戰，您有此心而無此力。現在北伐完成，局面穩定，正應踏上建設的途徑。以您對於西北的認識和西北軍所特有的苦幹精神，如先從治理黃河入手，建設水利，灌溉農田，發展農村經濟，然後逐步推動，開闢交通，創辦工業，把大西北做到人盡其用、地盡其利的境界，這不僅符合了您的志願，其對國家的貢獻也切實得多。入京做大官未必有此成就，所以我勸您不去為是。」

馮氏說：「他們的意思倒很誠懇哩！」其所說的「他們」是指南京方面而言。據我猜想，大約他已接到了不少的促駕電報。其措詞又必都是披肝瀝膽的表示，因此馮氏有此一言。

我說：「這也不須躊躇。如果您真要參加中央，何妨請鹿瑞伯（鍾麟）去應付呢。」

馮氏見我如此推論，頗以為然，引出他的一段話來。他說：「最近濮陽河決口，我請屈文六來，為的就是辦理那一方面的賑務。王鐵老看書甚多，於黃河很有研究，我又央及文六，幫同擬訂治河計畫。吳山是你老友，在儒堂所辦的道路協會擔任總幹事多年，建築公路，經驗豐富。所以我把他找來，專門督修靈寶至潼關間的公路（當時隴海路僅築至靈寶），用的全是軍工，現在全部築成，已經可以通車了。」這麼一說，我覺得馮氏對於開發西北，確有興趣，倒不是徒託空言。認為他和我的見解，頗能一致。

第二天侵早，馮氏派副官接往用飯，我敷衍一番後，回到交行，擁被再睡。此後兩天，未見馮派人來，我乃前往省府，由鄧主席接見。據告馮氏昨天已去陝西視察，大約半個月內回汴。臨行前留下話來，要他轉囑我在此相候。我以「待在開封，太無意味，不如利用這段時間，回到六河溝礦區，然後去北平一行。待馮返豫，我再回來，以免在此老等」為言。鄧亦表贊同，我即別過，於次日赴礦。

三、開封出現官員掃街隊

在這次短期留汴中，我聽到、看到許多新事物。自從馮氏回到河南後，除將其老套文如苦幹、節儉等運動貫徹施行外，又加上起早、掃街這些新玩意。他組織了好幾隊人馬，在凌晨五六點鐘時，沿途大嚷大喊，催促老百姓起身。又表示為民服務，由他帶頭，包括了省府及軍政各單位的官員編成掃街隊，在馬路上、小巷裏大掃特掃，以保持市容的清潔。于髯翁（右任）在他那裏當黨代表時，據說也曾捲起袖兒，擎著掃把，沿門逐戶地一同幹過。又當時不得意於國民黨的名流，亦多被邀來汴。如黃任之即由教育廳長江恆源（問漁）邀請講學而來；在講壇上，他一再讚揚馮氏的新精神，而批評南京官氣十足。他如吳山的論調亦復如此。以故其時開封，在某一角度看來，夠得上「朝氣勃勃」和「人才濟濟」。後來，馮氏在南京當面譏刺譚組老（延闓）滿嘴帶著魚翅味，又和劉紀文大鬧彆扭，可能先入為主，存有成見。而我所以勸其不去南京，除掉開發西北大題目外，亦另有其不便宣之於口的理由，即正因馮氏的性格、作風，原與南京不易相處，倒不如留在外面，較能維持其平衡調劑的作用。

四、紅槍會與黃沙會組織

六河溝礦區在河南安陽縣鄉間，由開封去，甚為便利。其時當地紅槍會和黃沙會正在械鬥，迨我將次到達，他們忽然偃旗息鼓，罷手言和。而趙守鈺將軍（友琴）亦於其時率領巡迴講演團到達礦區。老友相逢，我以地主身份加以招待。有一次，他於席間翹起大拇指向我說道：「李大哥，您真了不起。眼前礦工生活並不大好，可是他們對您這位總辦卻心悅誠服呢。」我問其有何所聞，他乃說出下面的一番經過。

據他說：他在路上曾和礦區兩個扳岔道的工人搭訕，那時，他倆正喝小米粥兒，把啃著的窩窩頭送下肚去。他說：「你們為什麼要吃這些苦呢？你們的老闆不都是資本家嗎，又不都在那裏住洋房、吃大菜嗎？這太不平等了。」這兩個工人回答他道：「先生！你不要弄錯了啊！我們平常也有魚肉可吃的哩。只因這幾月來，我們礦上的煤全給馮玉祥拉去賣了，又不給價，礦區裏正鬧饑荒。幸虧李總辦經過早幾年的旱災後，礦裏經常儲備三個月的存糧，因此眼前可以拿來抵補，否則連窩窩頭還沒得吃呢，這怎能算苦？又怎能說是不平等？」

我聽後笑著說道：「這個不算什麼，還有使您驚奇的呢。據說這幾天紅槍會和黃沙會正在械鬥，為了我回來，他們竟罷手了。其實，他們幹的和我全不相干。只因當年旱災，這些附近村莊都曾受到礦上的長期救濟，他們感念在心。所以，一聽到我要回來，他們便自動地停戰；一來怕驚動了我，二來還怕我笑他們蠢哩。反正你要到各村莊巡迴演講的，儘可親身體察一下。鄉下老百姓就有這麼一點可敬，只要你待他一分好，他感激你的卻是十分足呢。」

趙氏體格魁梧，聲音洪亮，與馮氏殆在伯仲之間，原為閻錫山的參謀長，退職後與西北軍發生關係，曾任軍長。此時其所率領的巡迴講演團，為省政府屬下的宣傳機構，以戲劇表演進行其宣教任務，彷彿如目前大陸上的文工團一般。自馮氏遊俄歸來，帶回了不少社會主義下的思想和作風。趙氏浸漬其間，因此在口頭上也吐出階級鬥爭的意味。其實，他是一位富於國家觀念的人，抗戰勝利後擔任黃汎區復興工作的就是他，護送班禪喇嘛回藏的也就是他。

豫北、豫西一帶村莊，為了防匪，乃有紅槍會、黃沙會等組織。他們所用的武器多是套上鐵尖繞著紅纓的柳樹桿子。其用紅布包頭的號稱「紅槍會」；其因颳風後遍地都是黃沙，而以黃布包頭的則稱「黃沙會」。這種民間自衛武力，其性質與義和團截然不同。有時村與村間，挾嫌尋釁，彼此砍殺，則確為社會之患。北伐期間，馮部恐其搗亂後方，由吉鴻昌加以鎮壓掃蕩，前文曾略道及。

五、在政院客廳坐冷板凳

這些都是我此行中的瑣話，無關主文，如今回說到本題。我在礦區耽留相當期間後便去北平。這時已是十月下旬，我在報紙上看到五院長和十部長同時就職新聞，馮玉祥的名亦在其中。

我想出處之間，自有他的主張，原不必謀之他人，我雖另有見解，未蒙馮氏採納；而庸之的顧慮，與其於我此行的期待，則得由此釋懷，總算有一交代。我當然不須再去河南，但就回南之便，在南京見他一面，事亦良佳。

馮氏官邸在鼓樓附近，我到南京往訪時，適值公出，當由其副官長許驤雲代約明天在行政院晤見。次日往訪，我於客廳內坐候許久，尚未見有人理會。客廳旋告滿座，當然各有所為而來。而我以閒雲野鶴之身，側身其中，飽嚐冷板凳的滋味，實太無謂。後來，我見其隨身副官出來查詢傳達，有無李先生到來。終見傳達將我名刺遞交，旋由馮氏於小客廳延見。

這時我已憋上了滿肚皮的悶氣，一見馮面，已無暇致其賀任客套，劈口便問：「您怎麼就來啦？您不是要我在開封等您的嗎？倒虧我沒有痴等哩！」

馮氏經我質詢，似感不易自圓其說，忸怩地答道：「這個時候，大家都該為革命努力，不宜推推讓讓，所以我就來了。」

一聽便知，這些話全屬官腔，我連忙接口：「很好！很好！」語氣間未免過於激動。旋補上一句：「我很希望大家能把國家攪好呢。」就此打住，我即起身告別。

也許馮氏為了這此談話感到不甚痛快吧！過了兩天，他請我去其官邸吃飯。屆時前往，則馮氏尚未返邸，而由許驤雲拉我到其副官室坐去，以免無聊。事屬好意，卻不料其一番談吐，反令我啼笑皆非。

他待我坐定後，大剌剌地指著壁間所懸的中國礦產分布圖和農作物生產統計圖表向我說道：

「你們知道嗎？咱中國的物產可多著呢。」口講指劃，直把我當作小學生看待。窺其用意，一若表示西北軍並非老粗，樣樣都還懂得。

按之該項圖表，為駐華美國使館商務參贊Julin Arnold所印製，胡適加以題序，原是由我買來送給馮氏的。也許馮氏希望其部屬有所了解，因而懸掛在副官室內，以資公覽。誰知他居然冒充行家，把我所送的東西，拿在我的眼前賣弄。而我又為顧全他的臉面，不便戳穿，直迫得我在匿笑中唯唯以應，這幕滑稽，直待馮氏回邸，始告終場。

六、老馮宴客四葷一火鍋

這次相見，馮氏容色比在行政院時，較為和悅。據告因張季鸞先生到京，請其便飯，約我作陪。我倆轉到客廳後，季鸞先生已和劉治洲兄聯袂而來。主、客已齊，即便入席，旋由勤務兵端上四大葷盤，一大火鍋，雖未備酒，而大餅、饅頭、白飯已自羅列滿檯，極為豐盛。

我一眼瞥見，不禁目眙，脫口便喊：「這頓飯……」

馮氏似怕我說得不甚中聽，急忙截住，接口說道：「這頓飯不算錯吧！李大哥，等於大年夜哩！」

截語打岔，頗喻其意。我因說道：「這頓飯，我猜準不是老王做的。」

馮說：「這倒給你猜中了，是行政院的廚子做的。」

我就沿著他的意思續道：「如何？這不是一語中嗎？剛才我幾於直喊出來，卻給您把話頭截住了。據我所知，西北軍長官們的伙食費，每月每人十塊大洋，花錢並不算少。無奈老王除燒大鍋菜外，別的全做不出。就說黃河鯉魚吧，這樣雋品，老王也僅知道加鹽白煮，獨沽一味。可是他為人誠實，又是多年老伙夫，所以馮先生一直雇用著他。這是出於照顧之意，並不是西北軍刻薄自己，不想吃好。這話可對？」說到此處，我的眼光恰和馮的眼光碰個正著，馮氏點著頭兒認為沒有說錯。季鸞先生也就補上一句：「這麼說來，可見外間傳說是不盡可靠的了。」

七、做官僅半年又打內戰

閒話談過，馮氏提出豫、陝、甘開發問題，徵詢在座的意見。我信口答道：「這很簡單，只須做好六個字便全結了。」

偌大問題，輕鬆作答，馮張同感愕然。馮氏以為我有意開玩笑，忙詢這六個字是何內容。我說：「所謂六個字原很平常，指的就是交通、保護、信用三項。交通包括水利，水利辦好，交通自亦暢達。陸行用車，水行用舟，這是縮短西北距離的首要工作。各種設施，此為起點。保護重於提倡。利之所在，老百姓不會不踴躍以赴。最壞的是事業辦好了，而公家打主意、玩花樣，隨以俱來。朝令夕改，行不顧言，老百姓瞻前顧後，誰敢放膽去做？因此，必先立信示範，根絕疑慮，然後官民才能打成一片，相互維繫。這些都是原則，亦屬老生常談，但比之任何計畫，更屬重要。」

馮氏聽罷，頗為動容。季鸞先生乃以歸納的方式做一結論，他說：「簡單地講，就是為民興利，不能與民爭利。」

飯後興辭。季鸞先生一出大門，便向我伸其舌頭。「李先生，這些話只有您敢講。您說西北軍不是不想吃好，又約隱地指出他們這些年在內戰中的行徑，確屬快人快語，一針見血。」他在一面走著一面說著。

過此以後，僅越半年，馮氏通電下野，內戰隨之爆發。天下事固難預知，但如當時馮氏以其全力經營西北，不去南京，則相距既遠，或將較有迴旋餘地吧！

第二十四章
一面忙於內戰，一面忙於賑災

民十八年四月間，我（李晉先生自稱）於南京參加交通部召開之交通會議時，應馮玉祥之邀，出席豫陝甘賑災籌備會議，到有張靜江、胡漢民、譚延闓、于右任、李烈鈞、孫科等多人。馮氏報告：「三省連遭天旱，赤地千里。自五原誓師以來，忙於軍事行動，致未能顧及地方災情。而今北伐完成，全國統一，本人與西北關係特深，情難自已，擬組織豫、陝、甘三省賑濟委員會籌畫一切。懇求各位擔任委員，登高一呼，發動全國力量，集中於此，庶幾災民可以得救」云云。當場紛紛發言，僉主立刻行動。馮氏旋囑我以委員身份兼任總幹事。

一、為要賑災提出朱慶瀾

我於此一突然而來的任務，自份身為礦商，殊不適宜。重以向無沿門托缽之經驗，正在言辭，馮氏卻立即將我的話頭截斷說道：「幹麼要辭？這只是請你辦理會務啊。大的事件，政府當局和在座各位自會負責。」由於他的話兒過於刺耳，我不禁激動地向他頂撞，我說：「你是真的救災呢？還是給你的西北軍籌錢啊？」馮氏一聞此語，幾於爆炸起來，連聲高喊：「這成什麼話！這成什麼話！」一時會場之上，無人開口，幾成僵局。

至此，我乃以轉圜的口吻說道：「如果真心救災的話，非得請出一位德高望重的人主持不可。我倒想起一位，相信諸位亦猜想得到，那就是當年山東大災他以獨力奔走呼籲曾將十萬戶災民移徙東北殖邊開墾的朱子橋（慶瀾）老先生。如果他肯出來，遠勝區區百倍了。」

馮氏聽到朱子老的大名後，泛起笑臉，在櫈子上邊搥邊喊：「著！著！」並說：「我認識他，我在前清當小兵時早認識他。當年我任管帶時，他曾來營檢閱，老是身揹水壺，徒步而來，自晨到晚，向小兵們問長問短，不像一般檢閱大員，前呼後擁，走馬看花，虛應故事。那時我就有一副壞脾氣，官兒越大，我越發瞧他不起。值得我佩服的只有三個人：一個是文官中的王瑚，一個是海軍中的薩鎮冰，再一個便是這位朱將軍了。現在提到他真是好極！」旋又向我問道：「你和他很熟嗎？他此刻在哪兒？」我答道：「朱子老刻在錦州為其兄長治理喪務。我從民元起便已認識他，以後不時往還。你如同意，我可去信，相信他老人家是當仁不讓的。」當經眾意決定，待獲子老同意後續商。此一集議，即在座談方式中宣告散會。

我今追述往事，略去浮文，獨將此節鄭重提出，意在說明當年辦賑，全靠得人，才能實事求是，把捐款不遺涓滴地用在災民身上。

二、孔庸之寓巧遇王慕莊

散會後，我單獨和馮氏談話。我說：「你果誠心請朱子老辦賑，除我去信外，你得去電張學良，請他代你就近勸駕，以表敬意。」馮對此舉，面有難色，並說：「這不大好，你知我是反奉張的，又與小張向無來往。由我去電，總覺不好意思，還是由你去信的好。」他如此說著，雖屬實情，我卻不以為然。我說：「這有什麼不可以的呢？東北易幟，彼此早屬一家。事為災民請命，怎能與政治上的思想併為一談。何況東北還是籌募捐款的好對象呢！」馮氏經我這番解釋，乃說：「好吧！準這麼辦。你就隨我回到下處，咱們一面弄晚飯吃，一面把電報辦好。」

馮氏偕我回到其南京鼓樓官邸後，即將其祕書長魏藍田請來。他喊著藍田說道：「今天有個新鮮題目，咱們要給小張去電報啦。就請你擬個稿子吧。」藍田一時摸不清頭緒，瞪著眼兒，莫名其妙。他乃轉以俏皮的語氣指著我續說：「這是李大哥出的主意，什麼叫做『為民請命』，你去問他吧。」我因將剛才的經過告知藍田，請其回屋辦稿。及待我們飯過，稿亦擬好，經馮過目後，即於當夜出發。

我此番來京，係下榻於南京香鋪營孔庸之住宅。我由鼓樓回去時，友人王慕莊（**其康**）已在孔宅相候。我向庸之略談開會情形後，慕莊拉我去外廳敘舊。慕莊，淮安人，在東北辦理鹽務多年，庸之與孫哲生奉中山先生之命去瀋陽與奉張聯繫時即下榻於其寓所，故與庸之向有淵源。及後楊宇霆督蘇，江蘇省長鄭謙曾委其為財政廳長，但未就職。北伐後，淮安縣黨部以其有附逆嫌疑，將其祖遺公產完全籍沒。他以一身牽累族人，引為深疚。此時眼見東北易幟，天下一家，即使附逆，亦當末減，因來京懇託庸之斡旋，希望得一掛名差事，洗刷一下，俾能收回祖產，和宗睦族，並盼我從旁催促。

我說：「你的問題不難解決，眼前我先要你幫忙。」隨將馮氏發動辦賑經過告知，浼其趕往錦州與朱子老面洽。他說：「這事要緊。你寫信，我吃飯，待我飯吃好，你的信也就寫完。我準趕上今晚的直通車，給你做個下書人。」其時庸之已踅入外廳，見慕莊見義勇為，大加讚美，當語以遲早間會把他的事兒辦好，不須罣念。果然，他在飯店後即向我取信動身，我送他去下關渡江時，幾陣江風，直吹得我倆的單衫搖搖晃晃。

三、機車被扣賑糧行不得

第三天，我接到慕莊自錦州來電，報告向朱子老投書面洽經過。又稱張學良向朱子老勸駕的電報亦已到達，並附有捐款三十萬元。子老已在調取辦賑人員，購辦賑糧，即在錦州著手進行。最後則謂他本人使命已告完成，因穿夏服出關著涼染恙，將回津寓休息各情，我持電告馮，馮大喜慰，告我亦已接到張學良覆電，除捐款外並願在東北發動籌募等語。我以此事總算有了交代，而交通會議亦告閉幕，即由南京回上海。過此約二十天，庸之自南京來長途電話，承告工商部參事呂咸調任河北工商廳長，其遺缺已派王慕莊接充，囑為轉知慕莊即速到職云云。詎料隔日接得天津來電，竟為慕莊的凶耗，其死因即由於關外著涼而起。他是為那次西北賑務而犧牲的第一人。

民十九年二月間，先君故世，我在天津守制。其時內戰將起，所謂「擴大會議」已在醞釀之中。關於西北賑務，自民十八年起，由朱子老發動各方，購糧施賑，先後到過災區三次。此時他又徵集了食糧三千噸，向北寧鐵路局借到機車三輛及鐵篷卡三列車，將賑糧運往河南。詎被西北軍將機車完全摘去，以致糧車留滯新鄉一帶，無法前進。子老與西北軍不甚相熟，因此特地來津，浼我同去災區，代向西北軍交涉。我以丁艱為辭，子老則以從權為勗，而先母亦以應該一行為言。當經約定，請子老先去北平稍候，我即於翌日趕往取齊，即由平漢路遄往新鄉。

當時新鄉駐軍為馮氏屬下的石友三部隊，其交通司令李豐椿（茂林）表示不知糧車車頭被扣情事，允予追查，並允另撥機車將糧車儘先運走，又捐出賑款一千元。即在此時，遇到閻錫山派來新鄉的代表何紹南。此君原為褚玉璞在直隸軍務督辦任內的參謀長兼天津警備司令，與徐源泉同時反正，前文曾經提及。他一見朱子老，大為感動，亦忙不迭地將旅費五百元全數捐獻。迄後他的代表任務完成，即便拋棄一切，全心全意，追隨子老，置身於辦賑人員的行列。

四、鹿鍾麟接受三項要求

機車問題，既告解決，我初擬回津，嗣因子老堅留，而我亦想乘機和馮玉祥一晤，當即打消原意。

先是先君故世時，馮氏適被閻錫山遮留於運城，不得自由。他在聞此噩耗後，親筆寫了一篇誄詞及慰問信，派唐悅良持往天津致祭。其時馮氏反蔣的跡象日益顯著，我在謝信中提到大局。其大意為：歷史上的英雄豪傑，無論成敗，同為生民製造苦難，不朽的唯有大禹治水，功烈千秋。希望他在表面上贊同擴大會議，俾能抽身回到西北，站在人民立場，指出三省災情奇重，聲明保境安民，以符合昨歲在南京發起西北籌賑的原意。否則天災未解，人禍又來，戰事即使勝利，終為民族罪人。並檢出《胡文忠公全集》，一併交由唐悅良帶返。懇望他以調燮大局為重，猶之胡林翼在當年之所作為。因為有此一段經過，故我盼能於此行中與馮相見，重申前意。聞馮近在鄭州，因隨子老同車進發。

到鄭州時，鹿鍾麟等蒞站迎接，旋在總指揮部設宴招待。鹿說僅從新鄉李豐椿電話中得知約略，未悉我等到鄭確期，故馮總司令未能守待，已先去衛輝府百泉地方參加汪（**精衛**）、閻（**錫山**）的聯合會議。我此時忍耐不住，脫口便說道：「這次辦賑，原由馮總司令發動。朱子老這樣辛苦，各省人士這樣熱心，而你們現在卻搞擴大會議，要打內戰，這是……」話未說完，鹿便截住說道：「這不談了，這不談了。」隨手把隔室的門兒掩上。

以我推測，隔室當有不少的擴大會議份子在內，屬垣有耳，鹿乃有此動作。我頗體諒鹿的處境尷尬，當把話頭轉到賑務本題，向鹿提出三項要求：

（一）發還北寧路機車三輛；

（二）派定高級軍官隨車出發，以防沿途再有強徵機車、車皮情事；

（三）通令西北各省地方官，凡屬施賑地區，停止徵糧、徵款。

這第三項是朱子老三次身歷災區的實地經驗。西北地方官往往於不旋踵間將災民領到的賑糧、賑款陸續徵發，辦賑務等於變相地為西北軍辦糧臺，故特別提出，以期災民得沾實惠。

鹿鍾麟於當場表示完全接受，並囑其政務處長張幼卿擬具停徵文告。次日出發時，鹿派劉軍長隨車防止部隊強徵火車頭，此外查良釗、凌勉之亦奉到馮的命令隨車陪行，以備沿途諮詢接洽。於是，我等一行直向洛陽駛去。

五、行抵函谷關停車弔古

車經黑石關與鞏縣間，宋哲元的部隊正向前方進發，突將糧車包圍，準備將機車摘走。幸經劉軍長竭力阻擋，並以總指揮部大令出示，才肯罷手。晚間車過鞏縣，鐵道的坡度甚陡。糧車重載，機車無力負荷。除朱子老外，我等均下車步行，並將列車拆散，分節拖拉。此時突見子老躺臥的鐵篷車，在機車聲嘶力竭中，向下直溜，司機緊急煞掣，已隆然發出巨響。我等奔往省視，則見子老睡眼惺忪，渾若無事，還向我們安慰地說道：「這怕什麼？這怕什麼？」

行抵洛陽，宋哲元到站相接，迎往其軍部休息。席間談起一路經過情形，宋很感動。他說由此去靈寶一段路，坡度更陡，允換三個重機車拖拉，又捐出賑款五千元。飯後，糧車便連夜駛往靈寶。

駐防靈寶的西北軍為張自忠部隊，以大禹廟為總部，他也捐了賑款二千元。其時隴海鐵路僅敷設至此止，為西行最後的一站。此後賑糧，全賴水路和公路運輸。據張自忠告知，眼前黃河水淺，三千噸糧，運往潼關，不知何時可以運竣。只有商借孫良誠部僅有的軍車二十輛，不斷駁運，才能幫助解決困難。因此，糧車留在靈寶，由張派汽車二輛將我等送往潼關。劉軍長以任務完畢別去，查良釗、凌勉之二位則仍同行。

由靈寶去潼關，須經函谷關。其地絕壁千仞，深險如函。相傳老子乘青牛薄板車於此出關。關令尹喜，帶印綬出迎，設弟子之禮，今尚存關令墓。我等停車弔古，謁墓後，登函谷關城樓，因年久失修，半已傾圮。樓中供有老子塑像，蛛網塵封，頭部且已剝落。我忽憶從前所做夢境，似在一院落中，見一老翁趺坐其間，唉聲嘆氣，自言自語地說道：「神道設教，非為神也。人間立教，非為道也。」與眼前景況，頗有依稀之感，不禁矍然。

六、滿眼罌粟花與人販子

離函谷關，車行公路中，兩旁麥田內極目都是紅花白枝，臨風招展，光艷動人，滾滾黃塵中泛出一片江南景色。我向朱子老發問道：「不都說西北是赤地千里嗎？怎會遍野蒔花，有此清新境界呢？」子老打著哈哈回答我道：「你是故意開玩笑呢還是不懂？這是什麼花不花，栽的全是鴉片煙啊！」罌粟花名，久經灌耳，至此我才開其眼界。一面我又發覺公路上不時有人力車，前挽後推地朝東而去。車上坐的娘兒們，紅褲青衣，也還像樣。我以為西北災情不如所傳之甚，又向子老發問。子老又打著哈哈說道：「這個你也不懂嗎？這就是人販子幹的勾當啊！他們揀那略有姿色的少女，論斤地買來，送往靈寶乘車，轉賣到平、津娼窟裏去。做爹娘的還以為一舉兩得，小的逃生，老的混得幾天飽肚，以後的事，誰還管得那麼多啊。據聞閻錫山在風陵渡口，設有卡子，專管少女過境，每名收查驗證費二元五角，即已收了數萬元。可見被葬送的已是不少了。」

因此，我們一到潼關，即向市長何其鞏建議截止婦女出關，並由朱子老於賑款中撥出三萬元交由何氏辦理收容所，以資救濟。及談到借用孫良誠部軍車運糧問題，何氏則認為非由馮總司令下令飭遵，恐難辦到。

一路行抵西安，會見了陝西省政府主席劉郁芬，即在省府會議，決定電請馮氏電飭孫良誠部借車備用，一面盡量徵集當地騾馬、車輛幫運，同時又電囑靈寶留守人員雇船輸送，水陸並進。其時溪口商會會長賀衡夫亦因賑務來陝，他想出另一救急辦法：以山西小米，一斗現價三元。山西斗大，一斗等於溪口八斗，足供一人一月之糧。以前馮、閻有所隔閡，山西禁運。今則彼此站在一條陣線（指當時閻、馮聯合反蔣而言），大可由馮請閻弛禁。如能辦到，由風陵渡直達陝境，比由靈寶駁運便捷得多。子老徵集的三千噸糧，數量誠巨，無如災區過廣，原屬不夠分配，以後還須設法。與其再向沿海各省運糧，道遠時稽，何如打開山西這條路子，以河東粟，賑河西饑，就近取便，豈不事半功倍？

七、展開「三元救一命」運動

賀衡夫的此項辦法，大家均認為高明，由此而發生的籌款問題，則提出「三元救一命」的口號，分電平、津、滬、漢呼籲發動。而閻氏亦即應馮之請，小米輸陝，准予解禁。

我們此行任務，重在解決各項難題及籌畫賑款。其放賑工作，則由朱子老委派其助手馳往災區會同當地官紳辦理。以故我們所到地方僅為各大城市。但在耽留西安期中，亦曾抽身前往咸陽、武功等縣視察。在久旱之後，空氣成分亦起變化，枯燥沉悶，令人難受。泥土內水分早就蒸發盡了，看似硬巴巴的，踩下去立刻化為齏粉。災民恬靜得使人驚奇，似早看穿了這世界是不屬於他們的。經過這些年的折磨，滿臉全是漠然的意味。最可憐的災童，四肢細瘦，肋骨隱約可見，腦袋和小肚兒卻顯得特大，轉動著那雙沒精打彩的眼珠兒，瞅睬行人，卻倦於伸手求乞，當即委託紅卍字會會長路禾甫籌設災童教養所，妥加照料。

我們為了要趕回沿海各省，促進「三元救一命」運動，旋即踏上回程。朱子老並帶有災民二千餘名，轉送東北開墾。其時戰事已在發動，鄭州已經見到飛機。在新鄉附近，我們正碰上馮氏的專車。馮邀我們到山洞辦事處一敘。他先向朱子老表達感激與歉意，次述山西小米弛禁及電飭孫良誠部借車運糧各情。在他把賑務上的事談論一過後，我問起他曾否看到唐悅良帶回的信和《胡文忠公全集》？他訕訕地不遽接腔。我便直捷地和他說：「車頂上有飛機，車廂裏有難民。你忙你的內戰，我們趕我們的路，各幹各吧。」只見他臉蛋奢紅，一語不發，隨送我們到站，攙扶朱子老上車。

返抵北平後，朱子老率領二千難民轉車出關。我回天津商承熊秉老（希齡）、張伯苓先生等發動捐款。《大公報》的張季鸞先生慨然以宣傳自任，在報紙上另闢專欄，刊載西北災情及「三元救一命」的呼籲文件。其後遜帝溥儀曾捐出名貴皮貨一批，變價助賑。黎黃陂、徐東海兩總統及華世奎、嚴範蓀、趙元禮、盧木齋、龐醇士、吳達銓、管洛生諸先生紛以書畫義賣籌款。上海方面由狄楚青、李雲書、史量才、王曉籟、程霖生諸先生發動；漢口方面由徐榮廷、蔡輔卿先生等起而響應。陳嘉庚氏亦遠從南洋予以支援。

以上為我參加豫、陝、甘三省賑災的經過。自古迄今，中國人全是靠天吃飯，在人民互助下突破災難而長成蕃殖起來。

第二十五章
我與馮玉祥各幹各的事

筆者按：前節所記，為當年李先生第一次參加豫、陝、甘三省賑災的經過。而此次賑災原為馮玉祥所發動，但當朱子橋將軍與李先生等，方深入災區，忙於賑務之際，而馮氏卻又在忙於內戰。因此，李先生於陝西歸來，中途與馮氏專車相遇於新鄉附近時，一時口沒遮攔，逕向馮氏說出了「車頂上有飛機，車廂裏有難民，你忙你的內戰，我趕我們的路，各幹各吧！」這些刺耳的話。

對於這類激昂的措詞，據李先生事後自我檢討，頗以意氣用事為疚。又以李先生那次西行助賑，原出於朱子老的敦促，事同客串，他既慊於馮氏的內戰，和老馮說出「各幹各」的豪語，此後便得自發地置身於賑災行列，埋頭幹下去，才不算是門面話。因此他決計暫拋一切，全心全意追隨朱子老，辦理賑務，於民十八年中先後去陝西四次之多。本節所記，即為此四次中之突出事件。

一、朱子橋提議設壇求雨

李先生說：

我們這一行第二次去陝時，是在春末夏初。除我以外，朱子老並邀饒宗璜（**聘卿**）、商衍鎏（**雲亭**）、唐慕汾諸先生同行。聘卿曾任黑龍江民政廳長，退休後在上海主持普濟公所。雲亭為前清翰林。朱子老任廣東省長時，雲亭為其祕書長，其時他在北平主辦紅卍字會。

我們到達西安後，河東的小米，及子老徵集之糧食三千噸，均已陸續運到。沿海各省的「三元救一命」捐款亦源源而來。分運災區，按戶派給，畢竟是消極的急救辦法。如果天仍不雨，稼穡失時，這饑荒終苦無法徹底解救。子老為信佛的人，因提議設壇求雨。

說來也特可憐，偌大一座西安城，竟然不易找到和尚與道士。這因當地久在馮玉祥的西北軍控制之下，為了厲行破除迷信，佛寺駐兵，道觀辦學，香火俱廢，僧、道無以存活，多已行腳四方，或竟還俗轉業去了。以故此次設壇，方士、緇流，寥寥可數，鼓鈸、旛幢，七零八落，大是不成模樣。我和子老說笑：「倒不如由您親身出馬求雨，至誠所格，感召天和。比之這些禿驢和牛鼻子，相信要靈驗多了。」

次日晨興，子老已早離床，不知所往。我揣想他或因昨夕笑談，求雨而去，亦未可知。當即追蹤前往，果見他俯伏壇前，喃喃祈禱，我未便加以驚動，肅立其後，待其做完功德，才攙扶歸去。當天中午，陝西省府聯合各廳為我們設席招待，屆時我擬陪同子老前往赴席，則又不知其何時他去，遍覓未獲，只得獨自先往。及我到達省府，則省主席劉郁芬暨民、財、教、建四廳廳長鄧鑑三、過之翰、查良釗、劉治洲等均在恭候，子老猶未見到。其時天色漸晦，烏雲冉冉上升，涼風漸起，似有雨意。半晌後，初見點滴飄空，繼則雨陣較密，終則傾盆而下，溝澮皆盈。遽獲甘霖，大家均在翹首長天，欣然色喜，忘其枵腹。子老始於此時踉蹌而來，衣履盡濕，於更衣後相將入席。子老乃說明適從大雁塔（**編者按：該塔在西安之南門外**）懺拜而來，佛法無邊，天心悔禍，果然大雨滂沱，希望再落幾場，災民庶幾得救。並於席間提議興修大雁塔及其他名寺古蹟，俾與其時華洋義振會所辦的災民築路，殊途同歸，均屬以工代賑。

二、老馮的開蒙師鄧鑑三

說到此處，李先生特將陝西民政廳長鄧鑑三先生做一描摹。他說：

在馮玉祥當小兵時，鑑三適任營部司書。馮固文盲，並不識字，其由認方塊字起以至讀書習字，全仗這位鄧司書為之開蒙。當時，營房之內，設備簡陋，規制又嚴，馮為便於進修，只能於就睡後做其功課。他在土牆上掘一窟窿，裝上一個蛋殼做成的燈盞，於同房弟兄熟睡後偷偷地燃上小火，映著書本兒溫習。後來馮氏發達了，鑑三的地位亦隨之水漲船高。此時他遵奉馮氏教條，厲行天足運動。西北娘兒們十九纏腳，他即以民廳大堂為放腳所，在那一時期西北女人們的纏腳布條，在大堂上東飄西蕩，一時蔚為奇觀。

李先生做此插話後，回到本題繼續說道：

陝西古寺名勝甚多，這次興修，先就西安開始，再及其他各處，並決定以修葺大雁塔、小雁塔、興善寺為工賑起點，推由饒、商、唐三位及康寄遙、路禾父籌畫其事。按之大雁塔在慈恩寺內，寺為唐高宗為太子時追念其母文德皇后所建立。塔為名僧玄奘設計創造，貯藏其由印度帶回的佛經。小雁塔在薦福寺內，原為唐代襄城公主住宅，中宗時立為獻福寺，武則天改為今名。其塔比慈恩寺塔為小，故稱「小雁塔」。興善寺為隋文帝所建，規模最大。隋唐間西域高僧來華，多卓錫於此，藏有佛經的沙蹟版。此項寺院不僅為宗教勝蹟，亦為中、印文化交流之始基，加以修葺，自有必要。其後此項工賑，推及外縣，如扶風的馬伏波將軍廟、郿縣的張橫渠先生祠堂等，均在興修之列。我於第三次去西安時，晤見主席邵力子先生，談及此事（**此時陝省主席已換人**）。力子笑瞇瞇地說道：「這些古蹟，你們都修好了。怎的獨忘了王寶釧的寒窰和楊貴妃的馬嵬坡呢？」語極風趣，相對哄然。據說其後力子曾出私囊為貴妃廟修葺一過。

三、旱匪交侵下的興平縣

其時距西安不遠的興平縣，適由官兵於土匪手中奪回。當時圍城匝月，死傷不少。朱子老聞訊後趕辦急賑，由我與查良釗陪行。這一縣城經過旱匪交侵後，滿眼頹垣殘壁，瓦礫中屍體狼藉。劫餘災民全是鳩形鵠面，瘦骨如柴，為數亦已不多。我等到達時即緊急辦理施粥、埋屍等工作。縣署官廨中空無一人，我單身往訪時，於牆壁間見有不少廢紙、廢布，略加檢視，全為土匪所遺的臂章、書信。我以這類東西，留它不得，即時取出身旁火種，付之一炬。詎此時查良釗驀地趕來，隨手在火堆中搶出書信數封。我和他說：「這就算啦，何必多事呢！」他似不以為然，看好藏好，如有所獲。以我揣想，當是通匪函件，他以省府委員廳長身份，自不肯輕鬆放過。其後在我去陝期中，得悉他隨子老於五丈原放賑時，獨被土匪擄去，在地窖中禁閉了八十三天。衝著朱子老的面子，土匪才予釋放。馬跡蛛絲，也許毛病就出在那些書信上。

其時，各省慈善團體到達西安的有東三省道德總會、華北義振會、河北義振會、紅卍字會及上海漢口各善團。單位既多，力量分散，必須加以組織，集中辦理，工作才能統一，財力庶不虛糜。當經商承朱子老，由我承乏籌畫。以故各地分振，其後我少參加，獨留西安省城，起草方案。我於閒時，輒往南轅門舊書攤搜求古籍，無意中發現《一得錄》，全書八本，已闕其一，為杭州刊版，著者姓名，今已忘卻。翻閱一過，其內容全為前代辦理賑務成規，如清節堂、育嬰堂、孤兒院、施粥廠等皆各有其專文，並各附有條例。雖未盡適合當前環境，但大有其參考價值，乃以三金購歸，作為藍本。

四、陝西省水利的今古談

我於擬訂方案時，分成「組織」、「工作」兩大部門。前者以各地善團作為成員，聯合組織華北慈善聯合會，然後由聯合會分配各成員以共同的任務和個別的任務。後者則依據此一藍本，配合現實，於消極性的救濟中創設積極性的教養機構。旋經會議通過，公推朱子老為會長。由此西北賑務，乃一改其散漫狀態，而由華北慈善聯合會與華洋義振會提絜其間，分工合作。

其後，我又在南轅門舊書攤購到《長安府志》，細加研讀，始知陝省水利在戰國時已具規模。其後經歷各朝，或歷戰馬奔馳，不惜填塞渠道；或便安置碾磑，不惜破壞水利。降至乾隆年間，修渠專款，更不惜統予裁削。於是渠道淤壅殆盡，農田不得灌溉之利，一遇天旱，釀成莫大災祲。

按之司馬相如〈上林賦〉：「八川分流。」唐太宗〈登驪山高頂〉詩：「八水帝王都。」均指西安一帶河道而言。涇、渭、滻、灞、灃、滈、澇、潏，即為「八川」、「八水」的名稱。渭水橫貫關中平原，既便交通，並饒水利。涇水在渭水以北，距西安稍遠。其鑿渠引水，灌溉農田，則於古已有成規。故漢〈白渠謠〉云：「田於何所？池陽谷口。鄭國在前，白渠起後。舉鍤如雲，決渠為雨。涇水一石，其泥數斗。且溉且糞，長我禾黍。衣食京師，億萬之口。」其中所謂鄭國，即指鄭國渠，這裏面有一段政治掌故：

「戰國時，秦國屢侵韓國，韓欲罷之，乃使水工鄭國間說秦，令鑿涇水自中山西抵瓠口為渠，并北山東注洛，三百餘里，欲以溉田。中作而覺，秦欲殺鄭國。鄭國曰：『始臣為間，然渠成亦秦之利也，臣為韓延數歲之命，而為秦建萬世之功。』秦以為然，卒使就渠。渠成而用溉，注閼填之水，溉舄鹵之地，四萬餘頃，收成皆畝一鍾。於是關中為沃野，無凶年。秦以強富，卒併諸侯。」

此即為鄭國渠之由來。所謂「白渠」，為前漢白公鑿引涇水，首起谷口，尾入櫟陽，注渭中，袤二百里，溉田四千五百餘頃，因名「白渠」。

五、修渠需鉅款終於簽約

我於追崇先民功烈之餘，面對當時內戰，深感一代不如一代，今人愧對古人。又念興利重於除弊，救災而不能防災，徒為逐末，終落下乘。我因向建設廳劉廳長提到修復渠道之說，他很謂然，並介紹水利專家李儀祉先生與我相見。李先生說：「這事我早留意，製有藍圖，估計需款數百萬元，偌大經費，從何籌措？」彼此相對唏噓，都苦無從著手。第二次我由陝西返天津時，取道平漢路，於車中遇見蕭振瀛（仙閣），無意中談及此事。

蕭說：「我略知道些。我在西安市長任內時，華洋義振會的法國裴工程師曾來勘測過。據他預算，其需費不如李儀祉先生估計之巨。」當勸我不妨於過北平之便，與華洋義振會一商合作辦法。

華洋義振會會長為熊秉老（希齡），其實權則操於貝克之手。我到北平與貝克晤談時，據告裴工程師現已離去。華洋義振會劃歸西北賑災用款，在路工完成後約餘四十萬元，但已決定移充包頭民生渠建築經費。故於陝省修渠，亦苦無從為力。我說該項經費既經指定用於西北賑災，即有餘款，亦以用於西北為是。貝克同意我的說法，但又指出該項工程絕非四十萬元所能竣事，如我方能承諾另籌五十萬元，彼此才能合作。我於退出後即致電朱子老報告經過，請予指示。當接覆電，表示賑款有限，無力兼顧。我以五十萬元雖非小數，似尚未必把我難倒。訪悉貝克業已去滬，我即趕往以華北慈善聯合會代表名義和他簽定合作之約。

其時已為民十九年十月間，閻錫山、馮玉祥軍敗下野。行政院改組，閻、馮一系列的人物統行退出。閻系之內政部次長趙丕廉所遺的振濟委員會委員兼職，許靜老（世英、振委會委員長）浼我接充，因即乘機請撥修復陝西渠道經費，旋經行政院議決撥款二十萬元。事出無心，喜來望外，我即去電貝克，告以款項有著，請其儘速興工。

第二十六章
旱災、水災、兵災與朱子橋

前節李先生談到西北賑災中修後渠道工程，其所需經費，由華北慈善聯合會與華洋義振會合力負擔；其工程設計，則由華洋義振會所派之安利生、脫特等外籍工程師會同陝西水利專家李儀祉先生商訂方案。這是積極性的水利建設，與一般施賑意義不同，各方均樂於觀成。經過幾度洽議，即已著手興工。

一、五萬包洋灰毫無著落

李先生說：

我那次對於修復陝西渠道所負的任務，重在籌款方面。至於工程問題，其大致輪廓為導引涇水水源，利用鄭國渠、白公渠故道，使關中一帶，納入於此一灌溉系統之內。唯依據李儀祉先生的藍圖，似須掘山通渠，施工區域較大，需費頗鉅。而安利生等工程師則主張縮緊工程配合實際需要。其間如何折中損益，事屬專門，不須細表。

興工以後，以當地土質黏性不大，往往發生坍塌現象。華洋義振會代表貝克轉據工地來電，需要洋灰五萬包，備供混凝之用，以免渠洞、水壩，隨築隨毀。並聲明此項洋灰價款應由華北慈善聯合會負責籌足。按之當時市價，洋灰每包為十四元，以五萬包計算，共需價款七十萬元。就數額言，雖然巨大；就責任言，無可規避，唯有挺身自任。

我當往訪天津啟新洋灰公司總經理龔仙老（心湛，曾任北洋政府財政總長），告以事關賑務，懇求特別通融，每包洋灰價格，惠予照價減半售讓。龔仙老則以賑務與業務不能併為一談，表示歉意，礙難照辦。但他卻開導我一條門路，囑我不妨與開灤煤礦方面一商。事因開灤和啟新具有深切關係，彼此在洋灰交易上，訂有互惠辦法。開灤所需洋灰數量極巨，屬於大宗買賣之老主顧，啟新向以半價實收。華北慈善聯合會如能商得開灤煤礦之同意，由其出面承購，啟新在業務處理上才不致發生困難。此舉如能辦理得通，實為兩全其美之唯一辦法云云。

我得到龔仙老此項指示後，當又走商開灤總經理英人彌敦少校。幾經洽談，其結果則為開灤煤礦允撥五萬元作為賑款，對於半價購洋灰之舉，則拒絕破例使第三者享受互惠利益。言之成理，我自未便強求。其實，那時洋灰價款，尚分文無著，即使啟新公司慨允半價售讓，或開灤樂於出面承購，仍屬空費唇舌，因半價亦需三十五萬元巨款也。

二、開灤煤礦做順水人情

我正在束手無策之際，忽聞人言，此事如託北寧鐵路局局長高紀毅代向開灤交涉，當有協議可能。我因想及朱子老上次徵集賑糧，由東北轉輸河南，所需火車頭與車卡，全由北寧路局撥借，其熱忱無可懷疑。但事涉外人，能否為力，殊未敢必。況我與局長素無往還，未便冒昧干請。當由朱子老具名邀其在我津寓宴敘，加以試探，不存奢望。不意高氏乾脆豪邁，大出意表，在宴敘中，待我詞畢，立即滿口應承，並即約開灤煤礦總經理彌敦少校到其路局面洽。

高局長與彌敦談到五萬包洋灰問題時，老實不客氣地道：「洋灰我要，貨價你給。」初時彌敦尚面露猶豫之色，接著高氏又表示道：「如此做法，得了好處，你這傢伙應該明白！」這些話兒，簡而有力。彌敦少校頓有所悟，隨即諾連聲，表示完全接受。俄頃之間，不費一文，竟取得洋灰五萬包。此一喜訊，實出我等望外，唯我於高氏之老氣橫秋，舉重若輕；彌敦之無所悔吝，諾諾連聲；總覺得事異常情，其中必有奧妙。悶葫蘆如不打破，未便釋然。事後始知當時北寧鐵路局正要開始加徵開灤煤斤運費，其間伸縮性頗大。運費加價之提前、移後，局長雖無絕對權力，但終不失為一重要關鍵。高氏利用此一機會，施以壓力。其所提示的「好處」一語，即暗指加價的遲早而言。彌敦明白此一「好處」遠超過其五萬包洋灰上所受的損失，故亦樂意遷就。一有所挾，一有所求，以故此一難題得在三言兩語間迎刃而解。

此項修渠工程，於民二十年全部完成，定名為「涇惠渠」。以後陝西省之涇陽、三原、高陵等五縣成為棉產農產的重要區域，則全賴此一渠道的灌溉。並取得陝省府書面同意，此一灌溉區域之內，以後不得種植罌粟。我們經辦西北賑務，雖未盡了，但由於渠道竣工，大體上亦告結束。唯彼時政局早起變化。在北平擴大會議失敗之後，馮玉祥蹙蹙靡騁，西北軍亦呈分崩離析。回憶民十八年西北賑災之議，原係由馮氏所發起，三年之中，馮對此亦曾有所盡力，但在瘡痍漸復之際，他卻把自己搞垮了。

三、救罷旱災又去救水災

旱魃甫除，巨侵洊至，民二十年七月間長江與黃河流域各省又鬧大水災。漢口及其附近各縣，以江堤潰決，一夜之間，矮屋沒頂，高地行舟，統成澤國，受災最重。按照職權上的分配，此項救濟工作應由許靜老（世英）掌管的賑濟委員會主持辦理。但當時因宋子文氏另有主張，以賑委會辦事不切實際，乃特組水災救濟會以專責成，而由宋氏自任會長。其時我適備員賑委會，又適被指定專辦鄂省災區賑務，宋氏因促我趕往漢口查勘災情，俾資策畫。我在成行前當向宋氏提出下列意見：

（一）以水災區域，履勘甚難，應請轉商參謀本部派出測量飛機，於災區高空測繪鳥瞰圖，俾能徹底明瞭受災區域的面積。

（二）以災區之內，遍地洪流，救援不易，應請轉商南昌剿匪總部撥出小火輪若干艘，駛往災區，俾能撤出災民，脫離險境。

（三）以當地匪氛頗熾，謠言四起，應請轉飭各洋商油公司迅將存油自漢口運出，以防有人乘機縱火，增重危機。

（四）以救濟工作非短期所能結束，實地辦賑，必須統率有人，應請轉懇朱子橋先生負其全責。

以上各項，宋子文氏均表同意，分別照辦。我於是年八月二十三日乘郵機直航漢口，朱子老則偕章元善、查良釗兩君亦於二十八日到達。當時漢口水位已逐漸降低，災情不如外傳之甚。據當時的湖北省政府主席何雪老（**成濬**）以及漢口市商會首腦蔡輔卿、賀衡夫、周星棠、黃文植、陳經畬諸君見告，在危險期中的搶救工作，地方上已經及時地加以應付，目前所著重的為急賑及善後事宜。當經連夜集議，成立災區工作組，其下分「急賑」、「工賑」、「農賑」三個部門，公推朱子老為組長，張佩儼與我為副組長，章元善、查良釗兩君為祕書。

四、水災聲中「九一八」變作

所謂「急賑」、「農賑」，無非按照成規，收容災民，舉辦農貸，無待細說。其值得一提的，即為以工代賑，修築堤壚。除長江兩岸外，所有黃河、洞庭湖、鄱陽湖、洪澤湖、微山湖的堤壩，亦經實地察勘，分段興修。當由宋子文氏委託周象賢、席德坰、楊思廉三君主持其事，經歷兩載，迄至民二十三年始告陸續完成。合計修堤長度，約達千餘華里。所有賑款，包括中外捐助、國庫補貼以及宋氏經辦的美、麥借款，約共七千萬元。其用於堤工者則占半數以上。我於此一番經歷中，與宋氏不時接觸，頗覺此公不失為一有魄力、有擔當的人物，態度認真，辦事講究效率，又能虛心接納各方意見，固不能遽以官僚目之。

至於在漢口當地趕辦的搶救工作，其值得一提的即為搭造市區浮橋。由地方人士租用大量長寬木板，指揮工人，將整個漢口市的通衢僻巷，盡量搭成浮橋，使坐困者得以奪路逃生，施賑者得以沿門發放。而主持其事者則為漢口特業（**鴉片煙商**）公會及木業公會的理事長趙典之君，此一功德，亦屬無量。

興談至此，李先生特指出同年發生的「九一八」事變，與大水災雖屬截然兩事，但其後朱子橋先生發動組織東北義勇軍，以民間力量，抵抗日寇，則其醞釀經過，實與水災救濟會不無關聯。因此李先生轉其詞鋒，特將朱子老與東北的關係及其當時在社會上所處的地位先做如下的概述。

李先生說：

朱子老為紹興人，秀才出身，初與其兄長遊幕東北，旋以納粟服官。清末趙爾巽任東三省總督時，張錫鑾為東邊道，子老則為錦州府知府。他以剿匪安民為當務之急，親率城防營，縱橫掃蕩，殲戮無算，因此紅鬍子諡以「朱屠戶」的惡號，而老百姓則同抱使君來暮之感。其時張作霖、馮麟閣受之張錫鑾的招撫，投誠改編，子老亦曾參預其事。後來他和張作霖之義結金蘭，即種因於此。嗣以軍功，子老改膺武職，被任為第八鎮統制，駐防東北，與吳祿貞的第六鎮同為節制之師。其間略有不同者，即第六鎮所收容的多為革命份子，而第八鎮所收容的則只問其人才與不才，並不涉及政治派別。入民國後，袁項城先聘子老為公府高等顧問，後任為黑龍江鎮安右將軍兼巡按使。北伐前他以中東鐵路督辦兼任護路軍司令。其長公子於「九一八」事變時適任琿春鎮守使，被俘不屈，投圖們江而死。在馬占山與關東軍合流一階段中，繼起抵抗的王德林即為其長公子屬下的團長。按之子老一生經歷，除出任廣東省長外，與東北實結不解之緣。無論南滿、北滿，只要提起他的大名，幾於家喻戶曉，而他亦視東北為其第二故鄉。

五、醞釀組織東北義勇軍

迄後子老應張季直老先生之約，擔任華成公司總經理，辦理淮海一帶墾務，事簡人閒，乃以全力參加慈善事業。他以菩薩心腸、佛陀行徑，救饑拯溺，事必躬親。丁文江曾於江輪中，見其為了賑務奔走，獨個兒肩行囊，躑躅於統艙之中，尋覓床位。胡適之於河南道中，亦曾見其為了看守賑糧，在烈日下就鐵篷車內自炊自爨，皆曾寫成文章，同表敬佩。

那些年間，國內遇有水旱災荒，其救濟工作，定然缺不了他。一般心理，早把他當作活佛看待，認人而不論事，只須子老出而領導，無不心悅誠服，此響彼應。

「九一八」事變發生後，群情激憤。水災會開會時，到會名流，似皆忘其救災主題，而以時局為討論中心。因鑑於政府當時信賴國聯，無意抵抗，於是，以民力組織東北義勇軍之議，由醞釀而漸臻成熟。又以子老與東北的淵源，號召力的廣泛，及其當年舊部此刻正在隨侍左右，幫同辦賑。各項因素，都適合於義勇軍領導人物的所需的條件，因此他不期而然地成為眾望所歸的目標。遊說慫恿，南北均有其人，尤以黃炎培、史量才、查良釗、張佩儼等最為熱烈，巴不得立刻把他抬上虎背。按之抵抗侵略，固屬人同此心。但以義勇軍與強敵周旋，等於蜉蝣撼樹。無論倉卒成軍，餉械難繼，決難持久；即使僥倖一逞，亦屬不關痛癢，無損於敵。我曾以此意反覆向子老進言。一傅眾咻，未荷採納。細加窺測，似其於愛國愛鄉一點，原已具有強烈的觀念。遊說之詞，適中竅要。故其躍躍欲試的心理，並不因客觀分析而有所影響。

以故在工賑緊張之際，子老時而上海，時而北平，已不能如辦理西北賑務時之專心致志。當局於其行動，初尚未加注意，及後見其與蔣百里、程潛諸人等往還頗密，始懷疑其別有用心。據我所聞，李任潮先生之被幽居於湯山，似亦與東北義勇軍的武器接濟上不無些微關係。

話說回來，那時日本皇室居然派三笠宮親王攜帶大批救濟物品，準備前往漢口，慰問水災災民。但在湖北全省斷然拒絕之下，南京當局殊費躊躇。當由宋子文氏囑我轉向日本駐滬領事船津商妥，三笠宮親王只到南京一行後作為了事。否則鸚鵡洲邊，將可能掀起軒然大波了。

第二十七章
馮玉祥為什麼踢死元配夫人？

本節所談，為與上文不相連續的一個片段。李先生之意：最近所談均屬賑務，如按照事實，依次談下去，雖可轉到朱子橋先生當年如何領導東北義勇軍抗敵作戰的種種經過，但與賑務仍屬不可分離。這因兩事在當時實為相輔而行，東北義勇軍的經費有時即取給於救濟東北難民的捐款。就事說事，不能偏廢，但略嫌單調，未免沉悶。故本節內容，特突破時間拘束，另有所述。

一、重慶聚興誠銀行之會

李先生說：

馮玉祥的西北軍在五原誓師，時為民十五年九月十七日，以後每屆此日，馮氏例必召集所部將領，以敘餐方式集會紀念。抗戰勝利那一年，馮氏和我談到此事，我說：「何妨移後一天，改於『九一八』舉行，把這兩個大日子併在一起，擴大紀念，其意義當更重大。」馮對此大表贊同，並相約是日由我做東道主人，備辦酒席，而由馮氏柬邀朝野名流，屆時參加。其地點即借用重慶林森路聚興誠銀行大樓。

及期（**是年九月十八日**），應邀而來者有程潛、孫科、于右任、白雲梯、李石曾、徐永昌、熊克武、但懋辛諸先生，以及西北軍各將領和聚興誠銀行之楊經理等。抗戰八年，突告勝利，座間氣氛，自極歡愉。敘餐之前，略有儀式，推鹿瑞伯（**鍾麟**）兄為主席，旋請程頌雲（**潛**）以參謀總長地位首先致詞。

程氏就其立場，指出「此後必須趕緊復員，恢復秩序，縮緊兵額，減輕負擔，以生產建設為最大目標」等語。其詞既畢，大家紛請主人講話。馮氏則謙辭；力挽于右任先生報告當年以中央代表身份趕往五原授旗誓師之經過。

于髯翁應邀起立，追溯往事，若不勝情。他說：「民十五年由廣東去陝西，是由海道到海參崴，通過西伯利亞鐵路再轉入新疆，潛行戈壁，偷渡玉門關，才得與馮總司令會面。一路微服間關，備歷艱險。其時西北軍餉械俱缺，處境至為惡劣，所賴士氣盛旺，才能於半飢餓的狀態下鼓行東進，參加北伐。此次抗戰，首當其衝者即為西北軍（**指宋哲元部**）。襄樊之役，主將自戕，尤見壯烈（**指張自忠將軍**）。今天我們取得勝利，是從血海中換來的。此一果實，大家應以全力確保」云云。詞簡意重，闔座肅然。

至此，大家又皆屬望馮氏致詞。馮仍謙辭，並說：「我們要聽一下客觀言論，座中恰有一位，不涉軍、政，而於國事則能奔走甚力者，何不請其演講一番，藉資借鏡？」言次，他即提名到我，並為介紹。

我以此次集會，原屬半個主人。既承馮氏推讓，亦無須用其客氣，當即起立發言，把我所了解的馮玉祥其人作為演講中的唯一資料（**筆者按：下面所述，即為李先生當時的演說詞，但不盡**

以演說稿的方式錄而出之。其已散見於以前談話者則皆略去，以免重複）。

李先生於演詞中首先指出他和馮氏相識的經過：

「那時馮氏僅任旅長，屯兵湖北境內的武穴，但他以一旅長地位，能毅然決然通電停止對南方用兵，呼籲和平。那時我去漢口，乃由王晃先介紹我與馮氏相識，事出偶然。我見其抱負不凡，而所部又能嚴守紀律，故留有深刻的印象。嗣馮氏升任陝西督軍，邀我前往興辦實業，但未果行。直至馮氏駐軍南苑，彼此不時過從，交誼始密。」

二、談到倒戈卻另有隱情

關於第二次奉直大戰，李先生說：

「當時馮氏在吳佩孚指揮下，被任為第三路總司令，擔任進攻熱河，因天寒地凍，道路崎嶇，為三路並進中的最艱苦一路。其所部餉項，雖經指撥二十五萬，實際領到的僅有十萬，其餘統為曹錕的嬖臣李彥青所剋扣。馮氏不敢聲張，而需款又亟，乃託我轉商周作民等准以崇文門關餘向銀行界抵借六十萬，發清欠餉，才能開拔出征。可見當時直系軍人對於馮氏，歧視甚深，所部實逼處此，無可奈何，只能聽其驅遣，隨同作戰。其後馮氏班師回京（**編者按：此即馮氏向吳佩孚倒戈之役**），據黃膺白（郛）兄親口告我，馮氏之動機實另有在。事緣其時在直系軍閥控制下之內閣祕密會議中，有人主張以關內外鐵路向美抵借巨款作為軍費，施經通過，委由顧維鈞外長承辦其事，先請美國墊付五千萬元。其時膺白兄以教育總長地位參與此一機密，默念此項借款如果成立，日本為維護其在東北利益，必不坐視，危險極大，當連夜馳往古北口前線密告馮氏，並責以救國大義。於是，馮氏乃有班師之舉。」（**編者按：吳佩孚之直系大軍，此時方與奉軍激戰於山海關一帶，馮軍既突然後撤，戰況驟變，吳佩孚一敗塗地，就此垮臺矣。**）

李先生又指出：「馮氏於班師回京後，即以西北軍力量支持段祺瑞出任執政，並以其所部作為段氏的政治資本，締結「孫段張三角同盟」，一時形成南北協和局面，可見其在政治上早有正確的認識。迨至奉張敗盟，中經多故，馮氏乃放棄北京，撤兵西北，猶派其親信李鳴鐘、劉驥、薛篤弼等赴粵密洽，相約南北夾擊，剷除北洋軍閥。事雖未成，亦不妨視為促成民十五年北伐的因素。抗戰初期，馮氏任第三戰區司令長官。嗣因韓復榘不穩，調任第一戰區司令長官，駐節德州，以資鎮壓。當時他幾為韓復榘所賣，幸賴總指揮鹿鍾麟的機警，勸往禹城，始免於難。此後，他以軍委會副委員長地位，贊助統帥。任怨任勞，以迄於今日的最後勝利。」

以上所說，均屬馮氏犖犖大端。至其律己以正，齊家以嚴，李先生於此次講演中亦曾舉出事例，並藉以反證馮氏「故宮盜賣」的傳說，全屬中傷之語，絕非事實。

三、存摺起禍，馮夫人遭殃

李先生說：「馮氏的原配夫人劉姓，為一鄉間舊式女子，耐勞刻苦，是其本色。平居隨同一般軍眷，織草鞋、縫綁腿，幹的全是苦活。她於外界幾於完全隔離，目見耳聞，無非家庭瑣屑，以故她的普通常識亦極貧乏。馮氏任陸軍檢閱使時，其夫人患盲腸炎，須送醫院割治。開刀破肚，在她聽來原為聞所未聞，自份吉少凶多，不得不先準備。她乃將其一生的私蓄，縫置一小布囊中，密交劉芳牧師太太代為保管。其中最值錢的東西，僅為一副二兩重的金鐲，其餘則為戒指、耳環、髮簪等小件頭，雖皆金質，份量甚微。她於開刀前，噙著淚珠兒向劉太太說：『你看著辦吧。變了錢，將來補助我兒女讀書上學，就得費你的心啦！』她入醫院後，劉牧師太太以存金不如存銀，存銀可以生息。當將此項首飾一共變賣了二百八十元，代為存入北京中孚銀行，並領有存摺。這番經過，馮氏全不知道。及至馮夫人割去盲腸留院休養期間，劉太太以其平安無事，乃將存摺交由劉牧師於其去南苑營房講道時乘便轉交馮氏。這在劉太太想來，事屬尋常，不虞有他，卻不料因此竟闖了一場大禍。事因劉牧師將存摺交與馮氏時，僅說：『這是你太太的存款。』並未將變賣首飾經過言明。馮氏一見存摺，怒從心起，更不多問。他於劉牧師去後，即著勤務兵將其夫人自醫院接回。一待她踏進大門，馮氏已是眉豎眼睜，急步迎上，猛向其小腹間掃上一腿。一面嚷道：『你可把我馮玉祥害苦啦！咱弟兄們沒有飯吃，啃窩窩頭過日子。我太太竟有錢存銀行，你可把我冤透啦！』其時馮夫人挨上這一腿，已自痛楚難堪，又聽到這些話兒，更是莫名其妙。箝口結舌，做聲不得。馮氏猶以其為故作虛詐，隨手將存摺劈面摜去，一再高喊：『你看！你看！』可憐馮夫人看到這小本兒，越發胡塗。因她壓根兒懂不得什麼是銀行存摺。只得忍痛含冤，吞聲飲泣地逃回房去。詎料她開刀的創口尚未結疤，經此腳踢，登時破裂，再送醫院，已難挽救，及至馮氏查明原委，人早死了。」

四、故宮盜寶不過是謠言

「諸位！」此時李先生以其當日演講的口吻說道，「作為一個陸軍檢閱使的夫人，在銀行存下這點私蓄，馮先生還認為大不應該。難道這樣矜名尚節的人會在故宮盜寶嗎？可是到了今天，仍自有人提起，足見積非成是，社會上原是沒有公道的！我牢牢記得民國十三年十一月五日那一天，我正從西山回北京，在路上恰與故宮翊衛官熙寶丞（滿人）相值。他慌慌張張和我說：『我正有急事找你，我們皇上（指溥儀）今天被迫出宮，搬到醇親王府去了。我懇求你去問問馮總司令，到底是一個什麼意思？』我覺得此事來得突兀，亦殊詫異，當即往訪馮先生，詢明究竟。馮先生一見我面，興沖沖地指著我說：『來得正好，我正要告訴你，我老悶在心頭的一件事今天總算給我幹得乾乾淨淨了。』接口他便夾敘夾議地把接收故宮的經過說上一大套。他說：『故宮原應遷讓，古物是屬公產，有了總統絕不能再有帝號。現在議定每年優待費五十萬，實支實領，絕不似從前四百萬之七折八扣，有名無實，以致大鬧其窮，偷賣古董，支撐場面。這麼一來，公私兩利，且可防止政治上的陰謀，豈不十分痛快！」我說：「城圈裏的事總好辦，城圈外的事要留意啊。」暗指馮氏班師未久，大局未定，幹上這一手未免過於衝動。可見當時收回故宮，雖出於馮先生的主張，但他本人並不在場。至於北京衛戍司令鹿鍾麟和警察總監張璧，僅為隨同熊希齡等五位委員出入宮禁，點清一處，隨手封妥一處。他們即使眼紅，怎能在眾目睽睽之下施其妙手？今天在座的李石曾先生，即為當時五位委員之一。我所說的是虛是實，大可加以證明。這些年來，馮先生都在重慶，和諸位時有接觸。究竟他是否外面穿上土布，裏面裏上狐皮？在人前啃其燒餅、油條，回家去啖其大魚大肉？諸位有目共睹，無須我代為辯白了。

「老實說，他官兒做得挺大，荷包裏卻窮得可以。他挪用了我四五萬元，到今天還沒有一句話兒呢！話說回來，枳句來巢，空穴來風，這些謠言，亦屬半由自招。馮先生那時在政治上原已樹敵不少，那次迫宮，又堵塞了宮蠹的財源，悠悠之口，不於此時報復，更待何時？以前有人把假古董到處兜售，並故作耳語：「貨主為西北軍大員哩！」使人發生聯想，浮出迫宮盜寶的虛構故事，以售其詐，以盡其誣罔的能事。我的朋友就曾被人所愚，高價收買。以耳代目，誰肯深察，於是，馮玉祥盜寶的聲名不脛而走了。」

（編者按：以上各節，皆為李先生是日的演講詞，其中雖多為馮氏做辯解，唯每一環節裏皆有其獨得之祕，道人之所未道，不失為珍貴之掌故也。）

第二十八章
馮玉祥出洋考察水利前後

前節所記，為馮玉祥於抗戰勝利之年在重慶聚興誠銀行大樓舉行「九一七」、「九一八」兩個節日紀念聚餐的情形。本節所記，則為李先生繼續上文，加以補述。

勝利後第二年，馮氏放洋考察水利，其成行前頗有波折。及後馮氏到達美國，因受余心清一案牽累，其護照至被吊銷。個中經過，以及其於歸途中因何搭上蘇俄航輪，又在輪上如何遇難殞命，李先生就其所知，亦皆談及。

一、元配既死李德全填房

李先生說：

在我開始補述紀念聚餐情形以前，我先說關於馮先生的兩樁事件。其一如上文所談，馮因存款細故，遽將其夫人自醫院接回，不問情由，猛力踢去，致將其盲腸割口踢裂，受傷而死。馮雖悲痛，猶以為咎由自取。及至查明該項存款原由變賣僅有金飾得來，始悔一時孟浪，抱恨千古，良心責備，無地自容。但事已如此，噬臍何及？其在牧師劉芳夫婦方面，則以該項存摺，原不應急於送去。既經送去，又不應不與馮氏詳述根由。粗枝大葉，漫不經意，以致伏此禍胎，釀成人命，其精神上的痛苦亦不在馮氏之下。為求彌補此一缺陷，劉牧師夫婦乃於暗中為馮物色佳耦，冀贖前愆。其時李德全女士擔任北京女青年會總幹事，品學俱優，致力於教會工作，頗負時譽，而其妹婿又適為追隨馮氏多年的唐悅良。綜合門第、教育、宗教、志趣各項，與馮氏無不調協，認為最佳人選，無出其右。唯因鑑於前事，劉牧師夫婦負疚在心，總覺不好出面作伐，當商由宋發祥牧師為男方介紹人，唐悅良為女方介紹人，居間撮合，這段姻緣，乃告成就，此即為馮、李聯姻之由來。

其二為馮氏在北京時，曾呈准當局將北京北城鐘鼓樓改為雪恥樓，並由馮氏將列強與我國所訂不平等條約親筆以碗口大楷書寫成巨幅多張，懸掛四壁，俾遊客登臨，知所警惕，配合暮鼓晨鐘之意。其困心衡慮，一以湔雪國恥為急，於此可見。

二、抗戰勝利老馮無出路

興談至此，李先生始將話題歸到正文。他說：

那天我演講既畢，時已不早，正擬相將入席敘餐，適徐永昌將軍駕到。當時他任軍令部長，甫從日本參加受降歸國，馮特請其做一報告。徐將軍應邀發言，先將受降經過做一概述，旋表達其個人觀感。他鄭重指出東條英機等重要戰犯，剖腹自決，不應徒以武士道目之。其臨難不撓，以死負責，維持精神傳統，意義實極重大。日本國民面對立國以來未有的巨變，其內心反應誠未易窺，但其表露於外的則為以嚴肅態度，正視事實，既無畏懼，更不沮喪。我們絕不能因其為戰敗國家而忽視其民族性的堅忍，我們更不容陶醉於眼前的勝利而怠懈其對於日本的警惕。時至今日，他的話兒，都給時間予以證實了。

入席後，大家均以今日敘餐，應當盡興。我以馮先生向以岳武穆自期，抗戰八年，終告勝利，總算完成岳武穆痛飲黃龍之遺志。先敬三杯，請其開戒。馮亦引滿，酬酢如儀。維時秋暑猶熾，馮連飲多盅，內溫外炙，通體被汗。及至席終客散，已是衣褲盡濕。馮當遣其座車司機先送李協和（**烈鈞**）先生回歌樂山，並囑取回衣褲備換。

其時我的寓所即在聚興誠銀行樓下，馮因到我室中小休。未及坐定，他便給我送上一頂高帽子。他說：「我以前對你了解不深，近讀《六韜三略》一書，覺得你的作為頗有暗合之處，我才懂得你的為人。」這番話說得我寒毛站班，慚惶交併。老實說，直到今天我還沒有見到這部書。當時搜索枯腸，自苦無從置喙。好在他的話兒接口又來了。他說：

「眼前已是勝利了，局面當有變動。李大哥，你代我想想，我這人應往哪兒擺？」

我說：「最好是出洋。現在大家正嚷民主，你可以到英、美看看民主是怎樣的。從前你也嚷著治理黃河，你更可藉此機會考察一下水利建設。官，你做得太久了，也做得夠大了，這條路今後還是避免的好，以你的毅力，治理黃河，最為勝任。」

三、決定赴美國考察水利

他聽我這番開門見山的話，連聲說「對」，卻拖了一句尾巴。「如果他們不放我走呢？」他似遲疑地說著。

我說：「這也不相干。戰後幹民間社會工作，比幹政治、幹軍事更有意義、更合需要。朱子橋先生是故世了，社會上正缺少這麼一個人，你就做個朱子橋第二好了。」

也許他酒後過於興奮吧，霍地站起，抓住我的雙手猛撼幾下，連說：「準這麼辦，準這麼辦。這兩條路我得走通一條。」稍待，其司機已把衣褲取來。他於更換後向我道別。

過此約一星期後的一個早晨，聚興誠銀行總經理李維城兄（**前西北銀行行長**）著人喚我。我到總經理室時則馮已在座間。他說：「是我託維城喚你。我要告訴你一個好消息，我可以出洋了。今早我和介石同船過江，在黃山時我透露了出洋考察水利之意，他很同意。他並說：『薩凡奇的三峽水力發電計畫正在發動中，馬歇爾已來重慶，你先到美國去，作為拜聘，身份最合，同時考察水利，一舉兩得。現在抗戰雖已勝利，復員猶在開始，我希望你我為國家再幹上十五年，你管黃河，我管長江，果真把這兩大流域的水利辦好，我倆總算對得起國家了。』」馮於說話雖頗矜持，但總掩不住其興沖沖的神色。我和維城聽罷，自是抵掌稱快。

此後我為淪陷區來渝的技工辦理復員，忙經費、忙交通工具，頭緒紛繁，日不暇給，因與馮氏幾於隔絕。及至民三十五年七月我為弔王芃生兄之喪，由香港去南京，才與馮氏見面。其時他倆夫婦正在煲棗子湯喝。我劈口便問：「你們怎的還不走啊？」

馮氏以啼笑皆非的神情答道：「我們怎樣走得了啊！旅費不給，眷屬不准帶，韓安等幾位農業水利專家又不准調用，我這光桿子跑到外國去，耳是聾的，眼是瞎的，倒不如不去的好。」

馮夫人也就插口道：「李大哥，我們是沒有法子可想了。你在外面跑，也許可以給我們想點辦法吧。」其時蔣先生常在廬山，正值政治協商問題，討價還價，其無暇兼顧此類事件，自在意中。而可以為蔣先生分勞的鼎輔，則似有慊於馮，故意阻難。這不是有了旅費便能解決的事，我雖承馮夫人囑咐，殊愧無從效勞。

四、蔣送馮旅費三萬美金

一月後，馮來上海，我又見到他，提及出洋之事。他說：「總算介石不錯，事情已解決了。他派經國從廬山送來旅費三萬美金，出洋名義則為考察水利。除准帶眷屬外，並准帶一名祕書。馬歇爾並願代訂船位。一待船期確定，我就可以動身了。」

馮氏離滬那一天，我已忘其月日，但記得為民國三十五年夏天。我先去其霞飛路公館，一進門，遇見張子岷（之江）兄，久別初逢，留下和他寒暄幾句。馮已聽到我的聲口，喊著出來，拉我進去，則于右任、孫哲生、孔庸之諸先生均已在座。這些人和我都是相熟的，馮忽為我逐一介紹，並說：「當年我和介石合作，是他代表介石到洛陽來談的。每當國家有事，他會不請自來。事定以後，大家表功爭位，他卻找也不見了。」獎借逾份，使我坐立不安。旋指向壁上一幅字要我去看。

那是他發給蔣先生的電報，等於臨別贈言。其大意為：「我這次到滬，朋友紛紛為我餞行。詢悉每席酒菜需費五十萬元。像這樣的酒席，據說上海每天有好多桌。國奢示儉，你得想想法子，加以糾正。大局如此，我看經濟一項已足為你的致命傷，請予留意」云云。其結尾數語，我牢牢記得為：「倘有相需之處，弟朝以電來，兄必暮至，義無反顧。」似其雖為去國之身，而於蔣先生猶致其眷注之殷，以身相許。他待我看過後，轉向在座各位說：「這份電報我已交由《大公報》記者帶去發表了。我恐他（**指蔣先生**）未必能看到原電，但《大公報》卻是他每天必看的。」

馮氏所乘美國航輪為「××將軍」號。稍待，他偕眷屬動身上船，我等尾其座車以行，登輪送別。經過南京路時，商店多已掛好國旗，爆竹聲綿亙不絕。此項布置，為上海民眾張子廉等所發起。迨汽笛大鳴，船將啟碇，馮與我們一一握手言別，互道珍重，固不意其一去而不復返也。

五、搭上俄輪死得甚離奇

民三十六年，第十一戰區設計委員會主任委員余心清因「共諜」案在北平被捕。余向為西北軍牧師，其插足於該戰區原為馮所介紹，因此馮於問訊後來電說項。此中情形，頗為複雜，牽累所及，馮氏所持護照致被吊銷。

據薛子良（篤弼）兄見告：他從白雲梯處得來消息：馮於其時，頗費躊躇。李濟深先生乃在香港代為安排，電馮來港小住。馮擬經由倫敦轉港，但因護照吊銷後，簽證手續，不易辦妥，迄未成行。正在設法間，適值蘇俄關閉其駐紐約領事館，派船接運該項人員回國。蘇俄領事因勸馮乘此便船，並代計畫行程，先到俄境敖德薩登岸，再循陸路，或乘飛機，轉往海參崴，然後轉船去港。雖不如取道倫敦直捷，但可免去簽證麻煩。馮自同意，因乘俄船離美。

關於馮氏遇難身殞經過，據馮氏祕書霍君間接所傳情節，與當時報載略有不同。其大致為該船駛抵敖德薩前，電影已經映過，馮氏夫婦亦皆回房。在整理菲林時，由於船員疏忽，不待彎身，即於平舉中遽將菲林從鐵盒中倒出，其勢甚驟。艙面全為鋼板，經此猛撞，引起燃燒，一時不及撲滅，以致全艙著火。馮聞喧嚷之聲，離房往視，適處下風，呼吸器官突破濃煙窒塞，當場暈厥。馮夫人隨後出房，見此光景，擬即扶往甲板，但又防其冷著，趕回房內，取出西北軍一向所穿的羊皮外套將其裹住，然後始浼船員，舁往艙外。馮故高大，裹上老羊皮後益見臃腫，走廊狹窄，通過不易。重以奪路逃生者，爭先恐後，去路阻塞，行動更難，直待人潮過去，才能舁出。其時馮氏雖仍昏迷，脈搏未息。及至放入救生艇掉落海面後，始告絕世。而隨侍在側者則僅為馮夫人云。

一個頂天立地之雄，生於憂患，死於憂患，回顧生平，不勝其唏噓感慨也！

第二十九章
朱子橋領導東北義勇軍經過

前兩節所記馮玉祥軼事，為李先生長談中的一個插話。因近來李先生所談多屬於賑災方面，頗嫌單調。故特羼入另一題材，以免讀者感覺沉悶。就文字言，自與前後文不相聯繫，曾先說明。

本節所談，則為回到以前題材，由賑濟長江水災轉到東北義勇軍的崛起。這兩事原不相干，但同以朱子橋老先生為主腦人物，在人事上有其連續性，故得合併言之。

李先生指出其本身原非直接參加東北義勇軍工作之一員。唯因對於朱子老行動，極度關切；又承子老謬相引重，得以稍參末議，故能於此中識其一鱗半爪。事非全貌，時隔多年，今日追憶，僅存其殘跡依稀矣。

一、統籌全局非公莫屬

李先生說：

長江水災發生於民二十年七月，瀋陽事變發生於同年九月十八日，其間相距不足兩月。在子老的觀念上，這兩事同為其「披髮纓冠而往救之」的急務。唯在交至迭乘中，則不能不審度輕重，先其所急。子老以為賑務固屬重要，但水災會內人才濟濟，儘有可以庖代的人。東北義勇軍的領導和號召，子老雖不自承其能統籌全局，而在當時客觀上則確有「非公莫屬」之概。為了當前現實之所需要，子老在「九一八」後，其於賑務已不能如前此之專心致志，時而上海，時而北方，籌畫部署，席不暇暖。而我即因其高齡遠役，倍致拳拳，爰將賑務中前方災區的主管事務，移交湖北綏靖公署參謀處長陳光組（識新）及湖北民政廳廳長朱懷冰接辦，俾得抽身回到上海總會，以應子老諮詢聯繫之需。

按之子老負起東北義勇軍領導任務，其大計實決定於上海靜安寺路、赫德路口程霖生兄公館中一夕之會。這是會合民間力量開始以行動抵抗日本的重大日子，事遠年湮，可惜一時記不起確期了。當時蒞會集議的，極為踴躍。目前我能指出的，除上海當地的馬相伯、史量才、黃炎培、穆藕初、陶知行、徐靜仁、陸伯鴻、王曉籟、查良釗諸先生外，尚有來自北平的熊秉三（希齡）先生等，來自香港的周壽臣、陳廉伯先生等，及以南洋華僑代表名義久留在滬並與桂系具有淵源的許克誠先生。天南地北，相聚一堂，僉以熱烈心情，一致屬望朱子老出任艱鉅，亦一致表示願以籌畫經費自任。子老是一位直心直肚的人，既承眾意推重，他自當仁不讓。以我揣測，他既切齒腐心於不抵抗主義，他又縈迴魂夢於其第二故鄉，即使無此一會，他亦會自發地挺身而起。

二、說幹就幹絕不遲疑

可是當時我的觀點卻和子老並不盡相同。我以為幹軍事不能以幹賑務作為比例。幹賑務，儘可以個人力量，點滴做去。即使其人赤手空拳，仍自有其可盡的義務。幹軍事，則他姑不論，單就餉械一項，必須有足夠的準備。這不是咄嗟間所能立辦之事，更非如賑災之沿門托鉢所能支應。倉卒發動，似失機宜。尤以持久力更成問題，出於一時義憤的捐款，未易保證其為源源不絕。萬一畫虎不成，何如慎之於始！誠知抵抗敵人自屬於天經地義，「河北民兵，忠勇憤發」，在歷史上早寫有光輝的一頁。但此中之事，亦未易言。廟算、民情，每難合一。能否自脫於時忌之外？能否保無變相的阻撓？在在都是問題，而非徒憑義憤所能取得諒解。因此我曾請子老三思以行，但終無以奪其一往直前的意氣。此時在南北名流合詞籲請之下，他更是一馬當先，絕無反顧。我自未便再事嘵嘵，徒為詞費矣。

大概子老為人，只問其事當為與不當為，初不計其成敗利鈍。其於處理方面，只在綱領上撮其大要，而不甚求分析與組織。此次他接受此項任務，與其當年出任廣東省長彷彿相同，全是拎起皮包，說做就做，絕不遲疑與前瞻後顧。當集會之夕，我曾悄悄地提醒他說：

「他們既都願意籌款，這不是空口說白話的事，就得請他們認定一個數目來。否則跨上虎背，千斤擔子，全由你一人挑去了。」

子老於此似不甚措意，反以解釋的口吻答道：「這怕什麼？他們哪有口不應心之理？」其神恬意遠，認為在座諸人，必能肝膽相照，一若握有絕對的保證。

關於籌款問題，就在這樣粗枝大葉下作為解決。這批到會的人，回去以後，倒確如子老所料，謹守諾言，分頭捐募。據我所知，當時附設在上海市地方協會內而對外不甚公開的「東北難民救濟會」即為負責彙轉此項捐款中的一個機構。就中捐款，其出於店員與傭工一部分的，值得大書特書。此項捐額，分計雖微，合計頗巨。他們是在節衣縮食下按月酌提其薪給的百分之幾，彙解該會，經久不渝，其可歌可泣的精神，頗能與東北義勇軍之捐軀殉國互相輝映。這是後話，一筆帶過。

三、邀請何遂主持軍事

關於軍事計畫，以前子老曾與蔣百里、程頌雲（潛）兩先生多次晤商，風聲走漏，外間頗有誤會。至此，子老約我同往洛陽，意在浼請趙守鈺（友琴）將軍參與戎幕。友琴曾任晉軍參謀長，又曾任西北軍軍長，前文曾經提及。此時他剛交卸了洛陽市長之職，已屬閒身，子老滿以為借重長才，正是適逢其會。他倆交談後，友琴則以本人與東北情形隔閡為辭，又以此事未得當局了解頗難著手為慮。子老知其所言確屬事實上的困難，並非藉詞推諉，未便固請，當移其目光於何遂（敘甫）將軍身上。

敘甫為福建人，出身於保定軍官學校，曾任孫岳的國民三軍參謀長兼軍長。中國軍隊中設有航空訓練，即以其所部為嚆矢。此君既為軍事專家，而於詩書畫亦皆有其造詣。以文武兼資之才，落拓不拘小節，其時亦在洛陽。子老和他談罷大計後續說：「我和張家（張作霖）父子兩代交情，論公論私，我都得拚上老命，幹他一下。」義聲磅礴，敘甫大為感動，即於子老相邀之意，慨然接受。子老旋提到友琴的說話，敘甫亦以其所慮為然，並自忖和軍政部長何應欽在私交上還夠得上說幾句話，經與子老約定，由其先去南京一行，然後與子老在北平見面。我記得敘甫臨走時，抓起長衫，搭在肩膊，揚長出門而去，並不甚修邊幅。

子老當依敘甫所約，轉往北平，我則回到上海。我與子老雖暫分手，其間消息猶得略知一二。據聞敘甫南京之行，頗有收穫。何部長派有一位司長級的官員嚴寬同去北平，擔任南京與子老、義勇軍三方面的聯繫。其於械彈補充，亦頗能效力。但此只能視為南京對子老的局部諒解，並不能認為全面的放心。此後敘甫即在子老左右，作為軍事主持人。

關於東北義勇軍的聯絡事宜，則由馮庸、何紹南等祕密接洽。於此必須一提的，即子老雖在實質上處於東北義勇軍的領導地位，但無特定名義和固定組織。何敘甫等雖皆參加工作，亦僅於某一部門負起責任，並無形跡上的拘牽。所謂數十萬眾的東北義勇軍，是指向在東北各地對日反抗的殘餘軍隊及民間武力組織而言，並無另行編練的隊伍。子老所能發揮的作用，為對義勇軍做精神上的鼓勵、物質上的補充、軍事行動上的相機策畫，使此不相統屬的隊伍漸臻於整齊劃一之境，互通聲氣，互相策應。經過多方部署，此一若隱若現的系統才構成一個雛形。

四、疑神疑鬼的張學良

當時所以採用隱晦姿態，避免公開活動的原因，從對外言：為求混芒敵方的注目；在對內言：為求減輕無謂的猜忌。不意經時未久，外來的注目尚能暫泯，內在的猜忌卻先露其痕跡了。一夜，北平軍警，以不合法的行動，突將何敘甫的住宅包圍查抄，倒篋傾箱，情勢相當嚴重。他們所要搜查的證據，其實說不出所以然來，擾攘終宵，始行退去。用意何在，眼明人都能見到，不待解釋。所幸敘甫賦性豁達，不以為意。依然我幹我的，並不稍存畏葸。唯其在堂老母則因此大大擔驚了。

迄至民二十二年二月初，我因長江水災賑務未了事宜，須向子老面洽，乃有北平之行。宋子文氏囑我於抵平後，就便於朱子老與張學良間疏通聯絡。其時宋哲元部二十九軍在九門口與敵偽方面已有接觸。而在東北義勇軍方面，其在熱河蒙邊的馮占海、李守信等所部已由何紹南聯繫成熟，其在黑龍江、吉林兩省的馬占山、蘇炳文、李杜、王德林等所部，則已由馮庸、閻寶航、杜仲遠、盧迺賡等愛國愛鄉的東北人士居間策動，聯成犄角之勢。風起雲湧，聲勢頗壯。朱子老迴環於山海關、熱河、北平之間，指揮撫慰，備歷辛勞。而那位庸人自擾的張少帥（學良）則於首鼠兩端中不免疑神疑鬼。

其時，張少帥會客多在晚間。一次，我往見時，王維宙、劉馥均在座間。他似神色倉皇地向我問道：

「大哥，你可知道老頭子溜走啦？」其所稱的老頭子即指朱子老而言。

我說：「你從哪兒得來的消息？昨天我還和他見過面哩。」

「那是老萬（**指萬福麟**）告訴我的。」他續說著，「這就奇啦，他真沒走？」

五、張少帥組織後援會

此時我體會到東北軍高級將領中和子老亦有誤會，不免故為蜚語，構煽其間。萬福麟即屬此中之一。少帥在浸潤之下已受影響，故其劈面發問之詞，帶有「老頭子闖下了亂子一走了事」的意味。

我因此正色和他說：「子老搞的，無非為了國家民族，也就是為你分勞。我這次到北平來，宋先生曾囑我在你倆間做點疏通聯絡的工作。旁人的話，你不可輕於置信。」

他似感到愧恧，「是哦」、「是哦」地迸出一句「這個我很知道」的話來，答覆我說詞中的上半截。他旋似以不得已的苦衷向我解釋地說：「可是中央總不放心，要我格外注意哩。」

情見乎詞，這些話兒，證實我當時所疑慮的並非神經過敏，我便自作主張地和他攤牌，我說：「如果你認為有什麼不合式的，我可以勸子老交給你辦。」

「可以嗎？大哥。」他以懷疑與期待的心情向我發問。

我說：「子老絕無所求，更無成見，這有什麼不可以的呢？」

「那太好了，那太好了。」他連說這兩句後似感過於露骨，又補充兩句套語：「不必太急，不必太急。」

第二天，我將這番經過向朱子老與熊秉老兩位報告。子老說：「好吧！他既要管，就交給他去管，我們退出亦無所謂。」

最後商洽結果，由少帥派出王化一、閻寶航等正式參加，並將此一組織定名為「東北義勇軍後援會」。

此即為東北義勇軍在後援會成立前的一段經過。

第三十章
馮玉祥下山與義勇軍解體

本節所記，為李先生沿襲上文由「東北義軍後援會」說到馮玉祥在察哈爾領導「抗日同盟軍」的經過。其間熱河告警，謠諑紛紜，熊希齡（秉三）、宋子文等先後馳赴承德（熱河省城），向該省主席湯玉麟加意慰勉，進行打氣工作。李先生雖未參與其事，亦就所知，於此略加敘述。

李先生說：「朱子橋老先生領導東北義勇軍，由隱晦的形態轉為公開的東北義勇軍後援會，其原因為何，上次已經談過，不須再提。唯朱子老在此一轉變前與張少帥（學良）所談的一席話，瀝膽披肝，垂涕而道，則不可以不記。」

一、朱子橋面訓張學良

當時，朱子老面對張少帥正色說道：「你身負殺父之仇，又負失地之責，報國、報親，都得挺身而起。而為大局著想，你秉承了當局意旨，揹上了不抵抗的臭名，飲恨吞聲，任人唾罵，咱們懂得的當然都很諒解。可是，東北人眼見自己的鄉土，全給日本人糟蹋著，這口冤氣，怎能耐得？當局要講大局，老百姓卻管不了許多。政府既已遺棄了他們，難道還能阻擋他們保鄉保國？何況他們的根據地是在敵人的占領區，他們所得到的接濟是出於民眾的捐助，這和政府全不相干，也就與大局牽扯不上。當局如仍不能放心，暗加掣肘，似未免過於怕事，不大像話了。

「最近閻廷瑞的事，諒必你總聽到了吧。他於安國軍時期在你父親手下僅做過一任財政總長，算不了受恩深重。這次他冒了大險，跑出關外，完全是為了你們張家。他原意是想找臧式毅從中設法，把你一家人從關外接到關內。不料被日本人發覺了，給他頭上套上火油桶子。結果是燒死呢還是悶煞？這個我不大清楚。但他的那條老命卻是為你張家送掉。他所幹的雖比不上義勇軍的轟轟烈烈，那份血性卻值得咱們起敬。

「我和你父子兩代交情，還有什麼說的？我這趟來，也是拚著老命，給義勇軍加油打氣，間接做點保鄉衛國的工作。為了國家，也就為的是你。花甲餘年，行將就木，難道我還要攪風攪雨，在這裏面圖名圖利？

「我的所作所為，你如果有不明白的，儘可當面鑼、對面鼓，想到什麼，便問什麼。何須猜忌，更何須繞彎子說話？老實說，這義勇軍的事，我是明知其不可為而為之。你要管，我讓你，一拍兩響，絕不含糊。現在跟我跑的大半都是你張家舊人，大可放心，他們準會服從你。不過你得想想，由你出面，是否合式？是否影響大局？如果你認為不便的話，那你就得讓我繼續幹下去，免得中間脫節。」

朱子老這番話，在不甚有條理中卻說得懇切而直率。只見少帥隨著他的詞鋒透露出各種不同的表情，有時激動，有時愧恧，而在精神上則似大感受用。經幾度洽議後，仍決定組織「東北義勇軍後援會」，少帥方面派王化一、閻寶航等多人參加，仍請朱子老總其大成。

二、湯玉麟欲奉送熱河

其時偽滿洲國早經成立，榆關失陷，熱河告警，關內外交通多已斷絕。東北義勇軍雖在餉械兩缺下，迭遭敵偽軍隊包圍掃蕩，仍能前仆後繼，苦纏爛打。我因未嘗出關，僅能於戰報中略窺戰績，其間如：小黑山的孫老舉人拉攏連村男婦和日軍打上幾場硬仗；愛國青年苗可秀慷慨犧牲，留下遺墨，鼓勵國人同心奮起，成功在天，成仁在我，令人可歌可泣。至於義勇軍領袖，我當時在北平見到的僅有馮占海將軍其人，一個四十有零的中年漢子，身材結實，滿臉黝黑，他為了要向朱子老請示機宜，由何紹南自前線陪同而來。其後所部因受圍剿，退入熱河邊境而為日軍所消滅。按自東北義勇軍崛起以至全部解體，前後約歷三年，雖無赫赫戰功，其於日軍所發生的牽制作用則不可沒。

榆關（**即山海關**）是於民二十二年一月失陷的。在此前後，日軍於熱河已有所企圖。同時平、津一帶相傳熱河省主席湯玉麟已與日本勾結，擬將所部撤出熱境，退往灤東，雖乏確證，其說甚盛。按湯玉麟與張作霖原為同夥出身，早年縱橫黑山白水間，身手矯健，因曾背負張作霖跳樓，逃出官兵緝捕，而為張所心識。據湯語人：那麼一天，他和張作霖在一個村莊的茶樓上，喝茶休憩。其時已是秋後，莊稼多已收割，青紗障早經過去，官廳踾緝不緊，眼線亦無密報，不意大隊官兵忽從村外湧來。他倆還以為是過路的，不以為意，卻不料這隊官兵行抵茶樓鄰近，突然停止前進。雖其來意猶未判明，而他倆做賊心虛，已不容有所猶豫。湯玉麟一瞥前門已有官兵到來，後面尚無聲響，忙將張作霖一把抓起，摜在背上，即從後窗縱身躍下，相率潛伏於草莽間，始獲脫險。因此，張作霖日後受撫，扶搖直上，湯玉麟得以患難之交，隨而水漲船高。此時他於張少帥，恃在父執，雖不得不勉遵官場體制，但仍倚老賣老，並不將他十分看在眼裏。

三、熊希齡拚死做說客

自湯玉麟的不穩消息傳出後，朱子老與熊希齡明知熱河遲早必失，但不願看到一個降將軍肉袒出迎。亦明知湯玉麟的部隊難以招架，但不願看到日軍不遺一矢而攫此一片土地。故於著慌之中，猶謀補救之道。熊希齡以在熱河都統任內時，湯尚為其部屬，曾加擢拔。當即自告奮勇，馳赴熱河，以舊主身份，喻以大義，並勉其寧為玉碎，毋作瓦全。至低限度，亦須打上幾仗，對國家有個交代。熊希齡於成行前，待在其北平石駙馬大街住宅，邀集范源濂、吳達銓、朱經農、周作民等，連我在內共十七人，商討其所創辦的香山慈幼院管理問題。當場成立基金管理委員會，推由吳達銓為主持人。熊氏旋將其財產交出，計有公債及銀行存摺等約共四十七萬餘元，發充基金，推由周作民負責營運，以利潤所得，作為維持費用。此一措施，表明其此去熱河，必須取得湯玉麟的諾言和保證，否則寧拚老命，一去不返。又表明其生死已置之度外，一切無牽無掛，所不能忘懷者僅為其所留養的孤兒，故須在此重大關頭，勞動親友，妥為布置。一時座間，頗有易水蕭蕭之慼，其事雖殊，其情則類。

承德與北平交通甚便，熊氏去後，湯玉麟的眷屬即從承德移居北平，並帶來細軟數十車。熊氏亦返，指出湯氏移家北平即為其所做諾言的保證。總算此行不虛，湯玉麟已被他老人家穩住了。

四、宋子文北行放銀彈

民二十一年冬間，行政院院長宋子文亦曾由北平轉往承德一行，表示中央對於熱河的關注。其由南方同來人員計有杜重遠、穆藕初、黃炎培、胡筠莊等，其在平會合的有張少帥之外國顧問端納等。故宋氏一行向承德進發時，小汽車共有十輛之多。宋留承德三天，曾向民眾講話，宣達中央意旨，恐言語隔閡，特託杜重遠當場譯作北方語言，俾能領悟。又由端納臨時布置，並向國際廣播。湯玉麟既受到熊希齡的剴切勸喻，復經宋子文的慰勉備至，即有異圖，亦皆消歇。但於保衛熱河，並無裨補。反之，由於朝野大老之一再蒞止，似更促成日軍的提前由熱河進攻。在宋子文等去後不足兩個月（**民二十二年二月**），日軍即分由九門口、凌源、開魯三路直撲承德，熱河全省，便告淪陷。湯玉麟未為降將軍而僅為逃將軍，總算差強人意，不負熊秉老與宋院長之紆尊降貴了。

又宋子文此行經過北平時，於北方將領如張作相、孫殿英、商震等均有餽遺，俾資維繫。就中以致送張作相者為最巨，數達二十萬元。又曾遣人訪問吳佩孚，探詢其於時局的意見，似有借重之意。不料此公修道，似已著迷，大說其天兵天將、天眼通的神話。宋氏以其過於落伍，雖有點綴，但不甚豐，數目且在孫殿英等之下，其他自談不到了。

五、馮玉祥拒見李爵士

此時，朱子老領導的東北義勇軍，處境頗蹙，退入熱河、察哈爾邊境者為數頗多。馮玉祥抓緊這個時機，離去泰山（**馮氏此時在泰山韜光養晦，苦悶不堪**），直趨張家口，收容殘兵，重加編練，以異軍突起姿態，成立「抗日同盟軍」總部，不下二十萬眾。

原來馮自參加洛陽國難會議後，痛感於當局所厲行的安內攘外政策。所見所聞，大不對勁，因此他便離開洛陽，跑到泰山小往。其時為「九一八」事變而來的國聯調查團李頓爵士等一行恰做泰山之遊，擬就便訪問馮氏，而先由顧維鈞電馮接洽。按：國聯調查團為當局竭忱招待的貴賓，所到之處，當地官紳，皆以一見顏色為榮。這回卻碰上老馮的釘子，覆電拒見。並指出日本侵略中國，人所共知。反加調查，豈非侮辱。要顧維鈞轉告他們不必自討無趣。

事有湊巧，偏偏李頓的手杖在遊山時丟失了。一時鬧得烏煙瘴氣，卻使深居泰山的馮玉祥幾為之氣爆肚皮。據說這枝手杖是一件有紀念性的東西，寶貴非常，李頓非得把它找回不可。在層層剋制下，先把顧維鈞急壞了，恐失歡洋人，有誤大事。又把泰安縣長周百鍠嚇煞了，因事出轄境，責有攸歸，恐於前程有礙。最吃苦的還是兩個抬李頓的轎夫，受嫌最重，收押在監，不知何時釋放。馮玉祥聽在耳裏，惱在心頭，出面把轎夫保了出來，間接把找回手杖的責任推了回去。正在為難之際，手杖幸在山頂找到了。這場不愉快的事件才告了結。

六、由泰山來回泰山去

當時從山外傳來的消息，則〈塘沽協定〉，已由黃郛簽字，不僅東北四省完全斷送，察綏邊境及冀東一帶，亦成為日軍走廊，平、津迫邇，同感岌岌。又如上文所述，東北各色殘餘隊伍，已於其時退入熱、察地區，群龍無首，正陷於瓦解狀態。馮氏身在山中，神馳塞外，聞雞擊楫，心血沸騰，於是趲程北上，而有「抗日同盟軍」之組織。

他在抵達張家口後，自成為該項殘餘隊伍的領導人物，而吉鴻昌、方振武、孫殿英等亦各拉其所部，加入同盟軍，接受馮的指揮。人是有了，錢卻不見，東拚西湊，連吃飯都成問題。朱子老以彼此同屬一條戰線，無問番號如何，都應一視同仁，予以接濟，當「東北義勇軍後援會」捐款項下撥出十萬元，另置備慰勞品老羊皮背心若干萬件等前往勞軍，並邀我與查良釗、姚凌九兩君隨行。杯水車薪，誠無裨補。所幸各方捐款，以後陸續到來。即遠在廣西，亦曾匯到毫洋十萬，糧餉、芻秣，總算勉強支應過去。

當時情勢是相當微妙的，我在馮處見到李協和（烈鈞）先生，據說是由蔣先生派來，擔任聯繫工作，但又聽到後方開來不少部隊，在宣化一帶布防，採取監視態度，因而引起「抗日同盟軍」的極度憤慨。

「抗日同盟軍」的戰果是輝煌的。沽源、康保、保昌、多倫等察東四縣，統從日軍手中奪回。尤以多倫一役，雖負重創，死傷幾及三千人，但終把日軍趕走，並追擊了數十里地，贏得國人不少的涕淚和歡呼。而官方報導則說多倫根本無日本人，所謂戰爭，所謂勝利，全是宣傳作用。

馮氏就在這一微妙的情勢下，感到最難應付的倒不是日本人，其時「抗日同盟軍」陣亡將士紀念塔已經築成，馮氏只得對此英靈，揮淚告別。由泰山來，回泰山去。不久，方振武、吉鴻昌的部隊，亦和江西紅軍一般地受到圍剿。

至此，同盟軍在「安內」下垮了，而義勇軍亦受影響而被分化離散了。

第三十一章
從所謂「七君子」談到「救國會」

沈鈞儒（衡山）於（民五十二年）上（六）月十一日在北京逝世，海內外報章因沈氏之死並提到和他有關的「救國會」。就性質言，恰可與李晉先生最近所談的東北義勇軍抗日同盟軍連成一線。就時間言，事件發生，亦屬接近。筆者因請李先生追述當年「救國會」一般情形，作為「應景」文字。李先生以與其中若干位雖屬相識，所謂「七君子」被拘於蘇州時亦曾前往慰問，奈因本人時南時北，並不常川駐滬，故於全部經過，所知不多。當囑筆者於另一方面徵訪資料，作為補充，以期內容較為翔實。下面所述，凡不冠以李先生名義的各段文字，皆出另一來源。因此本節所記，並非為李先生個人的「身歷聲」，而為綜合體的「身歷聲」。

一、由座談會變政治組合

李先生說：「東北義勇軍解體之際，馮玉祥所領導的抗日同盟軍尚在察東一帶與敵周旋。當民二十二年夏天，馬占山、蘇炳文等因所部抵抗失敗，退入俄境，輾轉到滬後，馬相伯老先生曾在土山灣寓邸加以熱烈招待。於賓主入席時，相老舉起杯酒，首先發言。他說：

『我這第一杯酒，恭賀馮玉祥將軍收復察東四縣。第二杯酒才歡迎勞苦功高的馬將軍和蘇將軍。』

「當時被邀作陪的，除我以外，尚有黃炎培、穆藕初、陶行知、沈鈞儒諸人。我雖不知其時『救國會』是否已在醞釀之中，但就其後所表露之事實而言，則陪客中有為『救國會』之中堅，亦有為『救國會』之支持人，而『九四老人』馬相伯先生則隱然為其精神上的領導。」

按之其時局勢，日方既已攫取東北四省，製造華北特殊化；猶復長蛇封豕，肆其南侵，於上海、南京、漢口、成都等地借故滋事，不斷挑釁。正如滿天陰霾，雷電颷至，大陸淪胥，危在旦夕。一般民眾，尤其是知識份子，痛感於國亡無日，一致主張全國團結，槍口對外，以圖挽救國家民族的危機。而當局則別有苦衷，厲行安內攘外政策，調動大軍，集中江西，包抄紅軍，做不斷的圍剿。在與民意背馳之下，民間遊行請願等一類行動，於是相繼發生。而軍警之摧殘迫害，亦即隨之而至。

所謂「救國會」即為此一時局背景下所成立的團體。其初僅為座談性質，以抗日救亡為唯一出發點，臨時集合，交換對於時局上的意見。迄後鑑於形勢益亟，時政益非，精神上的負擔越重，救亡工作仍苦不易找到出路。於是形成組織，集中力量，企圖做進一步的發展。對於國內任何勢力，只要以抗日為前提的，他們皆能引為同志，竭忱合作。這和章太炎先生當時所說：「只要趕走日本人，收復失地，我們不問其為赤化與不赤化。」兩者所抱態度，正復相同。其間他們先後發表宣言，如支持學生運動，提出停止內戰、釋放政治犯、放寬言論自由等各項要求；旨在團結對外，原非政治活動。不意竟觸時忌。而有「七君子」被拘入獄之一幕。

二、沈鈞儒雖老，幹勁十足

所謂「七君子」者，為沈鈞儒、鄒韜奮、章乃器、李公樸、王造時、沙千里、史良等七人。據說當時擬加逮捕的人，為數頗眾，原不止此。後因社會激動，恐生事變，故爾中止。其實就此七位而言，亦非盡為「救國會」的中堅。茲就所知，略加分析。

沈鈞儒之生平行誼，近來報章所載，已極詳盡，無待複述。當時所發生的遊行示威或請願運動，他以花甲餘齡，參加行列，雖其身材矮小，未易出人頭地，而揮拳頭、喊口號，幹勁十足，則不下於一般年輕人。薑桂之性，確屬老而彌烈。他的太太適於其時病逝，暮年喪耦，人所難堪。但在他想來，兒女均已長大成人，所難忘情的老妻又告下世，室家之累，從此解除，正好騰空身體，為國效勞，無所用其牽掛。故在營齋、營奠之中，曾無改其擔當大事的勝概。因此，他以年齒和熱情而受到「救國會」同人的尊重。唯其主張則並不盡占優勢，於反覆辯論下，他往往由於情緒不佳，一若受到重大刺激而流露其消極態度。此非指其意志之不夠堅強，正說明了一個老年人的過度自信和自負。

三、鄒韜奮走左傾激進路

鄒韜奮畢業於上海聖約翰大學，律己甚嚴，治事不苟，為一頗純潔的愛國學人。其家庭生活，耐勞刻苦，亦如清教徒的家庭一般。抗戰以前，他唯一職業為在黃任之（炎培）創辦的中華職業教育社內主編《生活週刊》。銷路之廣，由數千份躍升到十三萬份。其中所談，多為鼓勵青年於進德修業上致其最善的努力。又就社會現實問題，詳予剖析，並加批評，使讀者得有明確的認識。有時關於時事內幕，他亦能盡量揭載，大膽批評。如北伐後交通部長王伯群在上海愚園路大興土木，他即懷疑其經濟來源，連篇累幅地予以指摘。後來王氏為求筆下留情，欲以金錢收買，授以五千元。不意反貽把柄，作為文章資料，據實直書，而使王伯群益露其醜。但此僅為就事論事，與政治原不干連。迄「九一八」事變發生，他由此聯想到抗日問題。又因當局採取不抵抗政策，他更由此聯想到政治問題。在層層推敲下，他憬然於核心問題，只有一個，即當前的沉悶局面，如果無法突破，其他均屬無從談起。因此一向側重於青年休養和社會問題的《生活週刊》，一變而為討論政治和鼓吹抗戰的前鋒刊物。其在「救國會」初期，猶寄幻想於政黨作用，嘗向友人提出組黨之議，以為通過政黨地位或可直接參預國事。其於現實政治，似尚隔閡，書生論政，未脫理論範圍。迄後他走上了他所選擇的左傾激進途徑，認為非此無以突破沉悶局面，非此無以導致全面抗戰。動機純出救國熱忱，與中共為一不期而然的結合，故中共取得政權後，追贈其為黨員，頗能反映其在七君子中（王造時除外）所處的地位。

四、章、李、沙、史、王各有一套

章乃器為自學成功之一人，中、英文字均有相當造詣。他自由浙江實業銀行練習生起歷升至副經理止，服務於金融界為時頗長，故其於經濟學識，修養有素。《申報》中關於此一部門的論文，大都出其手筆。他在社會上有其廣泛接觸，他的智慧足以應付各項難題，他的談吐亦能含蓄地耐人尋味，故其在「救國會」中不失為一個智囊。

李公樸初肄業於滬江大學。嗣參加北伐，隸屬於東路前敵總指揮部政治部，該部主任為陳群，他即在陳群下擔任宣傳科長。北伐成功後，去美鍍金，直至「九一八」前始行歸國。時適申報館六十週年紀念，大事革新，創辦流通圖書館及史量才補習學校，需才頗亟。他乃應聘以館主任而兼校長。中共「理論家」艾思奇其時改名李某，亦在圖書館任職。他的思想曾否因此受到影響，未便斷言。但其人似較適合於外勤工作，如畀以搖旗吶喊等一類任務，比之埋首伏案，必更有聲有色。他亦有自知之明，自承其為一社會活動家。當年愚園路百樂門舞廳，常有他的蹤跡，倚翠偎紅，婆娑起舞，興致極佳，洵所謂救國不忘娛樂。章乃器夫婦亦復如此。

至於沙千里和史良，則皆出身於沈鈞儒主持教務的上海法學院，兩人同為律師。其實姓名皆不見經傳，視之投拜在杜月笙門下的朱學範，猶遜一籌。當時遊行示威，適在夏天，衣衫單薄。在軍警干涉下，史良的背部曾經挨上幾鞭，透出青瘀痕跡。她為向社會控訴，裸其上體，就背部攝成照片，交由報紙刊物為之製版登載。雖其廬山真面，未曾豁露人前，而背影膚光，已使人留有甚佳印象。她如此一做作，因此識與不識，無不對軍警的摧殘行為致其憤慨。

王造時則自有其政治立場，不在本文敘述之列。但藉此可以反映「救國會」份子，並不屬於一型。結合之初，只為抗日而來，原無標新立異之意。為淵驅魚，為叢驅雀，其故固另有在了。

五、附帶一提杜重遠其人

又在「七君子」被捕以前，杜重遠亦因其主編的《新生週刊》載有外稿〈閒話皇帝〉一文，日方認為侮辱天皇，提出嚴重抗議，因而被拘於上海漕河涇監獄。此事經過，不妨於此附帶一提。

杜重遠為東北人，畢業於日本高等工業學校，專習製瓷，在瀋陽辦有瓷廠。東北淪陷後始來上海，欲在瓷業上闢一新的局面，他由陳彬龢介紹，先認識了黃任之（炎培）。又由黃任之的揄揚，結納了一般名流。更由於張公權的賞識，取得了金融界的支持而於景德鎮創設瓷廠。

但他究為一「亡省」之人，眷懷鄉土，悲憤填膺。並不因事業有成而隳其遠志。因又以瓷業專家投身於救國運動。其為人頗具交際手腕，儀表英俊，吐屬流暢，南京官場，亦能刮目相視。熱河告警時，宋子文以行政院長身份，馳往承德，向湯玉麟面加慰勉，他屬隨員之一，即其一例。其創辦《新生週刊》受黃任之、鄒韜奮之委託。因黃、鄒鑑於《生活週刊》，言論過於激烈，早為當局所不滿，遲早必遭取締，故預辦一《新生週刊》，以備接替，而由他出面主持。初不料出版後未及數期，即因刊載〈閒話皇帝〉一文，致被封閉，其本人且罹縲絏之災也。

六、馬相伯力釋「七君子」

李先生說：「七君子在獄時，我為探望李公樸，曾去蘇州一行。據公樸告我，他們在監，生活極有規律。凡遇大小事件，大家均和衡老（**指沈鈞儒**）商量，公認其為家長云云。」大致沈鈞儒所曾發揮的領導作用，即在此一時期，因其不僅以年事見尊，且為前輩的法學家也。

李先生又說：「公樸被捕後，當局曾通知公共租界工部局擬將『量才補習學校』予以封閉。我從該局總辦鍾斯處得到消息後，因屬校董之一，當邀集其他校董王雲五、吳蘊初、劉鴻生諸君共謀挽救。

經向市長吳鐵城交涉，以公樸即使有罪，亦於學校無關，況其所收學生，多為店員、工友。如使清寒子弟，中途輟學，不唯可惜，且覺不忍。吳市長經此一番解釋後，始寢其意，但於校長一席，卻囑我暫時承乏。自審身為冗奪，未遑兼顧，而為學校著想，則又不便固辭，嗣經商洽結果，由我尸位，另由潘公展介紹易禮容充任副校長，執行校務。我還記得，在我手內曾經辦過三屆畢業典禮，時間雖不甚長，卻未鬧過任何事件。我初不知易禮容其人，事後得悉，其初亦曾隸籍共黨云。」

最後，李先生指出，七君子之釋放，與馬相老亦頗有關。事緣蘆溝橋事變後，當局態度已告明朗，全面抗戰之局亦已形成。為了敬老尊賢，當局力挽相老移居南京，而請于右任先生居間促駕。這因于先生為相老主教震旦大學時的學生，師弟交孚，易於融貫。在其就道以前，我曾往訪相老，適於門次遇到宋慶齡女士由李大超太太陪侍下從內而出。我入見相老後，提到此事。相老便說：「她（指宋慶齡）是來勸我不要去南京的。」我即問道：「那麼你是不去南京的啦？」相老續說：「我為什麼不去呢？我怕什麼？可是，我去也有條件的：蘇州這批人哪一天放，我便在哪一天走。我已經和伯循（于右任）說過了。」

按之七君子被捕是在民二十五年十一月間，其出獄則在次年七月底，唯時蘆溝事變，雖已過去，而八一三淞滬之役，即在他們出獄後的第二週突然爆發。全面抗戰，於焉揭幕，他們的意願總算達成其一部分了。

第三十二章
西安事變時南京方面的戲中戲

西安事變，談者已多。本節所記，為李先生當時應邀赴南京，從側面所親身了解的當時情形，而非事變所在地的形形色色。其間雖無驚險局面，但情勢則亦相當緊張。或則借題發揮，或則主張異致，戲中有戲，頗見其波譎雲詭之致。

一、孔庸之電約赴南京

李先生說：

西安事變發生於民二十五年十二月十二日，我在上海報紙上看到這項消息時，恍如晴天霹靂，極為震動。因此事重點，不僅有關蔣先生個人之安危，且影響於國家民族的命脈。只須其人對於時局稍加留意，無不驚心動魄，以全副精神注視此一事件的發展。

十三日，王儒堂（正廷）兄來訪，謂孔庸之（祥熙）有電報來，約他和我及錢新之、杜月笙、王曉籟等五人同去南京，籌商應變辦法。新之與月笙，他都已接洽過，以在巨變之下，上海不能無人留守，暫不前往。曉籟則同意偕行，因詢我意如何。我以庸之既有電邀，自以一去為宜。當於是晚，與儒堂、曉籟同乘京滬路夜車以行。

十四日晨，抵南京，寄寓於儒堂所主持的膠濟鐵路理事會公所。略事休息後，儒堂先見庸之報到，並說明新之與月笙不能同來的原因。歸後，儒堂轉述庸之之意，要大家提意見、想辦法。

未幾，王伯群（**前交通部長**）偕歐元懷（**大夏大學校長**）、邰爽秋（**大夏教授**）來訪。又未幾吳凱聲（**卸任駐意大使**）宋述樵、張廷休（**均立法委員**）、王亞民（**中央通訊社**）亦聯袂而至。各說各的消息，各提各的見解，而張學良所提的八大項要求通電亦已見於報端。

二、座談席上大發議論

在座談中，我曾大發議論，以我所了解的張學良個性為出發點。我說：「張學良是有其模仿性的。最初他在東北，和青年會人物及東北大學教授往還頗密，因此他揣摩風氣，學習英文，提倡體育，打得一手好網球，亦懂得禮賢下士。一面汲引新派軍人郭松齡等，朝氣勃勃，一時聲譽甚好。後來他帶兵入關了，因別有用心，便和張宗昌、吳光新等腐化軍人混在一起。於是，他學會了玩女人、抽大煙、打嗎啡針，模仿著他們的惡習而過其糜爛生活。自『九一八』以至下野，這段時期，他和蔣、宋極為接近。因此他又有了轉變，戒煙放洋，重新表現。以往他和齊亞諾（**事變前的意大利駐中國大使**）相處甚洽，放洋以後，又在意大利耽留頗久。耳濡目染，應有新的感受。這次事變，也許他正在模仿著墨索里尼，企圖把蔣先生變成一個傀儡式的意大利皇帝，亦未可知。

「好像踢足球般，他似乎一意要搶到這個球。我們今天必須使其徹底明瞭，他能搶到的並不是球，而是一顆大炸彈啊！

「他此番劫持統帥，等於綁票勒贖。依照慣例，贖票的必先找到可靠『線頭』，才能和匪說私話、講條件，否則不易著手。所以在我看來，南京方面，總得派一個合式的人，馳往西安，了解真相。」

三、馮玉祥有意做人質

此外所提營救辦法：王曉籟則決定回滬，聯合錢新之、杜月笙，發動各省工商界與金融界；歐元懷、郃爽秋等則擔任發動全國教育界與文化界；吳凱聲亦自告奮勇，隨曉籟去滬，往訪意大利使館人員，轉電齊亞諾請加斡旋；儒堂並囑吳凱聲與董顯光聯繫，發動上海中西各報及西方記者；以各業各界的立場，分頭並起，去電西安，表示全國民眾對於蔣先生一致擁護之忱，要求張學良禮送回都，而益以國際友好人士對於此一事變之嚴重關切，俾能聯合成為影響力，使西安方面了解其所作為已觸天下之公怒。當場由郃爽秋予以歸納，製成筆錄，分作十七條。並由儒堂提請庸之備核，庸之深表贊同。

十五日早起，我想到了馮玉祥。我要聽聽他的消息和意見，當即驅車往訪。他一見我，似感意外，劈口便問：「你怎麼也來啦？」我當告以此次來京，是受孔庸之之邀，並冒稱：「今天來見，亦係庸之要我向你請教。」

馮於是打開其話匣子。他說：「庸之為人，我平時看他總之透著幾分胡塗。這次他的態度卻顯得老成穩重。昨天開會時大家都把這次事變歸咎於宋、孔兩家頭上，紛紛責讓。他則一味忍受，絕不聲辯，亦不解釋，度量確不可及。尤其他今天要你來和我談話，更見其並不胡塗。你去告訴他：我已給小張去電報了，萬不可傷害介石的一毫一髮。如要保證，我馮玉祥願去西安，作為人質。這些年來，中國打了多少仗，死了多少人，花了多少錢，好容易才造成這麼一個領袖來。現在外患已深，團結都來不及，怎容得內訌分裂。你去告訴他：我一定和他合作，請他放出膽子來，挑起中樞重責，完成中山先生的事業。」言次，他的手指準對著壁間中山遺像。

四、于髯翁準備入虎穴

我旋提及儒堂亦想來見。他說：「歡迎！歡迎！可是你得先代我向他道歉。從前那些事都是我手下許小雞（**即馮部副官長許驤雲**）攪的，我很對他不起。明天九點鐘，就請他到此地來。恕我不便去看他，這些日來，我老是有人跟住。」

於此，我於上文須先予以註釋的：即老馮所說的開會時有人責讓宋、孔兩家是指于鳳至拜宋老太太為乾媽，蔣夫人與于鳳至結為姊妹，由於裙帶關係之特別深切，以故張學良回國後仍得出任副總司令，釀成尾大不掉之勢，致肇今日之變。其為深文周納，自屬借題發揮。又老馮所說的

「老是有人跟住」，是指事變後他在無形中已受到監視。至於他要我代向儒堂道歉，是指儒堂辭去隴海路督辦事，與本文無關，不須細說。

我離馮處後往訪庸之，擬將適間與馮所談向其報告。不料蔣夫人正在其室內，面帶淚痕，庸之分身不開，我當將各情告知其祕書長魯珮章，託為轉達。

我旋回到住處，將見老馮經過，又告知儒堂。儒堂亦以所得消息告我，即：于右任先生已允以宣撫名義，代表中央，將往西安。此因楊虎城和陝軍中的高桂滋、高雙成兩軍，以前曾隸於老靖國軍麾下，于老此去，或收釜底抽薪之效。又說：原駐洛陽的樊崧甫所部四十六軍，已早開拔，進抵陝境。此外又說：孔夫人有電話去上海，要宋子文來京轉往西安，宋未同意，似在避嫌。如要他去，亦須如于老一樣，應有名義。我於儒堂所說最後一截，頗感意外。

五、宋子文做家屬代表

晚飯時，我們還在討論「名義」問題，周作民不速而來，聽到主題，以不經意的神情羼言說道：「要名義嗎？這是有辦法的。于先生代表了中央，那麼他就代表家屬好了。」儒堂一聽此言，認為中肯，驀地離席，匆匆向孔宅趕去。飯未及完，儒堂又從孔宅趕回。他說：「孔夫人正與子文通話，許以名義，但要他即夜來京，共商辦法。」

此時端納顧問已由洛陽轉抵西安，而宋子文亦於次晨到京。

十六日，儒堂應馮玉祥之邀，前往晤談。午間，伯群來說：「據從何應欽方面得來消息，樊崧甫的部隊已抵潼關，樊與陝軍兩高亦已聯絡上，于先生宣撫之行，事將從緩。又稱有人主張出動飛機，轟炸西安，以維持中央威信為前提」云云。大家都認為此事關係太大，務須慎重，最多只能採取一種姿態，萬不能輕舉妄動，否則恐將鑄成大錯。其間又據傳聞，各派各系，暗潮激盪，或則態度曖昧，或則乘機挑撥，其在海外養病之改組派巨頭，亦正鼓輪東駛，企圖利用此次事變重攫政權。即於主張轟炸之人，亦多懷疑，認為別有懷抱。以故當時南京城內，流言四起，初不在西安之下。

迄至十八日蔣鼎文自西安飛抵南京，大家確知蔣先生除腿部略受輕傷外，安全無恙，皆大喜慰。又因其帶來蔣先生親筆條諭，阻止派機轟炸，大家揣知事變當不致以武力解決，頗覺寬心。更因張學良與蔣鼎文向不融洽，此番獨允鼎文首先飛京，似有漢高先封雍齒之用意，大家因體味到蔣先生脫險之期，必不在遠，不禁引起興奮。可是，就另一方面說來，躍躍欲試之徒，多少迷夢，亦由此粉碎了。

六、齊亞諾曾電張學良

至於王曉籟等回滬發動各界，要求張學良禮送統帥回京的經過，當時報紙所載通電，盈篇累幅，即為此一經過的說明。民眾力量所能做到的，不過如此，可以不說。唯由吳凱聲與意大利大使所發動之齊亞諾來電則不可不記。該電由意使館轉致張氏，簡而有力。電云：「以前你我是兄弟般的朋友。由於你這一行動，現在你已是我們的共同敵人。」所謂共同敵人者，即指這與共黨合作而言（**齊亞諾時任意大利外長**）。

又承伯群見告，蔣夫人和宋子文飛往西安那一天，機場送行者甚眾。就中有某一黨國元老向蔣夫人說：

「夫人可以不去了吧？太危險啊！」

蔣夫人作色答道：「你們講的是國家大事，我為的是夫婦之道。即使此去出什麼岔子，亦屬心安理得。難道夫妻間事，還要受你們的干涉嗎？」

某元老向以佞佛見稱，豐於饒舌，宜其受嗔。而細味蔣夫人所言，蘊怒頗深，恐其亦有所指吧！

二十二日，我以事態已弛，先回上海。

二十五日，為聖誕節，蔣先生安然回京。上海各界，熱烈慶祝，我聞此消息，高興萬分，亦在南陽路寓所大放其鞭炮云。

第三十三章
想起了「九一老人」許世英

筆者最近趨候，李先生取出「許世英（靜仁）先生百齡開一壽慶徵詩文啟」相示，並說：「我平生行事，頗以參加辦賑引為快慰，當初走上此路，實出於朱子老（指朱慶瀾）、許靜老（指許世英）之善與人同。其後我即樂此不疲，僕僕道途，席不暇暖，馴至我所經營的礦業，由於無法照顧，亦不惜退處閒席而由他人掌綰。其間本身虧累，從未計較，總覺得全活一人，所得已多。身外之物，無須過分重視。這股傻勁，說來亦自可笑。」語次，隨就他與許靜老之如何訂交，靜老服官時所見所聞，以及「一二八」中日淞滬戰爭時，他在靜老領導下所辦的救濟工作，邊想邊說，久而忘倦。

今以靜老為談話中心，因而涉及「一二八」救濟工作一點，雖與前文不甚緊湊，但仍不失為金針暗渡，由此拉到其時南方所發生的動亂，跡象雖晦，脈絡猶通，因退而作記。

一、肅親王福晉照樣碰釘

李先生說：

遜清光緒末年，我（**李先生自稱，以下同**）到了北京，參加帶有革命性的《國報》和『崇實學會』。這兩個組織，以當時出任民政部丞參顧亞蘧（瑗）先生和民政部僉事兼外廳警察分區所長黎埜甫（宗嶽）先生為骨幹，前文曾經提及。靜老與他倆為好友又為同寅，時相過從。以此機緣，我乃得與靜老訂交。

李先生又指出，許氏壽慶徵文啟中有「（靜老）於清季以拔貢朝考，分發刑部，繼而遊歷歐美各國考察司法行政」等句，並做解釋道：

那時刑部尚書為沈家本。為了籌備憲政，改革法制，各部多有派員出洋考察之舉。在刑部中，你們安徽人（指筆者）獲預斯選的，除靜老外，尚有徐季龍（謙）先生。他以舉人出身，為沈尚書所賞識，故又膺雀屏之選，以其為東床快婿。

靜老出洋考察回國後，任民政部僉事兼外城（警察）總廳總務。民部尚書為肅親王善耆，外廳廳丞為朱啟鈐。靜老本其考察所得，從事市政警政，開闢馬路，訂立交通規則。行人、車馬，都得靠左邊走，不許橫衝直撞。新政初行，老百姓自不習慣，認為多事，街警紛紛出動糾正。一天，街警所攔截的恰碰上肅親王福晉的座車，兜住馬頭，勒令其退回原路，依照新例，轉彎行進。天潢貴胄，豈容冒犯？福晉自是赫然震怒，立召主管員司責問。靜老不為勢屈，據理聲辯，振振有詞，人皆以其烏紗不保為慮。料不到肅王竟能深明事理，從善如流，於此強項吏，不僅包涵，且加器重。一個是度量高雅，一個是風骨嶙峋，相遇益彰，一時同為人所稱誦。即以此故，靜老得於張錫鑾巡撫山西時調升為山西提法司。

二、百廢俱興與一事難成

入民國後，張錫鑾任直隸都督，其祕書長即為靜老。前文第六節中，我曾提及張氏以我於內閣總理唐紹儀辭職時，曾陪同袁項城代表顏世清去鄂與黎元洪有所商洽，不無微勞足錄，事後招宴，又委以臨城、井陘兩處煤礦督辦，我當請其收回成命，以兩項職務分配於許祕書長及顏代表的經過。此即為我與靜老於訂交後的第二次會晤。其後張氏建牙東北，靜老隨而出關，就任奉天司法廳長。

此後靜老入綰樞要，外領疆圻，駸歷斯久，聲猷益光。知者甚多，不煩覼縷。茲特舉其在北洋政府時期的瑣聞軼事，聊供談助。

靜老任福建省長時，訂有施政計畫，對於治安、教育、實業、交通各項，分門別類，綱舉目張，洋洋灑灑，直類萬言書。或興或革，呈待北京核定。袁項城披閱一過，抓起筆來，批上「百廢俱興，一事難成」八個大字。前揚後抑，意似誚讓。其實針對現實，確為閱歷之語。這因當時民智閉塞，物力艱難，在各項條件缺乏之下，縱然是好長官，絕不可能於一時之間，舉重若輕，振衰起廢。只能審察緩急，在重點上予以突破。否則不切實際，徒為民累。以「俱興」始，以「無成」終。項城此批，前句是因，後句是果，智慮深遠，固為不刊之論。虧得靜老為一實心任事之人，不牟其利，不計其功，一點一滴，努力推動。循聲茂績，卒使八閩人士，觀感一新，並未全如項城之所論斷。

靜老於司法總長任內加入國民黨。其時項城為表示與南方合作，陰囑其閣員之未入民黨者一體加入。實即藉此階梯，從事滲透，以圖發揮分化作用。故雖鷙悍狼戾以殺害民黨為務的趙秉鈞（**當時的國務總理**），亦竟掛名黨籍。其後靜老於「孫段張三角聯盟」時居中聯繫，與民黨相處融洽，雖曰時代使然，固亦淵源有自。

三、主安徽省政先聲奪人

靜老任安徽省長時，則在提倡聯省自治期間，所謂「皖人治皖，湘人治湘」一類口號，甚囂塵上。安徽自「五四運動」後，學潮澎湃，迄無已時。始為外交問題，罷課遊行，繼涉政治問題，屢與軍警發生衝突。第一師範學生姜琦之被慘殺，即為其時學潮中最先犧牲之一人。靜老主皖政前，北京原派福建籍的李某為安徽省長，但為全省人士所反對。學生們尤見激厲。為了濃化「驅李」氣氛，於其將次履任之際，預製紙馬、紙轎陳列於省長公署轅門，表示其為鬼物及送瘟之意。及其接事之日，學生們凌晨即起，飽餐停當，分頭出動，在各店鋪門前，分駐二三人。望衡對宇，連成一氣，阻止商人開門營業，造成罷市局面。如此堅持三天，李某無法可施。偃旗息鼓，一溜了事。迨明令發表靜老主政，皖賢治皖，先聲奪人，一切始復舊觀。其後學潮尚有餘波，只須靜老一番訓話，無不渙然冰釋。物望之隆，遠非一般北方官僚所能比擬。

李先生談到此處，又轉詞鋒，拉回他與靜老的關係。李先生說：

在我追隨朱子老辦理豫、陝、甘三省賑務，正在籌募涇渭渠建築經費時，中原戰事（**指討閻、馮之役**），勝負已決，閻（**錫山**）、馮（**玉祥**）相繼下野。閻系參加中央政府之內政部長趙戴文及次長兼賑務委員趙丕廉亦皆離職。靜老未徵同意，以我提補賑務委員，直待行政院會議通過，始承見告。我以做官不合生平素願，但又念「災官」與一般不同。既經通過，只得接受，但仍提出由政府撥助涇渭渠建築經費為交換條件。事關水利，靜老一口應承，後由政府撥到二十萬元。有此經過，靜老與我，過從日密。

四、淞滬戰役中搶救難民

「一二八」中日淞滬之戰，變起倉卒。各種應付，多屬急就之章。關於救濟難民一項，好在上海有永久性的慈善團體，又有業餘賑務專家及職業性賑務專家。人力、物力，均甚充裕。募捐、籌款，亦易推動。當由靜老偕王一亭、聞蘭亭見訪，相約就雲南路仁濟堂的現成機構，組設上海市臨時難民救濟會以總其成。靜老被推為主任委員，我以常委兼總幹事。其時租界行人道上，坐的、臥的，全擠滿了難民，男女老幼，密麻麻地幾難插足。而戰區難民，猶自蜂擁而來，但因租界禁區及戒嚴令的限制，在鐵絲網間趦趄徘徊，如熱鍋上的螞蟻般、走投無路。其已入租界者如何收容，其未能遽入租界者如何導引，頭緒既棼，手續亦繁。究因上海為大都市，在靜老的號召和安排下，眾擎易舉，短期中便已區處停當，租界秩序得以恢復。這些瑣屑，無待多談，茲就其較突出的事件，略述如次：

當時據報，日軍占領區天通庵一帶，尚有難民數千名，因處其間，無法脫險。靜老以救濟應就全面著眼，脫險的予以安頓，未脫險的設法搶救。若僅就現場安排，供給住宿，而不能深入戰區，馳援赴難，則其性質等於救濟經紀，盡人可做，有何價值？據報以後，靜老以此項搶救，必須得到租界當局的助力才能施展，以我與外籍人士，向多接觸，因委以交涉責任，作為前鋒。我當秉承靜老意旨，向公共租界工部局面洽。該局總董英人麥克諾登聆悉我的來意後，聳聳肩膀，攤開雙手，以間接方式，表示無法效勞。他說：「我們的巡捕還被關在裏面哩！除非香港和新加坡的英軍調到上海，我們的說話不會發生力量。」這是實情，並非推諉，我據以回報靜老，當又囑我設法向日方直接交涉。

其時日本駐滬總領事已非船津，新任之人，向不相識。彼此處於敵對地位，貿然往訪，亦屬不便。正在躊躇間，憶及前往漢冶萍鐵廠任職的舊友日人橘三郎尚在上海。倩其作介，較易進行。又苦不悉其住址，無從問訊。嗣承林康侯兄代為覓到。始由橘三郎陪我與其副領事白井康見面。白井原為日本小幡公使駐華時期的書記官，隔別多年，我已忘懷，他卻還能相識。因此談話之間，不須矜持，單刀直入。無如他的權力有限，諸待請示，事涉軍部，周折尤多。經過多度折衝，才有成議，准由救濟會派出卡車二十輛，髹以紅十字會標識，由租界日籍巡捕及救濟會職員隨車接運，依照指定路線，憑日領館所給證件，駛入天通庵一帶，趕於短期間內將全部難民運走。當即照此辦理，共救出難民三千餘名。

五、偷天換日陳中孚賣友

在此項救濟工作中，我因領取證件，與白井康時有接觸。一次，他和我說：「現在聽說上海社會名流，已肯出而組織地方維持會，和以前北京在混亂時有人出而維持市面一般，這好極了，地方上的事要好辦得多了。」此話甚奇，我正詫異間，他隨手取出一本簽名簿來，要我過目。扉頁題有「上海維持會會員名冊」字樣，內有許世英、王一亭等一般名流的親筆簽名。我才意味到他所說的是指中國人在戰事中能與日方合作，救濟工作，僅屬其中之一端。故意歪曲事實，居心叵測，但維持會的名義從何產生，靜老等簽名何由取得，事皆不解，深感惶惑。歸報靜老，更屬愕然。當就其累月來的種種經過，逐一追尋，苦思冥索，才發覺其為陳中孚所弄的狡獪。事緣其時陳中孚曾舉行一次宴會，備有簽名簿，應邀者被請簽名，靜老等統在其列。事屬慣常，當時殊不為意，至此才知其另有用心，將宴會簽名簿改題「維持會」字樣，偷天換日，作為名冊，交由日方收執。意者陳氏與日方早已勾結，苦無表現，故特製此贋鼎，搪塞交差，亦未可知。靜老以此事不容默爾而息，亦不便公開聲明，當將簽名真相，在名刺上親筆寫明，託我轉交白井，以資糾正。變亂時期，人心倍見險惡，偶疏檢點，便被利用，於此可覘一斑矣。

談到此處，李先生旋取詩箋一幅交閱，一面說道：「今天談話，姑止於此。我向不擅韻語，此次為了靜老壽慶，忘其謭陋，勉成五古一章，你（**指筆者**）不妨錄入文稿，作為這一節文章的結束吧。」茲謹錄如下：

仁心浹天心，壽民才壽己。韉韉許夫子，抱道篤踐履。憶我初承顏，尚在光宣際。嶙峋凜風骨，九城爭御李。君子駕乘時，雲逵騰踔起。燄歷遍中外，勳猷貫人耳。及我矢追隨，其歲在己巳。經營涇渭渠，費絀賴鳩庀。功成旱魃除，霑澤達千里。無何遘國難，彈雨硝煙裏。流亡塞道路，輾轉溝壑死。全活仗伊誰，公獨任綱紀。憂煎累八載，我幸相終始。往事都成塵，昭遠自天視。百齡今啟一，長壽固有以。盈盈阻滄海，禱頌憑雙鯉。安得踏波來，相與共秋水。

第三十四章
向國聯調查團揭日本人瘡疤記

本節所記，為李先生續說其在「一二八」中日淞滬戰役中參加上海臨時救濟會實地工作的經過。繼以國際聯盟為調查「九一八」事變真相所派調查團李頓爵士等一行到達我國後，他在上海、漢口兩地與該團接觸的情形。當時日本除已向我國進行軍事侵略外，其於國際調查團方面，則利用種種機會，力詆我國為四分五裂的國家，我中華民族為缺乏組織能力的民族，期使李頓爵士等一行留下惡劣印象，以掩飾其在東北的兇暴。但事實勝於雄辯，單就國人在上海戰時所辦的救濟工作成績，已可反證日本人所說的多屬讕言。尤以李先生於湖北省主席何成濬招待調查團的宴會席上，報告在長江水災救濟會辦理善後工作中（事見前文），漢口日本租界當局悍然拒絕在其臨江一面修築鋼筋水泥堤牆，蓄意破壞整個江堤計畫，根據地圖，指明靠害，頓使日本代表吉田茂（即日本受降後第二任首相）陷入窘境，不得不於當場承諾由日本租界自行興築，更足有助於澄清李頓爵士等一行所已受到的蠱惑。

一、戰火堆裏搶救難民

李先生說：

人道在戰爭中變為奢侈品。基於戰略觀點以致無法顧及難民，在軍事行動上是無可避免的。因此我們於「一二八」戰事進行中搶救難民在時間上越發感到迫切。王一亭、聞蘭亭等鑑於我力向工部局日領館交涉，開放外白渡橋，從天通庵附近各里弄搶運難民三千餘名，結果圓滿。當以機不可失，「打鐵趁熱」，又提出沿蘇州河與華界毗連各橋樑，由英軍封閉已久，應請工部局從速開放，俾對岸難民得以進入租界，而由許世英委我繼續交涉其事。

我見到工部局總辦鍾斯及會辦何德奎說明來意後，他倆以事關重大，且越出其所賦有的職權，囑我透過華董虞洽卿轉商麥克諾登，召開工部局董事會討論。因麥氏為董事會總董及英軍司令，如允開會，則事情可視為大半解決。鍾斯又言，華界難民不能專以租界為壑，應在距離戰區稍遠的真如、南翔一帶設立難民收容所，導引他們向西面的內地避難，否則終有一天，租界無法擔負。

我歸報許靜老（**世英**）後，即依鍾斯等所提意見分頭進行。工部局方面因虞洽卿之推動，召開董事會，商討結果，麥克諾登允暫開放烏鎮橋，所有沿蘇州河對岸難民准由該橋進入租界。其在真如、南翔一帶另設收容所一項，則推由潘公展、陸京士兩兄負責辦理。

同時，十九路軍派來代表羅吟甫君，要求救濟會協助軍方，在閘北防地救火。事因敵方雇用一批小漢奸，潛伏我軍防地內，乘隙縱火，騷擾搗亂。十九路軍無法兼顧，因請救濟會予以人力上的支援，撲滅火患，俾能專心作戰。當由朱學範氏自告奮勇，率同郵員七十餘人，馳往閘北，擔任救火工作。陸、朱兩人皆為杜月笙兄的高足，今雖立場各異，分道揚鑣，而在當時則「朱、陸」並稱，形影與共。後來他倆都能完成所負任務，亦即為他倆在社會上嶄露頭角之始。

二、交涉停戰調查團來

繼此，天主教饒神父又向工部局及各國領事呼籲，開放所有通往閘北的橋樑，以一天為期，亦獲允許。已入租界的難民對其故居自所依戀。一聞此項消息，多欲回家探視。因此這一天內，逃入租界的難民為數尚少，其由租界踅回戰區的難民反見其多。不謂日軍突施逮捕，拘去數千人。五洲大藥房創辦人兼總經理項松茂亦告失蹤。事後由我向日本副領事白井康要求營救，白井願幫忙，始在滙頭山碼頭躉船內運出被拘難民二千餘人，其中多有神志失常的，則為敵軍虐待毒打所致。而項松茂兄則雖經我將其照片多張轉交白井，分頭查訪，終無下落。據說他們並未見到此人，想來是早遇害了。

五洲大藥房設有藥廠、化驗室及肥皂廠，在國人所辦製藥事業中，當時首屈一指。松茂兄自經「九一八」事變後，遇有集會，必發表愛國言論，慷慨激昂，與一般商人只談風月，不涉國事，態度迥殊。敵方或早加以注意，亦未可知。在橋樑全部開放那一天，他去虹口是為視察其開張未久的分店。不虞一去不返，屍骨無存，令人愴痛。此一事件，可與敵軍焚毀閘北東方圖書館同列一類，即其於我國文化、實業各方面的大規模設備與知名人士無不蓄意加以徹底毀滅。

戰事延至四月底，南京派郭泰祺來滬與日方交涉停戰，旋於五月五日簽訂〈上海停戰協定〉。其時國聯調查團已早抵滬，下榻於都城飯店。

國聯調查團由英、美、法、德五國代表所組成，英國代表兼團長為李頓爵士，美國為麥考埃將軍，法國代表姓名已忘，德國為孔義博士，意國為希斯先生。另附以中國代表顧維鈞與日本代表吉田茂。調查團祕書由希斯兼任。

三、遞報告書李頓驚奇

許靜老為向調查團表現中國人的組織力起見，提議就「九一八」事變起至「一二八」事變止的救濟工作，以中英文編成報告書，插入圖片、統計及戰區復興計畫，遞交該團，俾其明瞭中國人雖在戰禍中仍能自我振奮，做出有系統、有規劃的救濟工作，全活了大量的傷兵災民。委由甫從法國留學歸來的沈立蓀君主編。事並不難，而在極短期間，搜集資料，綜合統計，彙成巨冊，則沈君之功殊不可沒。

救濟會向調查團遞交報告書時，由許世英、朱子橋、王一亭、聞蘭亭及我為代表，工商部駐滬辦事處處長趙晉卿兄亦隨同參加。李頓爵士於接受報告書後，略略披閱，面部已起變化，似感震異，旋掉頭面對顧維鈞說道：「多數人都說中國人辦事沒有效率，看到這本書，我才了解中國人其實是有組織和有計畫的。」同時似又表露遲疑之意，詢問：「這幾位領導人（**指我等**）憑藉什麼權威而能完成此一巨大工作？」

我聽了不禁答道：「我們全憑良心，本能地，各盡各的義務。」

李頓爵士又將報告書攤開，諦視圖片、表格，一面表示欽佩讚嘆之意。

趙晉卿兄即於我說畢後緊接地補上一句，他說：「這般領導救濟工作的人亦即為國民政府屬下賑濟委員會的官吏。」並將各人履歷逐一介紹。為政府撐場面，在他的立場自應如此。何況我們確掛有賑委會委員名義，他的話也不算錯。

告退時，李頓爵士熱烈地和我們握手。

不久，國聯調查團溯江直上，訪問漢口。其時湖北江西等省，正在剿「匪」。日本人為求證實中國為四分五裂國家，慫恿他們實地視察，故有此行。調查團出發後，宋子文適來上海，知道我們應付很有辦法，臨時要我飛往漢口，協助何成濬主席妥為安排。我到漢口後先與何主席面洽，繼即約晤一向襄辦水災救濟的朱懷冰（**民政廳長**）、陳光組（**參謀處長**）諸兄，商定訪照上海辦法，搜集各項材料，編製報告書，以備遞交調查團，俾其於湖北一般概況易於了解。其內容除水災的急賑、工賑、農賑等項外，並包括教育、實業、治安各類。

詫異，亦十分高興。

四、拒修江堤吉田受窘

此項工作尚在著手準備間，調查團已經到達，歡迎如儀。李頓爵士等見我亦在行列中，十分詫異，亦十分高興。

當晚何主席即就調查團下榻的德明飯店設宴招待，並邀各國駐漢口領事作陪。日本代表吉田茂住在日租界，亦應邀赴席。盛宴開始，首由何主席致詞歡迎，繼即推我報告長江水災發生後各項賑務辦理經過。我除將一般設施撮要報告外，特地指出沿江修築鋼筋水泥堤牆，各界一體贊同，獨日本租界一再阻撓，不准施工（**此時各國租界多已收回**）。在無可理喻下，只得遷就事實，擬在日租界後面的中國土地上建一堤牆，其左右兩端，分別伸出，俾與左鄰原法租界、右鄰原俄租界的沿江堤牆相互銜接。但如將來發生大水，日租界留此江邊缺口，勢必洶湧灌入。其後面之半弧形堤牆，因阻遏水勢，引起更大衝擊，反易崩潰。所有江堤，恐將由此破壞，其危險性實為嚴重。事關中國防止華中水患的整個計畫，應請國際人士秉公評論。言次，並取出形勢圖交請調查團各位傳觀。

當我指出此一事實時，各代表留神諦聽。日本代表吉田茂大苦窘蹙，只見其與日領事交頭接耳，似是細斟密酌。在我猶待續說下去之際，日領事已急得不顧禮貌，插口發言。他說：「這事並不是有意阻撓，只因預算關係，居留民公董局尚未商妥，故有延擱。現在卻已決定，準照中國所定規格，自行修築，和中國人所修築的連結起來，預定江汛洪峰前完工。今天正好藉此機會向李先生及在座諸位報告。」

其為飾詞，一聽便知，但我私衷則極感痛快。一來日本人的瘡疤，總算被我揭穿一下。其事雖小，但多少可以提高國聯調查團的警惕，以後對於日本人的片面之詞，或不致遽加信賴。二來修堤經費，原由中國負擔。現在日本人顧全面子，聲明自行修築。水災會可將此項開支移供其他用途了。

五、意國代表溜往共區

此後，顧維鈞代表會同何主席等為調查團安排參觀節目。顧代表囑我：「不必給他們看的，不要規劃在內。」我自懂得。其節目計為：

第一天：參觀武漢沿江兩岸堤工。

按：沿江兩岸堤工，其修築方法各不相同。漢口方面，自江漢關起，迤邐而西，迄於江岸（站名），係動用機器，以鋼筋、水泥建成堤牆。對岸則依照老法，全以人工興築。美國駐漢口領事當亞斯指手築的為偉大工程，可列於奇蹟一類。故此次參觀，兩岸都看。

第二天：參觀災童教養。

第三天：參觀武昌、漢口市區。因其時正在以工代賑，修築馬路。

第四天：參觀珞珈山武漢大學。

第五天：參觀金口示範農場。此為農賑中最有規模的設施。

在此五天參觀節目中，發覺一件奇事，即意國代表希斯全未參加。據說有病，我不甚信。直到調查團離漢前夕，何主席假金城銀行大樓設筵餞別時，他才出席，精神煥發，絕無病容。我正詫異間，他已起立說話，自稱：「這幾天他已深入漢水上游，在共黨占領區蹓了一圈。看到修堤工程，共區一樣在進行中，秩序很好，並無戰爭氣氛。」寥寥幾句話，直說得我們同感意外，日本代表尤感意外。

究竟希斯為什麼單獨跑到漢水上游去呢？事後透露，全出於日本人的陰謀。日本人為要證實中國是四分五裂國家，一個省區內，存在著兩個不同的政權。又要證實修堤工程，並不統一，共黨占領區至今拒絕施工。因嗾使調查團祕密派人，潛往漢水上游，實地視察。調查團乃委希斯擔負此項任務，而在中國人前則以其抱病為詞謬相矇混。不謂希斯調查所得，與日人所言恰巧相反。謊話登時戳破，自討沒趣。作偽心勞日拙，此之謂矣。

六、共區修堤另有曲折

那麼共黨占領區域又怎麼能讓國府主持下的長江水災救濟會前往修堤呢？這裏面又有一段折衝經過。按工賑修堤工程，分作十八個工區。共黨在漢水流域潛江四縣所占領之一部分，水災會預定為第十八工區，先派劉工程師前往試探，是否接納。共黨當提出四項條件：一為施工不能用國府及其附屬機關名義；二為國軍必須撤出守堤區域；三為工賑築堤全用共區民工；四為除工作必要人員外，不准任何人入境。

我以共黨在原則上並不拒絕，總好商量，經與何主席及徐（源泉）總指揮詳加考慮後，仍派劉工程師再度前往，提出四項對案：

（一）共區修堤，以華北慈善聯合會名義施工。

（二）國、共兩方軍隊各自施工區域撤退三里。

（三）潛江等四縣人民均可參加修堤工作，不以共黨占領區的人民為限。

（四）我方所派員工均以證章為憑，不涉政治牽率。施工期間由共方保證安全。

磋商結果，除第三項修堤民工人數規定共區占七成，非共區占三成外，餘皆同意。事既解決，第十八工程事務所即在共區宣告成立，委派劉工程師為該所主任，按照規劃，逐步進行。彼此相安，絕無衝突。當時此一安排，只為預防水患著想。不意暫時妥協，亦能抵銷日人陰謀而使國際為之改觀。可見一個國家，徹底統一、徹底團結，最為重要。

國聯調查團啟程前，朱懷冰兄等編製的報告書，恰好印就，分別致送。此時顧維鈞滿面光彩，吉田茂似感沮喪。

抗戰勝利後，前任英國駐甘肅總領事安獻琴和我說：「你的大名在我國國會裏也有紀錄呢！」指的是李頓爵士在英國國會報告時提到他與我接觸的經過，故其如此云云。其實，我有何能？浪得虛名而已。

第三十五章
蔣、宋重視長江堤與驗收經過

筆者這次向李先生請益時，李先生先提一段事故，以補上節之所未及。即：「一二八」中日淞滬停戰協定簽字前，是年四月二十九日日本軍隊和日本在滬居留民特於上海虹口公園舉行慶祝會，不料在大會進行時，朝鮮志士尹章吉乘機行事，當場炸斃白川大將並傷重光葵總領事一腿於演說臺上。此中內幕，據李先生所知，是出於中、韓兩國志士之所合謀。其在前文所提及的吳山其人，即為合謀中的重要份子。

吳山原任王正廷主辦之道路協會總幹事，一度為馮玉祥所借重，督修靈寶公路。自號為「大同山人」，組有大同學社，研究中山先生學說，發揚天下為公之旨。實則為一帶有祕密性的團體，鼓勵朝鮮革命，恢復故國。故社員中有不少朝鮮人，所出小冊子，封面上居然印有朝鮮的八卦國旗，並與朝鮮革命領袖金九諸人往還甚密。

在此一炸案中，吳山所負的任務為籌畫活動經費。炸案發生後，上海租界當局協助日軍搜索餘黨，極為嚴密。吳山急籌數千元以供逃亡之資，焦頭爛額，奔走多方，才能勉強足數，使其同夥人得以脫身遠遁。李先生所藏當年大同學社各種刊物，惜於太平洋戰事爆發時付之一炬，若能保留至今，當為寫作的大好資料。

一、許世英控告朱子橋

李先生續說：

最近我所口述的往事，是以當時的時局變動為經，而以本身所經歷的事故為緯。但我是辦實業和辦社會事業的人，只能就此一範圍內的所見所聞，擇其與時事有關的或與時局動向有關的繼續說去，以求真實。本次所說的主題即為民二十三年冬驗收長江水災會所築江堤的經過，以及四川省主席劉湘與中央發生聯繫的最先階段。前者為一時轟動中外的盛事，後者則為中央權力直達川省的先聲。

在驗收江堤前，長江水災會已近於結束。不謂功德將次圓滿，卻鬧出一樁笑話：即許世英老先生代表安徽旅滬同鄉會控告水災會朱子橋老先生，指其分配賑麥，處理不公。水災會的查良釗先生則又代表朱子老延請章行嚴（士釗）律師反控許老誣衊誹謗。這幾位都是佛門龍象，以辦善舉益負重望。今忽互相攻訐，鬧到法庭，社會人士當然屏息注目，靜待好戲登場。其實揭穿了全不是那回事。

這因安徽一省亦屬水災區域，該省旅滬的若干過氣軍人、無聊政客，以為事關本省，在水災會中總可挨上一份。卻不料朱子老辦賑是另有一套的，他有的是熟練幹部，分派各區，直接以賑糧、賑款發給災民。除必要時要求地方官廳協助外，此外絕不在災民與水災會間任用居間經紀之人。這項措施，已使那批人引為不滿。及見長江水災會結束在即，希望落空，惱羞成怒，為發洩那口怨氣，遂不惜顛倒是非，以同鄉會名義提出控告。

許老先生為安徽同鄉會會長，事前似無所知，致被假借名義，成為聳人聽聞的新聞。其時，朱子老為主持東北義勇軍事，早不在滬，查良釗為維護水災會及朱子老的信譽，不得不提起反控訴，針對安徽同鄉會，而以許老先生為主要被告人。其實，這些都是迫於無可奈何，絕非他倆心裏要做的事。後經孫發緒先生從中斡旋，雙方罷訟，其事乃寢。但社會上那批專管閒事的人，以為偌大風波，忽爾瀾安浪靜，其中必有「道理」，從而對於水災會所辦賑務，疑鬼疑神，紛紛揣測。許老先生則在此一轇轕期中，適丁父艱。又因蔣先生著其辦理皖、贛、鄂、豫四省兵災急賑，許老曾在上海為此舉數度開會籌款，反應不佳，迄無成議。內外交迫，態度頗趨消極。

二、宋子文要我驗江堤

上面是一段瑣話，如今說到驗收江堤。我原無意擔任此項工作，但卻不過宋子文先生的堅囑。他先派曾鎔甫兄（**水災會祕書長**）致意，以其羈於政務，無法抽身，委我為驗收主任，作為他的代表。我以身體不豫，婉卻其請。嗣宋先生因公來滬，約我相見，面申其意。並指出：只有我去最為合式。一因水災工賑向由我從中策畫，駕輕就熟，驗收時必更精到。二因他本身無法前往，朱子老忙於東北軍事，許世英老先生又在丁艱，人選上也找不到比我更為適合的人。我因他的說話都是實情，意復誠懇，只得接受。但我立向宋先生提出一項意見，即由我會同各部會代表驗收江堤，僅為官方片面之事，於社會上尚無交代。不如藉此機會，擴大一下，邀集中外知名之士及於賑務有特殊貢獻的人物，估計近二千人，組織視察團，隨同出發，在皖、贛、鄂、豫四省及蘇北施工區域，巡視一遍，俾能明瞭真相，藉杜悠悠之口，而收一舉兩得之效。宋氏以人數過多，招待難周，初有難色。經我說明，只須政府在水路上派一艘專輪，在陸路上派一列專車，食宿都在船上，簡單省事，並不須地方招待。宋始贊同即派定招商局「江裕」輪為專輪，又預飭平漢、隴海兩路備車，並派黃仁霖為總幹事。

記得動身的那一天為民二十三年十一月，日期已忘懷了。視察團中包括中西名流、熱心人士、華僑代表等一千餘人。驗收堤工人員，則除我外尚有各部會所派官員。上海方面參加視察團者有許世英、孫發緒、黃炎培、聞蘭亭、惲逸群、陸詒等，浩浩蕩蕩，約共二千人，統在上海登上「江裕」輪出發。事先我與宋先生約定，在首都所在地就輪上舉行堤工落成簡單儀式，略加招待。船內預將各項圖表掛好，使視察團留一清晰輪廓。屆時再由宋先生當場撮要報告，俾在意義上顯得隆重。宋允照辦，故船抵南京下關時，稍做停留，完成儀式。旋向長江上游進駛，於堤工重要處，沿途均做小駐。

許世英老先生於到九江時，以蔣先生委辦之四省兵災急賑，尚無具體辦法，恐此去相見，無以報命，擬折回上海。當由我代為邀集視察團中重要份子，籌議四省兵災善後事宜。他們以一路所經，目擊水災會所做工作，腳踏實地，大為滿意。從而引起他們感到四省兵災急賑之重要與興奮。即席決定，願於回滬後負起籌款責任。許老當據情去電漢口向蔣先生報告，旋接覆電，深表欣慰，他才打消歸意，仍舊同行。

及抵漢口，則自省主席夏斗寅以次的各廳、各局及民眾團體均在迎候。江干成為人海，頗極一時之盛。此後視察團和驗收人員分成多組，前往長江漢水各工區，岸南岸北，實地勘察。老百姓風聞所及，多在堤旁烹茶接待，有的竟擺好香案迎迓。其由內心發出的歡悅表情比之當年受災時的愁容苦臉，似又是一個世界。此情此景，大足動人。

三、蔣先生漢口一席談

蔣先生於我們分區勘察前，在漢口金城銀行大樓加以招待。次日，又約許老先生、孫發緒先生等及我談話。蔣先生以許老高年，不宜遠役，請其由漢回滬，籌辦兵災急賑。又向孫先生談起其昔年在定縣辦理鄉村教育，奠定自治基礎，深致讚佩。此即為後來他被聘為廬山縣政訓練班教官之由來。旋和我談起江堤保養問題。

首先蔣先生提到張之洞時代的堤防保養。

我說：「那個時代，據我所知是由江漢關代徵堤工捐的。這筆款子，積累頗鉅，由經管人存在川江隆票號生息，以息金補助修堤經費，辦法未嘗不好。但川江隆以票號兼做鴉片煙生意，經過官廳幾度破獲，票號倒閉了，存款也倒了，由此缺少一份厚息，江堤也就不能如前充分修繕了。」

蔣先生對於此一事件，似很注意，但當時無所表示，掉轉詞鋒，談到今後問題。

我又說：「據我聽到李儀祉先生（水災會顧問）的計畫，今後擬於沿堤設置「堤董」、「堤保」、「堤甲」，分段看守。這辦法和前清設置參將、都司、游擊，以兵力防河，大同小異。但流弊頗多，這些堤董、堤甲，難免倚仗名義，假公濟私，驅使鄉民，從中漁利。結果恐於江堤未必有益，民怨反深。」

蔣先生因問：「依你之見，便當如何？」

我說：「這是大事，堤防固屬重要，疏濬亦不可緩。先談疏濬，據我所知，宜昌、沙市、洞庭湖口、田家鎮、姑山、江陰等處，江流因泥沙壅積，不甚通暢，似應借用上海濬浦局的挖泥船，於長江水位低落時分段疏導，以免洪峰來時，水勢因遇阻遏，向橫面撞擊，增重江堤所受的破壞力。次談堤防，依我之見，長江北岸，可以因堤敷設路軌，以安慶為中心點。由漢口至安慶一段交由京漢路闢為支線，由浦口至安慶一段交由津浦路闢為支線，既可藉養路之費作為養堤，又可使蘇、皖、鄂三省交通益見便利。長江南岸，亦以其東段交江南鐵路局敷設路軌，西段則闢為公路。同時通令南北兩岸農民，設窰燒磚，由政府收買，用磚砌堤，以期發生間隔作用，使江水不致直接衝擊堤身。農民由此得一副業，亦是好事。並可使江堤美化如德國萊茵河一般。」

復次，我再提到一點。即：「長江水位自入冬後逐漸低落，必待二三月間春水發動，水位加高，其流始暢。萬一冬天急須運兵，長江輪運，恐難暢通。如兩岸都築成鐵路、公路，才能不受限制。」

這幾句話似能擊中要害，蔣先生不禁矍然，連聲說「好」，並囑我寫成書面，俾供考慮。

四、何成濬專機迎劉湘

在這次談話後，過了一天，楊永泰祕書長忽來見訪。他向我問道：「那天你和你老同鄉（**指蔣先生**）談些什麼啊？」我以為他要問的是關於江堤保養計畫，我便將我的意見源源本本地細說一番，他似不甚屬意。及我提到川江隆票號倒撻堤工捐一節，他才留神諦聽。不待詞畢，又做手勢阻我再講下去，一面說道：「我清楚了，我清楚了。」隨即起身道別。再過兩天，忽見報載湖北財政廳長調任消息，我猛可想到蔣先生在談話中所表露之注意及楊祕書長見訪之專注於川江隆票號倒款一節，頗以多言為悔。

此後我們沿京漢線北上，轉隴海路到達蘇北高郵、邵伯及洪澤湖區域查勘視察。同行中有先離去的。我亦因病由徐州先回上海，所有事務，託由聞蘭亭、周象賢先生代辦。自出發至終結，全程歷時五十餘天。

經過這番實地考驗後，報紙上已有詳盡記載，那些疑神疑鬼之徒，也就不再有所猜測了。

我於歸後，有兩份工作要做：一為驗收江堤報告書，一為蔣先生囑辦的江堤保養計畫。前者大半為官樣文章，後者則須審慎落筆。後來將這兩份東西一古腦兒送交宋子文先生，因這次任務原是由他委託的，所以江堤保養計畫也就託他代轉，以免多事。江漢工程局已於其時成立，而該項計畫則經發交經濟委員會審查。

在我辦理上開工作中，重慶大學羅教授介紹重慶海關監督季君來訪（羅、季兩君名字惜均失憶）。承告其來意係奉四川主席劉湘之命，邀請上海金融、實業兩界人士前往川省，幫助開發。此時紅軍尚未開始做二萬五千里長征。川省以「保境安民」為政治口號，對於中央抱若即若離的態度。

我向季君說：「我們現在是不會到四川去的，不是不願，而是不便。」

季君了解我話中的涵義，便說：「那麼就請你們代向南京致意一下如何？」

我說：「問題並不在此。說到致意，你們儘有捷徑，何不找眼前看住四川大門的人接洽，為什麼要走彎路？」

三言兩語，被我點破，季君便去漢口晉謁武漢行營主任何成濬（即我所指的看住四川大門的人），旋回成都向劉湘報告。在這段過程中，他們談些什麼，我自無從知道，但事後所表現的即為何成濬派去專機，把劉湘接到漢口，而專機迎劉這一差使即落在我的堂弟祖楨身上。

祖楨自策反徐源泉、搞垮張宗昌後，隨同何成濬、徐源泉入湖北，我在前文曾經提過。他原是軍人出身，以後即在何部擔任參謀。這次何成濬接劉湘來漢口，可說是拉短川省與中央的距離，奠定合作的始基。其時農民銀行成立公棧，堆存鴉片，其性質等於銀行準備庫，而活動則過之。經理一席，人所艷羨。祖楨或以迎劉有功，故得受任為該棧首任經理云。

Do歷史03　PC0377

民國政壇見聞錄

編　　校／蔡登山
口　　述／李　晉
筆　　錄／秦嶺雲
主　　編／蔡登山
責任編輯／王奕文
圖文排版／詹凱倫
封面設計／秦禎翊

出版策劃／獨立作家
發 行 人／宋政坤
法律顧問／毛國樑　律師
製作發行／秀威資訊科技股份有限公司
地址：114 台北市內湖區瑞光路76巷65號1樓
電話：+886-2-2796-3638　傳真：+886-2-2796-1377
服務信箱：service@showwe.com.tw
展售門市／國家書店【松江門市】
地址：104 台北市中山區松江路209號1樓
電話：+886-2-2518-0207　傳真：+886-2-2518-0778
網路訂購／秀威網路書店：https://store.showwe.tw
國家網路書店：https://www.govbooks.com.tw

出版日期／2014年5月　BOD一版　**定價**／420元

獨立作家
Independent Author
寫自己的故事，唱自己的歌

民國政壇見聞錄 / 李晉口述；秦嶺雲筆錄；蔡登山編. --
一版. -- 臺北市：獨立作家, 2014. 05
面；　公分
BOD版
ISBN 978-986-5729-07-3 (平裝)

1. 李晉　2. 回憶錄　3. 民國史

782.887　　103003284

國家圖書館出版品預行編目

讀者回函卡

感謝您購買本書，為提升服務品質，請填妥以下資料，將讀者回函卡直接寄回或傳真本公司，收到您的寶貴意見後，我們會收藏記錄及檢討，謝謝！如您需要了解本公司最新出版書目、購書優惠或企劃活動，歡迎您上網查詢或下載相關資料：http:// www.showwe.com.tw

您購買的書名：________________________________

出生日期：________年________月________日

學歷：□高中（含）以下　□大專　□研究所（含）以上

職業：□製造業　□金融業　□資訊業　□軍警　□傳播業　□自由業

□服務業　□公務員　□教職　□學生　□家管　□其它_____

購書地點：□網路書店　□實體書店　□書展　□郵購　□贈閱　□其他

您從何得知本書的消息？

□網路書店　□實體書店　□網路搜尋　□電子報　□書訊　□雜誌

□傳播媒體　□親友推薦　□網站推薦　□部落格　□其他__________

您對本書的評價：（請填代號　1.非常滿意　2.滿意　3.尚可　4.再改進）

封面設計____　版面編排____　內容____　文／譯筆____　價格____

讀完書後您覺得：

□很有收穫　□有收穫　□收穫不多　□沒收穫

對我們的建議：________________________________

____

____

____

請貼
郵票

11466
台北市內湖區瑞光路76巷65號1樓
獨立作家讀者服務部 收

（請沿線對折寄回，謝謝！）

姓　　名：________________　年齡：________　性別：□女　□男

郵遞區號：□□□□□

地　　址：________________________________

聯絡電話：(日)________________　(夜)________________

E-mail：________________________________